Vorwort

Sehr geehrte Leserin, sehr geehrter Leser,

als Leiterin und auch als Erzieherin einer Kindertageseinrichtung ist die Kommunikation mit Eltern ein zentraler Teil Ihrer Arbeit. In diesem Ratgeber „Die wichtigsten Vorlagen für Ihre Elterngespräche" haben wir für Sie zahlreiche Arbeitshilfen für Ihre Elterngespräche und auch Anregungen und Muster für die schriftliche Kommunikation mit Eltern in der Kindertageseinrichtung zusammengestellt. Sie finden in diesem Band alle denkbaren Formen von Elterngesprächen. Alle Gespräche sind praxisnah aufbereitet, sodass Sie kompetente Unterstützung bei der Vorbereitung und Durchführung dieser anspruchsvollen Gespräche erhalten.

Mit Argumentationshilfen und Checklisten, die individuell auf Ihre Gesprächssituationen zugeschnitten sind, können Sie sich zukünftig **noch besser gerüstet und selbstsicherer** in die Gesprächssituation mit den Eltern begeben.

Formulare zur Gesprächsführung und Gesprächsdokumentation, auf die Sie auch auf einer CD-ROM zugreifen und die Sie an Ihre individuelle Situation anpassen können, helfen Ihnen dabei, **kostbare Arbeitszeit zu sparen** und gleichzeitig Ihre **eigene Professionalität weiter zu steigern.**

Auch wie Sie mit den Eltern optimal schriftlich in Form von Elternbriefen kommunizieren oder wichtige Qualitätssicherung mittels Elternbefragungen betreiben können, zeigt Ihnen das „Die wichtigsten Vorlagen für Ihre Elterngespräche" so anschaulich, dass Sie diese Inhalte direkt in Ihre Praxis übertragen können. Musterbriefe und Musterfragebögen sind eigens für Ihre Praxis entwickelt.

Doch urteilen Sie selbst!

Überlegen Sie zuerst, welches Gespräch als Nächstes auf Sie zukommt. Suchen Sie dann aus dem Inhaltsverzeichnis die passenden Seiten heraus, und setzen Sie die dazugehörenden Selbsttests, Mustervorlagen, Tipps und Hilfen zur Durchführung ein, um sich optimal vorzubereiten.

Sie werden sehen: Mit jedem folgenden Elterngespräch sparen Sie Zeit in der Vor-und Nachbereitung, und auch die Durchführung gelingt immer besser.

Für Ihre professionelle Zusammenarbeit mit Eltern wird Ihnen das Praxishandbuch eine wichtige Stütze sein, die Sie nicht mehr missen wollen.

Ich wünsche Ihnen viele interessante Gespräche mit den Eltern!

Mit freundlichen Grüßen

Petra Lachnit

Petra Lachnit

Chefredaktion „Kita-Leitung in der Praxis"

Inhaltsverzeichnis

1. Teil: Allgemeines zu Gesprächen

Gesprächsgrundlagen
- Schaubild: Die 4 Ebenen einer Nachricht 8

Gesprächsarten
- Merkblatt: Wählen Sie für jede Situation die richtige Gesprächsart 10

Gesprächsführung
- Selbsttest: Sind Sie sich des Ohrs bewusst, mit dem Sie zuhören? 12

Gesprächsleitfaden
- Merkblatt: Aufbau Ihres Gesprächsleitfadens 14

Organisatorische Gesprächsvorbereitung
- Checkliste: So bereiten Sie organisatorisch Ihr Gespräch vor.................................. 16

Inhaltliche Gesprächsvorbereitung
- Checkliste: So bereiten Sie sich inhaltlich auf das Elterngespräch vor......................... 18

Körpersprache
- Selbsttest: Wie gut beherrschen Sie Ihre Körpersprache?............................... 20

Argumentationsmodell „Problemlösung“
- Argumentationsmodell: So bauen Sie ein Problemlösungsgespräch auf.................. 22

Argumentationsmodell „Standpunkt“
- Argumentationsmodell: So bauen Sie ein Standpunktgespräch auf....................... 24

Argumentationsmodell „Überzeugung“
- Argumentationsmodell: So bauen Sie ein Überzeugungsgespräch auf.................... 28

Argumentationsmodell „Konflikte“
- Muster: So vermeiden Sie Negativformulierungen 30

Zuhören
- Selbsttest: Wie gekonnt hören Sie zu?.............. 32

Fragetechniken
- Tabelle: Der Einsatz von offenen und geschlossenen Fragen............................. 34

Fragearten
- Übersicht: Fragearten und Beispielfragen.......... 36

Mit Störungen umgehen
- Selbsttest: Gehen Sie gekonnt mit Störungen um?............................... 38

Auswertung des Elterngesprächs
- Fragebogen: Ist das Elterngespräch gelungen? 40

Gesprächsdokumentation
- Dokumentationsformular für Ihre Elterngespräche.................................. 42

2. Teil: Gespräche

A Informationsgespräche.................. 48

Grundlagen Informationsgespräche
- Muster: Schriftliche Vorbereitung auf Ihr Informationsgespräch 48

Anmeldegespräche
- Checkliste: Wie Sie ein ansprechendes Anmeldegespräch führen 52

Tür-und-Angel-Gespräche
- Checkliste: Was Sie bei Tür-und-Angel-Gesprächen berücksichtigen sollten 54

B Beratungsgespräche 56

Grundlagen Beratungsgespräche
- Selbsttest: Sind Sie anfällig für Fehler im Beratungsgespräch?.............................. 56

Beratungsgespräche mit Eltern
- Schaubild: Kooperative Elternberatung 58

Beratungsgespräche mit Lehrern
- Formblatt: Beratungsgespräche mit Lehrern 60

Beratungsgespräche mit Fachdiensten
- Übersicht: Fachdienste und ihre Zuständigkeiten... 64

Beratungsgespräche bei Verhaltensauffälligkeiten
- Gesprächshilfe: Wie Sie Eltern bei Verhaltensauffälligkeiten beraten können 66

Beratungsgespräche bei Familienproblemen
- Gesprächsnachbereitung: Überprüfen Sie, wie gut Ihr Beratungsgespräch bei familiären Problemen gelungen ist 70

Krisenintervention bei Verdacht auf Misshandlungen
- Checkliste: So intervenieren Sie im Krisenfall 72

C Entwicklungsgespräche 74

Grundlagen für Entwicklungsgespräche
- Schaubild: Die 5 Schritte zum professionellen Entwicklungsgespräch 74

Beobachtungen als Grundlage von Entwicklungsgesprächen
- Vorlage: Weit gefasster Beobachtungsbogen für Krippe, Kindergarten oder Hort 76

Zielvereinbarungsgespräche
- Vorlage: Zielvereinbarungsgespräche mit Eltern 80

Feedbackgespräche mit Eltern über die kindliche Entwicklung
- Briefvorlage: Information und Einladung zum Feedbackgespräch 82

Übergabegespräch zum Übergang in die Schule
- Vorlage: Schulfähigkeitsprofil für das Übergabegespräch zum Übertritt in die Schule 84

D Beschwerdegespräche 88

Richtiger Umgang mit Beschwerden
- Vorlage: Aushang für die Eltern zur Einführung der „Zettelei" 88

Positive Beschwerdekultur

Selbsttest: Haben Sie die Grundvoraussetzungen für eine gute Beschwerdekultur geschaffen? 90

Beschwerden über Kleinigkeiten
- Selbsttest: Reagieren Sie auf kleine Beschwerden angemessen und sinnvoll? 92

Beschwerden über Kolleginnen
- Vorlage: Notizformular zur schriftlichen Aufnahme von Elternbeschwerden 94

E Konfliktgespräche 96

Erkennen von Konflikten
- Schaubild: Die Diagnose von Konfliktebenen 96

Analyse von Konflikttypen
- Test: Mit welchen Konflikttypen haben Sie es zu tun? 98

Durchführung von Konfliktgesprächen
- Argumentationshilfe: So regulieren Sie Konflikte 100

Konfliktgespräche gekonnt und sicher führen
- Selbsttest: Sind Sie in der Lage, Konflikte im Elterngespräch zu lösen? 102

Konfliktgespräche mit Leiterin, Erzieherin und Eltern
- Checkliste: Erweiterte Konfliktgespräche mit Leiterin, Erzieherin und Eltern 104

Konflikte mit kulturellem Hintergrund
- Grafik: Arbeitshilfe für Konflikte mit kulturellem Hintergrund 106

Konflikte durch Erwartungen und Ansprüche
- Vorlage: Ihre eigenen Notizen bei anspruchsvollen Konflikten 108

Konflikte mit sozial schwachen Eltern
- Arbeitshilfe zur Gesprächsvorbereitung bei Konflikten mit sozial schwachen Eltern 110

3. Teil: Schriftliche Kommunikation

A Informationen 114

Texterstellung
- Selbsttest: Beherrschen Sie die wichtigsten Grundregeln für die Erstellung eines Textes? 114

Layout
- Checkliste: So gestalten Sie Ihr Layout 118

Pädagogische Kurzkonzeption
- Muster: Das Inhaltsverzeichnis Ihrer Kurzkonzeption 120

Kindergarten-Abc
- Muster: Inhaltsverzeichnis Ihres Kindergarten-Abc.. . . 124

Informationswand
- Checkliste: So gestalten Sie Ihre Informationswand 128

Informationsflyer
- Muster: Informationsflyer Einladung zum Sommerfest 130

Image vermitteln
- Muster: Informationsflyer freie Kindergartenplätze 132

Plakat
- Merkblatt: So entwerfen Sie ansprechende Plakate . . . 134

B Befragungen 136

Grundlagen zur Elternbefragung
- Argumentationshilfe: Vorbehalte des Teams Elternbefragungen gegenüber und wie Sie diese entkräften können 136

So entwickeln Sie eine Befragung

- Organisations- und Zeitfahrplan für Ihre Befragung 140

Überprüfen Sie Ihr Anmeldeverfahren

- Musterfragebogen für Eltern zur Anmeldesituation 142

Abfrage des Bedarfs

- Musterfragebogen: Bedarfsanalyse 146

Abschlussbefragung

- Muster: Abschlussbefragung für Eltern 150

Die Auswertung

- Muster: Zählliste zur Elternbefragung 154

C Elternbriefe 158

Elternbriefe als schriftliche Kommunikation

- Selbsttest: Wie gut sind Ihre Elternbriefe? 158

Elternzeitung

- Fragenkatalog: Was müssen Sie bei der Herausgabe einer Elternzeitung beachten? 160

Der 1. Elternbrief

- Muster: 1. Elternbrief im neuen Kindertagesstättenjahr 162

Elternbrief zu einem Projekt

- Muster-Elternbrief zur Projektarbeit 166

Elternbrief über Ferienaktionen

- Musterferienplan 168

Einladung zu Elternaktionen

- Mustereinladung zur Elternaktion: Unser Garten soll schöner werden 170

Informative Kurzmitteilungen

- Mustervorlagen: Spielzeugtag und Sammelaktion 172

Anhang

- Muster: Abschlussbefragung für Eltern 176
- Muster: Beobachtungsbogen für Krippen oder Kindergärten 180
- Mustereinladung: Lagerfeuer 181
- Mustereinladung: Weihnachtsfeier 182
- Mustervorlage für Ihre Einwandskartei 183
- Kopiervorlage für Ihre Einwandskartei 185

Stichwortverzeichnis 186

1. Teil:
Allgemeines zu Gesprächen

Gesprächsgrundlagen

Gespräche mit den Eltern gehören zum Kindergartenalltag dazu. Sie sind ein wichtiges Element Ihrer Arbeit und die Voraussetzung für eine gute Zusammenarbeit. Der Inhalt eines Gesprächs ist sehr vielfältig und viel mehr als ein Austausch von Informationen.

Nach Friedemann Schulz von Thun findet Kommunikation auf 4 Ebenen statt. Das reine Vermitteln von Sachinformationen stellt nur eine der 4 Ebenen dar. Das heißt, wenn Sie den Eltern eine Nachricht übermitteln, hat diese Nachricht 4 verschiedene Bestandteile. Damit die Eltern diese vielschichtige Nachricht verstehen, müssen Sie auf 4 verschiedenen Ebenen zuhören. Man nennt das auch das „Hören mit 4 Ohren".

Sachebene

Auf der Sachebene informieren Sie die Eltern. Sie vermitteln ihnen reine Sachinhalte: *„Tim kann sich seine Jacke und die Schuhe noch nicht alleine anziehen."*

Teilen Sie den Eltern auf dieser Ebene klare und deutliche Daten und Fakten mit. Störungen der Sachebene können schnell auftreten, wenn Sie zu viele oder zu komplexe Sachinformationen äußern. Beispielsweise sollten Sie den Eltern nicht zwischen „Tür und Angel" die gesamte Konzeption Ihrer Einrichtung erklären.

Selbstoffenbarungsebene

Die Selbstoffenbarungsebene sagt etwas über Ihr emotionales Befinden aus. Auf dieser Ebene teilen Sie Eltern Ihre Gefühle mit: *„Ich erwarte von 5-jährigen Kindern, dass sie sich alleine anziehen können. Ich muss schon die jüngeren Kinder beim Anziehen unterstützen. Ich finde, Tim sollte lernen, dies selbst zu tun."*

Versetzen Sie sich in die Lage der Eltern, und zeigen Sie Anteilnahme und Verständnis für sie. Senden Sie nicht zu viele Botschaften auf der Selbstoffenbarungsebene, sonst verlieren Sie Ihre professionelle Distanz. Beispielsweise sollten Sie während des Gesprächs die Eltern nicht spüren lassen, dass Sie einen „schlechten Tag" haben.

Beziehungsebene

Die Beziehungsebene sagt etwas über das Bild aus, das Sie sich von den Eltern gemacht haben. Ferner spiegelt es Ihr Verhältnis zu den Eltern wider: *„Bestärken Sie Tim zu Hause darin, dass er sich selbstständig anziehen soll. Das klappt sicher, wenn Sie sich genügend Zeit nehmen und ihn für die Fortschritte loben."*

Wenn Sie auf dieser Ebene kommunizieren, sollten Sie sehr sensibel vorgehen. Seien Sie echt und spielen Sie keine Rolle. Vermitteln Sie den Eltern, auch wenn Sie ihnen keine große Sympathie entgegenbringen können, Wertschätzung und Respekt.

Appellebene

Auf der Appell-Ebene sprechen Sie die Eltern an, wenn Sie sie zu etwas auffordern möchten: *„Bleiben Sie konsequent, und helfen Sie Tim nicht bei Kleidungsstücken, die er sicher schon alleine anziehen kann."*

Äußern Sie klar und deutlich, wozu Sie die Eltern motivieren und veranlassen möchten. Vermeiden Sie es, versteckte oder uneindeutige Appelle an die Eltern zu senden. Äußerungen wie *„Vielleicht ist es Ihnen möglich, Tim weniger zu helfen"* verwirren die Eltern nur und führen zu Missverständnissen.

Diese 4 Ebenen verursachen im Verlauf des Gesprächs häufig Missverständnisse. Die Gründe liegen darin, dass Ihnen während des Gesprächs nicht immer alle 4 Ebenen bewusst sind. Das heißt, Sie senden Botschaften aus, die Sie gar nicht aussenden wollten. Beispielsweise merken Sie nicht, dass Sie die Mutter, die Ihnen unsympathisch ist, unterschwellig kritisieren, wie z. B.: *„Ich habe es Ihnen doch gleich gesagt!"*

Zum anderen werden viele Botschaften von den Eltern falsch interpretiert. Dies ist der Fall, wenn Ihr Gesprächspartner sich auf eine Gesprächsebene fixiert. Beispielsweise sprechen Sie die Sachebene an: *„Ihre Tochter ist häufig müde!"* Die Mutter nimmt diese Information aber mit ihrem Appellohr auf: *„Tun Sie etwas gegen die Müdigkeit, und schicken Sie Ihre Tochter früher ins Bett."*

Vielen Missverständnissen, die innerhalb eines Gesprächs entstehen, können Sie vorbeugen, wenn Sie folgende 5 Prinzipien beachten:

- Formulieren Sie Ihre Aussagen klar und eindeutig.
- Machen Sie sich vor dem Gespräch klar, auf welcher Ebene Sie mit den Eltern verstärkt kommunizieren wollen.
- Prüfen Sie im Gespräch, auf welchen Ebenen Sie den Eltern was mitteilen.
- Beobachten Sie die Eltern, mit welchem Ohr sie Ihre Botschaft aufnehmen, indem Sie ihre Reaktion wahrnehmen. Wenn zum Beispiel eine Mutter auf Ihre Äußerung: *„Tim ist unselbstständig"*, wütend reagiert, hat sie Ihre Äußerung vermutlich nicht mit dem Sach-, sondern mit dem Appellohr aufgenommen.
- Wenn die Eltern Ihnen Botschaften senden, hinterfragen Sie, auf welchen Ebenen sie Ihnen diese Nachricht vermitteln möchten.

Schaubild: Die 4 Ebenen einer Nachricht

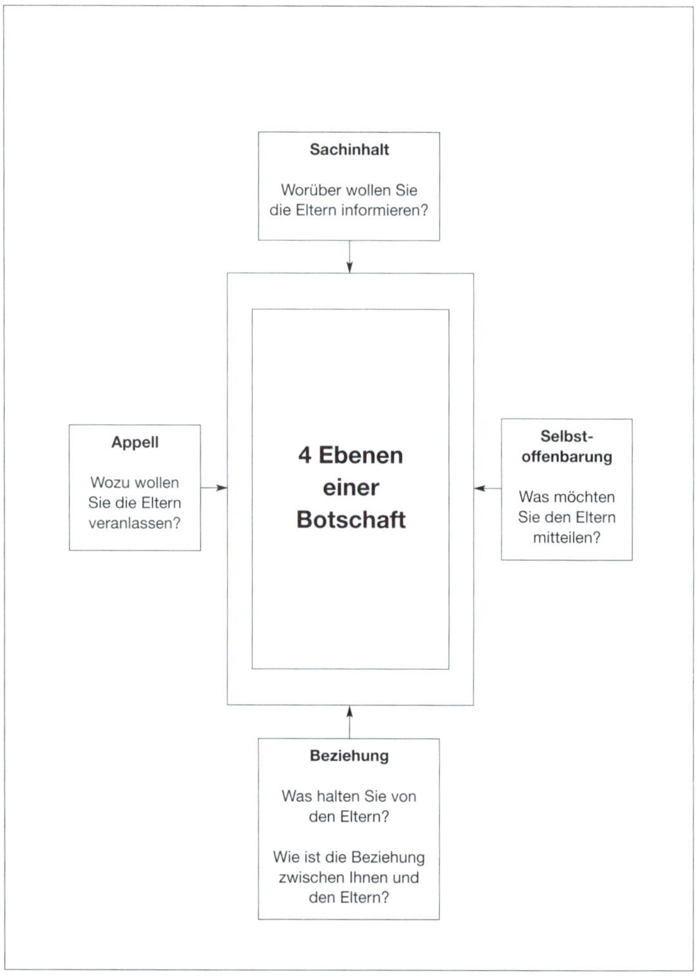

Schaubild: Die 4 Ebenen einer Nachricht

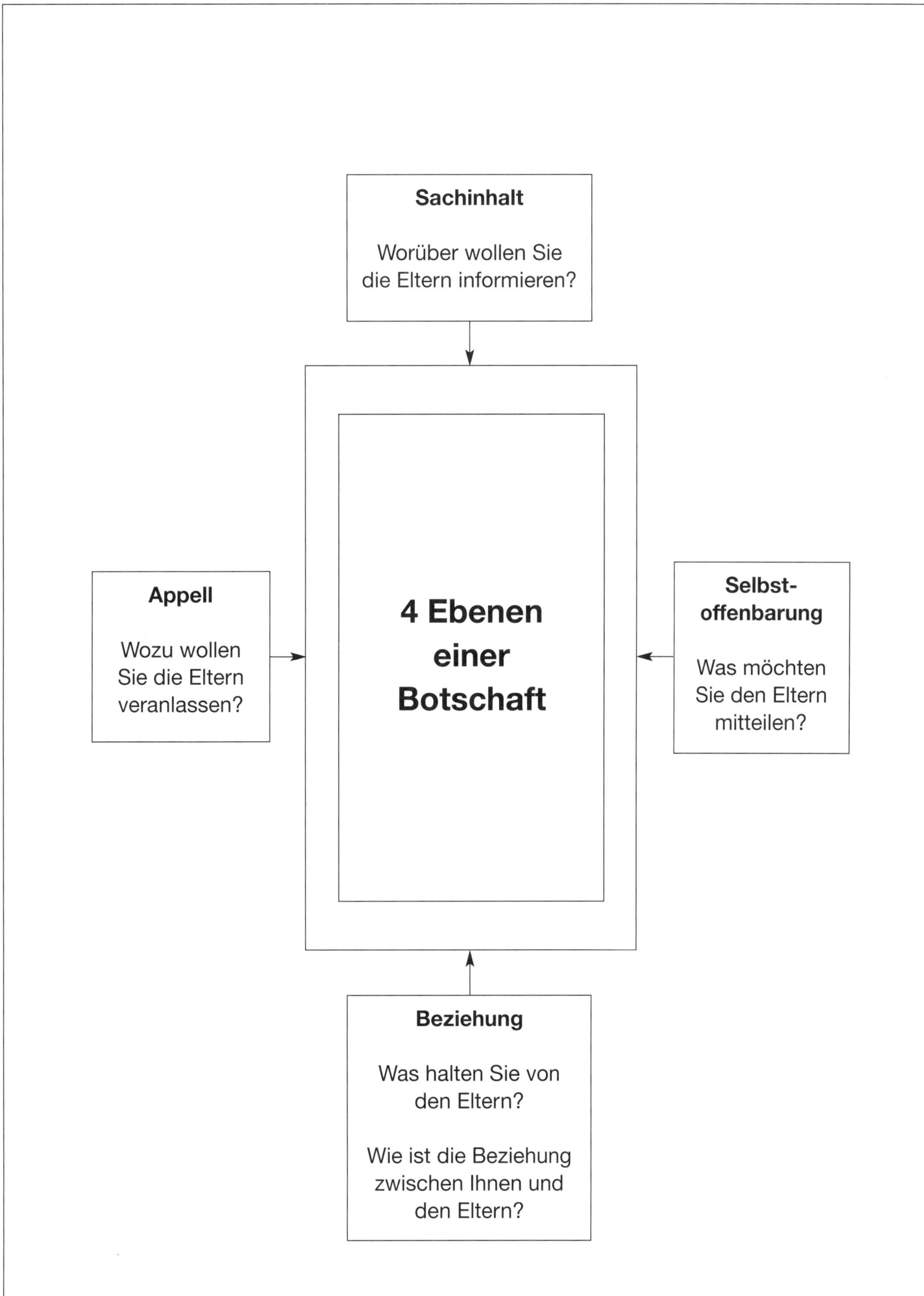

Gesprächsarten

Sie führen jeden Tag mit den Eltern viele verschiedene Gespräche, vom Tür-und-Angel-Gespräch bis hin zum Feedbackgespräch. Alle Elterngespräche können Sie in 5 Kategorien unterteilen.

❶ Soziales Gespräch

Mittelpunkt des sozialen Gesprächs ist die persönliche Beziehung zwischen Ihnen und den Eltern. Ziel des Gesprächs ist das Kennenlernen, den Einstieg in ein Gespräch zu erleichtern oder die Beziehung zu intensivieren, wie zum Beispiel beim Tür-und-Angel-Gespräch. Auf soziale Gespräche müssen Sie sich nicht vorbereiten, da sie informell sind. Das heißt, sie sind zwanglos und wenig oder gar nicht strukturiert.

Beim sozialen Gespräch tauschen Sie sich mit den Eltern aus. Sie und die Eltern stehen sich dabei gleichberechtigt gegenüber. Machtverhältnisse gibt es beim sozialen Gespräch nicht.

Reflektieren Sie, welche Möglichkeiten Sie schaffen können, damit die Eltern zu Ihnen schnell Vertrauen aufbauen, z. B., indem Sie aktiv zuhören.

❷ Sachgespräch

Beim Sachgespräch geht es um die Vermittlung von Informationen zu bestimmten Sachverhalten, um Ziele zu bestimmen, Ergebnisse festzuhalten oder Aktivitäten zu planen, zum Beispiel eine Ergotherapie zu veranlassen.

Im Gespräch besteht in der Regel eine Hierarchie zwischen Ihnen und den Eltern. Sie informieren die Eltern über einen bestimmten Sachverhalt oder beraten sie. Beispielsweise, was die Eltern unternehmen können, um die Wahrnehmungsfähigkeit ihres Kindes zu fördern. Aufgrund Ihres Wissensvorsprungs übernehmen Sie die Führung des Gesprächs, während die Eltern vorrangig die Rolle des Zuhörers einnehmen.

Auf diese Art des Gesprächs sollten Sie sich fachlich sehr gut vorbereiten. Berücksichtigen Sie bei der Informationsvermittlung den Informationsstand und das Informationsbedürfnis der Eltern. Was interessiert die Eltern? Über welche Vorinformationen verfügen sie?

❸ Verhandlungsgespräch

Sie führen mit den Eltern ein Verhandlungsgespräch, wenn Spannungen oder Konflikte zwischen Ihnen vorliegen, zum Beispiel, wenn die Eltern Ihre Arbeit kritisieren oder wenn Sie gemeinsam eine Entscheidung treffen müssen, beispielsweise, ob das Kind eingeschult werden soll oder nicht. Durch den Austausch von sachlichen Informationen und Argumenten versuchen Sie, sich gegenseitig zu überzeugen und so eine Vereinbarung zu schließen.

Sie und die Eltern nehmen konkurrierende oder gegensätzliche Positionen ein. Beispielsweise möchten die Eltern ihr Kind vorzeitig einschulen, Sie raten jedoch davon ab. Die Person, die dominant ist, zum Beispiel die, welche die stichhaltigeren Argumente liefert, wird das Gespräch bestimmen. Damit Sie im Verhandlungsgespräch von den Eltern nicht eingeschüchtert werden, sollten Sie sich vor dem Gespräch intensiv mit der elterlichen Sichtweise auseinandersetzen und sich Gegenargumente bereitlegen.

❹ Personales Gespräch

Inhalte von personalen Gesprächen sind persönliche Belange, beispielsweise eine zwischenmenschliche Spannung zwischen Ihnen und den Eltern. Sie tauschen deshalb keine sachlichen, sondern personale Informationen aus, zum Beispiel: *„Ich habe das Empfinden, dass Sie mich ablehnen."* Bei dieser Gesprächsart geht es auch darum, seinen Gesprächspartner zu überzeugen und zu einem bestimmten Verhalten zu motivieren, wie zum Beispiel: *„Ich erwarte von Ihnen, dass Sie mich als Person in Zukunft respektieren!"*

Das personale Gespräch kann, muss aber keinen informellen Charakter haben. Macht ist beim personalen Gespräch von großer Bedeutung. Die Person, die dominant ist, wird das Gespräch strukturieren und für sich bestimmen. Achten Sie darauf, dass Sie die dominante Position einnehmen: *„Frau Müller, wenn Sie weiterhin so aggressiv reagieren, breche ich das Gespräch ab!"*

Beim personalen Gespräch spielt Ihre sozial-emotionale Kompetenz, wie zum Beispiel Konfliktfähigkeit, eine große Rolle. Seien Sie selbstbewusst und zeigen Sie Ihre Stärke.

❺ Innovationsgespräch

Beim Innovationsgespräch suchen Sie und die Eltern gemeinsam nach neuen Problemlösungen, Ideen und Alternativen, beispielsweise, weil das bisherige Erzieherverhalten nicht die gewünschte Wirkung erzielt hat: *„Überlegen wir zusammen, wie wir Ihrem Sohn die Angst nehmen können!"*

Diese Gesprächsform ist informell. Das lässt Ihnen und den Eltern Raum für Kreativität.

In diesem Gespräch sind Sie und die Eltern Partner und keine Konkurrenten. Optimalerweise beteiligen sich beide Seiten gleich intensiv an dem Gespräch.

Bei dieser Gesprächsform ist es oft notwendig, dass Sie die Eltern zur stärkeren Gesprächsteilnahme motivieren.

Kopiervorlage

Merkblatt: Wählen Sie für jede Situation die richtige Gesprächsart

Gesprächskategorie	Gesprächssituation
❷ → Sachgespräch	■ Anmeldegespräch ■ Aufnahmegespräch ■ Beobachtungsgespräch ■ Beratungsgespräch ■ Entwicklungsgespräch ■ Krisengespräch ■ Übergabegespräch ■ Zielvereinbarungsgespräch
❶ → Soziales Gespräch	■ Auflockerung eines Gesprächs ■ Kennenlerngespräch ■ Small Talk ■ Tür- und-Angel-Gespräch ■ Warming-up
❺ → Innovationsgespräch	■ Brainstorming ■ Planungsgespräch
❹ → ❸ → Personales Gespräch und Verhandlungsgespräch	■ Beschwerdegespräch ■ Anti-Mobbing-Gespräch ■ Feedbackgespräch ■ Konfliktgespräch ■ Kritikgespräch

Merkblatt: Wählen Sie für jede Situation die richtige Gesprächsart

Gesprächskategorie	Gesprächssituation
Sachgespräch	■ Anmeldegespräch ■ Aufnahmegespräch ■ Beobachtungsgespräch ■ Beratungsgespräch ■ Entwicklungsgespräch ■ Krisengespräch ■ Übergabegespräch ■ Zielvereinbarungsgespräch
Soziales Gespräch	■ Auflockerung eines Gesprächs ■ Kennenlerngespräch ■ Small Talk ■ Tür- und-Angel-Gespräch ■ Warming-up
Innovationsgespräch	■ Brainstorming ■ Planungsgespräch
Personales Gespräch und Verhandlungsgespräch	■ Beschwerdegespräch ■ Anti-Mobbing-Gespräch ■ Feedbackgespräch ■ Konfliktgespräch ■ Kritikgespräch

Gesprächsführung

Es ist für Sie oft nicht einfach, mit Eltern ein Gespräch zu führen. Insbesondere dann, wenn Sie eine geringe oder sogar schlechte Beziehung zu den Eltern haben. Es gibt jedoch Grundprinzipien, die Ihnen die Gesprächsführung erleichtern.

❶ Positive Haltung entgegenbringen

Wenn Sie mit den Eltern sprechen, sollten Sie ihnen stets eine positive Haltung entgegenbringen. Diese Haltung ist durch 3 Aspekte gekennzeichnet:

- **Wertschätzung:** Bringen Sie den Eltern Wertschätzung entgegen, indem Sie sie achten und ermutigen. Wenn Sie zum Beispiel von ihnen angegriffen werden, sollten Sie dennoch höflich bleiben und nicht aggressiv reagieren.
- **Echtheit:** Spielen Sie den Eltern nichts vor. Seien Sie echt, ehrlich und offen. Wurden Sie zum Beispiel von den Eltern verletzt, äußern Sie: *„Ihre Vorwürfe haben mich gekränkt."*
- **Empathie:** Seien Sie empathisch, und versuchen Sie, sich in die Situation der Eltern hineinzuversetzen und ihre Sichtweise nachzuvollziehen. Zum Beispiel fragen Sie sich: *„Wie würde ich in dieser Situation reagieren?"*

❷ Aktiv zuhören

Wenn Sie aktiv zuhören, erhöht sich das Vertrauen der Eltern zu Ihnen. Richten Sie Ihre gesamte Aufmerksamkeit auf die Eltern, zum Beispiel sollten Sie stets Blickkontakt halten. Versuchen Sie, die Situation und die Mitteilungen der Eltern zu verstehen und den Eltern das von Ihnen Wahrgenommene zu spiegeln.

❸ Ich-Botschaften formulieren

Formulieren Sie statt der typischen Man-Aussagen Ich-Botschaften. Beim Formulieren von Ich-Botschaften vermitteln Sie den Eltern nur Ihre subjektive Wahrnehmung. Dadurch fühlen sie sich nicht angegriffen. Beispielsweise: *„Ich habe den Eindruck, dass Ihre Tochter oft übermüdet ist."*

Äußern Sie Ich-Aussagen, um

- darzustellen, welches Problem Sie wahrnehmen.
- Ihre Gefühle den Eltern darzulegen.
- den Eltern aufzuzeigen, welche Konsequenzen es hat, wenn das Problem nicht behoben wird.

❹ Feedback geben

Beim Feedback teilen Sie den Eltern mit, wie Sie sie oder das Gespräch wahrnehmen. Inhalt des Feedbacks ist nur Ihre subjektive Wahrnehmung. Bei der Formulierung von Feedback sollten Sie Folgendes berücksichtigen:

- Geben Sie Feedback regelmäßig und am besten direkt nach der Situation, auf die Sie sich beziehen.
- Richten Sie Ihr Feedback nur auf eine konkrete Situation.
- Bevor Sie den Eltern negative Rückmeldung geben, sollten Sie ihnen zunächst positives Feedback geben.
- Verzichten Sie auf Interpretationen, Bewertungen oder Unterstellungen: *„Ich habe das Gefühl, dass Sie angespannt sind", statt: „Sie sind überfordert."*

❺ Missverständnisse vermeiden

Beim Senden von verbalen Botschaften sollte Ihre Sprache stets einfach und gut verständlich sein. Vermeiden Sie Fremdwörter. Falls Sie etwas sprachlich oder inhaltlich nicht verstanden haben, sollten Sie sofort nachfragen.

Prüfen Sie, welche nonverbalen Signale Sie zum Beispiel durch Ihre Mimik, Gestik und Kleidung an die Eltern senden und welche Wirkung diese auf die Eltern haben. Beispielsweise signalisieren Sie durch eine liederliche Kleidung Gleichgültigkeit, auch wenn das gar nicht in Ihrer Absicht lag.

❻ Metakommunikation anwenden

Wenn sich das Gespräch im Kreis dreht und die Emotionen überschäumen, sollten Sie die Metakommunikation anwenden. Bei der Metakommunikation sprechen Sie mit den Eltern nicht mehr über den ursprünglichen Gesprächsgegenstand, sondern über das Gespräch selbst. Durch die Metakommunikation betrachten Sie das Gespräch aus einer Distanz heraus. Diese Vogelperspektive hilft Ihnen, Störungsquellen zu erkennen. Haben Sie die Störungsursachen bestimmt, zum Beispiel: Die Mutter befindet sich unter Zeitdruck und ist deshalb unaufmerksam, gehen Sie wie folgt vor:

- Unterbrechen Sie das Gespräch.
- Benennen Sie die Störungen.
- Suchen Sie mit den Eltern nach Möglichkeiten, den Gesprächsverlauf positiv zu verändern, zum Beispiel den Gesprächstermin verschieben.

❼ Partnerschaftlich Konflikte lösen

Verfolgen Sie das Ziel einer partnerschaftlichen Konfliktlösung, indem Sie sich sachlich mit den Argumenten und Sichtweisen der Eltern auseinandersetzen. Das Ziel ist, dass sowohl Sie als auch die Eltern zumindest einen Teilerfolg haben. Bei dieser Win-win-Situation akzeptieren beide Seiten die Lösung.

Selbsttest: Sind Sie sich des Ohrs bewusst, mit dem Sie zuhören?

	Fragen	Ja	Nein
❶→	Vermitteln Sie den Eltern Wertschätzung, indem Sie die Eltern und deren Meinung vorurteilsfrei akzeptieren?	❑	❑
	Begegnen Sie den Eltern während des gesamten Gesprächs immer höflich und freundlich?	❑	❑
	Sind Sie echt und spielen Sie keine Rolle?	❑	❑
	Versetzen Sie sich in die Eltern hinein und versuchen Sie, deren Sichtweise nachzuvollziehen?	❑	❑
❷→	Hören Sie aktiv zu?	❑	❑
❸→	Senden Sie statt Man-Aussagen Ich-Botschaften?	❑	❑
❹→	Geben Sie Feedback?	❑	❑
❺→	Achten Sie auf Ihre Körpersprache?	❑	❑
	Verwenden Sie im Gespräch kurze, leicht verständliche Sätze mit wenigen Fremdwörtern?	❑	❑
	Lassen Sie die Eltern stets ausreden?	❑	❑
	Fragen Sie nach, wenn Sie etwas nicht verstanden haben?	❑	❑
❻→	Verwenden Sie bei Störungen die Methode der Metakommunikation?	❑	❑
❼→	Setzen Sie sich sachlich mit den Eltern auseinander?	❑	❑
	Bleiben Sie während des gesamten Gesprächs ruhig und objektiv?	❑	❑
	Suchen Sie nach Lösungen, die für Sie und die Eltern akzeptabel sind?	❑	❑

Auswertung:
Wenn Sie 2 oder mehr Fragen verneint haben, weist Ihre Gesprächsführung große Defizite auf. Prüfen Sie, welche der genannten Grundprinzipien Sie bisher nicht beachtet haben, und setzen Sie diese in zukünftigen Gesprächen unbedingt um.

Kopiervorlage

Selbsttest: Sind Sie sich des Ohrs bewusst, mit dem Sie zuhören?

Fragen	Ja	Nein
Vermitteln Sie den Eltern Wertschätzung, indem Sie die Eltern und deren Meinung vorurteilsfrei akzeptieren?	❏	❏
Begegnen Sie den Eltern während des gesamten Gesprächs immer höflich und freundlich?	❏	❏
Sind Sie echt und spielen Sie keine Rolle?	❏	❏
Versetzen Sie sich in die Eltern hinein und versuchen Sie, deren Sichtweise nachzuvollziehen?	❏	❏
Hören Sie aktiv zu?	❏	❏
Senden Sie statt Man-Aussagen Ich-Botschaften?	❏	❏
Geben Sie Feedback?	❏	❏
Achten Sie auf Ihre Körpersprache?	❏	❏
Verwenden Sie im Gespräch kurze, leicht verständliche Sätze mit wenigen Fremdwörtern?	❏	❏
Lassen Sie die Eltern stets ausreden?	❏	❏
Fragen Sie nach, wenn Sie etwas nicht verstanden haben?	❏	❏
Verwenden Sie bei Störungen die Methode der Metakommunikation?	❏	❏
Setzen Sie sich sachlich mit den Eltern auseinander?	❏	❏
Bleiben Sie während des gesamten Gesprächs ruhig und objektiv?	❏	❏
Suchen Sie nach Lösungen, die für Sie und die Eltern akzeptabel sind?	❏	❏

Auswertung:

Wenn Sie 2 oder mehr Fragen verneint haben, weist Ihre Gesprächsführung große Defizite auf. Prüfen Sie, welche der genannten Grundprinzipien Sie bisher nicht beachtet haben, und setzen Sie diese in zukünftigen Gesprächen unbedingt um.

Gesprächsleitfaden

Die große Gefahr bei Gesprächen besteht darin, den roten Faden zu verlieren. Deshalb sollten Sie sich vor Beginn eines Gesprächs überlegen, wie Sie das Gespräch logisch aufbauen und gliedern. Der folgende Gesprächsleitfaden kann Ihnen dabei helfen.

❶ Gesprächsbeginn

Der Einstieg hat Einfluss auf die Gesprächsatmosphäre und den gesamten Gesprächsverlauf. Deshalb sollten Sie die Eltern höflich, freundlich und unvoreingenommen begrüßen. Beispielsweise, indem Sie auf die Eltern zugehen, wenn sie den Raum betreten, und ihnen zuerst die Hand reichen. Gestalten Sie diese Phase für die Eltern so störungsfrei wie möglich, beispielsweise keine Telefonanrufe. Schaffen Sie eine angenehme Atmosphäre zum Beispiel durch Getränke, die Sie den Eltern anbieten können.

❷ Gesprächsanlass erörtern

Erörtern Sie den Gesprächsanlass und umreißen Sie in klaren, kurzen Worten das Ziel, den Ablauf und den Zeitrahmen des Gesprächs: *„Wir haben uns hier getroffen, weil … Unser Ziel sollte es sein … Ich habe mir folgenden Gesprächsverlauf überlegt … Mit einer Gesprächsdauer von …"* Dadurch verschaffen Sie den Eltern einen Überblick über das Gespräch und vermeiden im Vorhinein Missverständnisse. Fragen Sie sie, ob sie andere Vorstellungen vom Gespräch haben.

❸ Gegenseitiger Austausch

In der Phase des Austausches geht es sowohl um die Vermittlung von Sichtweisen und Informationen als auch um die Analyse von Situationen und Problemen.

Zunächst bieten Sie den Eltern die Möglichkeit, sich zu äußern. Schaffen Sie sich und den Eltern ausreichend Raum, um die jeweilige Sichtweise ausführlich darzulegen. Hören Sie aktiv zu und betrachten Sie die Situation auch aus der Perspektive der Eltern. Nur wenn beide Seiten wissen, wo ihr Gesprächspartner steht, können sie zu einer gemeinsamen Lösung finden.

- Analysieren Sie anschließend gemeinsam den Gesprächsgegenstand.
- Zunächst bestimmen Sie und die Eltern die Situation. Was ist der eigentliche Kernpunkt?
- Klären Sie mit den Eltern, unter welchen Bedingungen die Situation verstärkt auftritt.

Hinterfragen Sie mit den Eltern, wo die möglichen Ursachen für diese Situation liegen.

Wie Sie diese Phase des Austausches konkret gestalten, hängt von der jeweiligen Art und damit vom Ziel des Gesprächs ab. Beispielsweise äußern Sie und die Eltern beim Brainstorming gemeinsam und spontan ihre Ideen. Beim Konfliktgespräch hingegen schildern zunächst die Eltern ihre Perspektive, danach stellen Sie Ihre Sichtweise dar. Führen Sie ein Konfliktgespräch nie allein. Lassen Sie sich von einer Kollegin begleiten. Diese kann gleichzeitig ein Protokoll führen.

❹ Konsensfindung

Nachdem Sie mit den Eltern Vorschläge beziehungsweise Ideen für die Lösung einer Situation gesammelt haben, prüfen Sie zusammen die Vorund Nachteile, die Wirkung und die Umsetzbarkeit dieser Vorschläge. Nur so können Sie gemeinsam die beste Lösung finden.

Sie und die Eltern sollten eine Vereinbarung treffen, die beiden Seiten einen Teilerfolg bietet und die beide Seiten akzeptieren. Achten Sie darauf, dass die Eltern die Lösung nicht nur bejahen, weil sie unsicher sind oder sich „in die Enge gedrängt" fühlen.

Formulieren Sie konkret und deutlich die gemeinsam getroffene Vereinbarung und halten Sie diese schriftlich fest. Dadurch wirken Sie Missverständnissen entgegen und verdeutlichen die Verbindlichkeit der Vereinbarung.

Wenn die Sichtweisen der Gesprächspartner verhärtet sind, wird kein gemeinsamer Nenner gefunden. In diesem Fall sollten Sie das Gespräch vertagen, um an einem weiteren Termin wieder neu zu beginnen.

❺ Gesprächsabschluss

In der letzten Phase fassen Sie das gesamte Gespräch nochmals zusammen. Betonen Sie die Kompromisse. Heben Sie die getroffenen Vereinbarungen positiv hervor. Sie stellen eine wertvolle Basis für die folgenden Gespräche dar.

Geben Sie sich gegenseitig Feedback. Dadurch fördern Sie das Verständnis füreinander.

Legen Sie den nächsten Termin fest, um an dem Thema gemeinsam weiterzuarbeiten, beispielsweise, um über die Umsetzung der vereinbarten Lösung zu reflektieren.

Egal, wie sich die Eltern Ihnen gegenüber verhalten haben: Verabschieden Sie sie höflich und freundlich. Der letzte Eindruck sollte beiden Seiten positiv in Erinnerung bleiben. Überreichen Sie den Eltern ein Exemplar des Protokolls, in dem die Ziele vereinbart sind. Die Elltern können es in Ruhe durchlesen und unterzeichnen. Kita und Eltern erhalten davon jeweils ein Exemplar.

Merkblatt: Aufbau Ihres Gesprächsleitfadens

❶ → **Gesprächsbeginn**

Begrüßen Sie die Eltern und danken Sie ihnen für ihr Kommen.

❷ → **Gesprächsanlass erörtern**

Äußern Sie in kurzen Worten den Anlass des Gesprächs.

Formulieren Sie das Ziel des Gesprächs.

Geben Sie einen Überblick über die Dauer und den Verlauf des Gesprächs.

❸ → **Gegenseitiger Austausch**

Geben Sie den Eltern die Möglichkeit, ihre Perspektive zu erläutern.

Gehen Sie auf die Eltern ein.

Hören Sie aktiv zu und fragen Sie bei Unklarheiten nach.

Stellen Sie Ihre eigene Sichtweise dar.

Verlieren Sie das Ziel und das Thema des Gesprächs nicht aus den Augen.

Analysieren Sie gemeinsam den Gesprächsgegenstand.

❹ → **Konsensfindung**

Sammeln Sie gemeinsam mit den Eltern Lösungsmöglichkeiten.

Prüfen Sie zusammen die Vor- und Nachteile jedes Vorschlags.

Treffen Sie zusammen mit den Eltern Vereinbarungen.

Kommt es in einigen Bereichen zu keiner Vereinbarung, vertagen Sie diese Punkte. Bieten Sie den Eltern an, dass beide Seiten sich mit dem Thema nochmals auseinandersetzen.

❺ → **Gesprächsabschluss**

Fassen Sie die wichtigsten Ergebnisse des Gesprächs zusammen.

Fertigen Sie ein Protokoll an und händigen Sie den Eltern ein Exemplar davon aus.

Vereinbaren Sie mit den Eltern den nächsten Termin.

Verabschieden Sie die Eltern höflich und freundlich.

Merkblatt: Aufbau Ihres Gesprächsleitfadens

Gesprächsbeginn
Begrüßen Sie die Eltern und danken Sie ihnen für ihr Kommen.
Gesprächsanlass erörtern Äußern Sie in kurzen Worten den Anlass des Gesprächs. Formulieren Sie das Ziel des Gesprächs. Geben Sie einen Überblick über die Dauer und den Verlauf des Gesprächs.
Gegenseitiger Austausch Geben Sie den Eltern die Möglichkeit, ihre Perspektive zu erläutern. Gehen Sie auf die Eltern ein. Hören Sie aktiv zu und fragen Sie bei Unklarheiten nach. Stellen Sie Ihre eigene Sichtweise dar. Verlieren Sie das Ziel und das Thema des Gesprächs nicht aus den Augen. Analysieren Sie gemeinsam den Gesprächsgegenstand.
Konsensfindung Sammeln Sie gemeinsam mit den Eltern Lösungsmöglichkeiten. Prüfen Sie zusammen die Vor- und Nachteile jedes Vorschlags. Treffen Sie zusammen mit den Eltern Vereinbarungen. Kommt es in einigen Bereichen zu keiner Vereinbarung, vertagen Sie diese Punkte. Bieten Sie den Eltern an, dass beide Seiten sich mit dem Thema nochmals auseinandersetzen.
Gesprächsabschluss Fassen Sie die wichtigsten Ergebnisse des Gesprächs zusammen. Fertigen Sie ein Protokoll an und händigen Sie den Eltern ein Exemplar davon aus. Vereinbaren Sie mit den Eltern den nächsten Termin. Verabschieden Sie die Eltern höflich und freundlich.

Organisatorische Gesprächsvorbereitung

Die Voraussetzung für ein erfolgreiches Gespräch ist eine gute Vorbereitung sowohl auf inhaltlicher als auch auf organisatorischer Ebene. 5 Kriterien sollten Sie bei der organisatorischen Vorbereitung auf Ihr Elterngespräch beachten.

❶ Rahmenbedingungen festlegen

Viele Gespräche zwischen Ihnen und den Eltern werden mündlich vereinbart. Legen Sie zusammen mit den Eltern die genauen Rahmenbedingungen für das Elterngespräch fest, wie:

- Zeitpunkt
- Dauer
- Teilnehmer
- Ort des Gesprächs

Beide Seiten sollten im Vorfeld über den Grund des Gesprächs informiert sein, um sich entsprechend vorzubereiten.

Laden Sie bei komplexeren Gesprächen, wie Zielvereinbarungsgesprächen, die Eltern schriftlich ein. Auch hier sollten Sie alle Rahmenbedingungen den Eltern mitteilen. Lassen Sie sich den Termin binnen einer Frist bestätigen, damit Sie die notwendige Planungssicherheit haben.

Planen Sie für das Gespräch ausreichend Zeit ein. Die Gesprächsdauer sollte 1 Stunde nicht überschreiten, sonst lässt die Konzentration der teilnehmenden Personen massiv nach. Ist eine längere Gesprächsdauer unumgänglich, sollten Sie auf jeden Fall eine Pause einplanen.

Tauschen Sie sich mit den Eltern darüber aus, wer am Gespräch teilnimmt. Empfehlenswert ist, dass Sie Problemgespräche zusammen mit einer Kollegin führen. Ihre Kollegin kann während des Gesprächs mitschreiben.

Damit die Eltern ihre volle Aufmerksamkeit auf das Gespräch richten, sollten Sie für die Kinder eine Betreuung durch eine Ihrer Kolleginnen außerhalb des Raums sicherstellen.

❷ Störungen vermeiden

Beim Elterngespräch verdienen die Eltern Ihre uneingeschränkte Aufmerksamkeit. Eine störungsfreie Kommunikation ist die Voraussetzung für eine vertrauensvolle Atmosphäre. Informieren Sie Ihre Mitarbeiterinnen, dass Sie für die Dauer des Gesprächs nicht gestört werden dürfen, beispielsweise durch Telefonanrufe oder Kinder. Hängen Sie am besten zusätzlich ein *„Bitte nicht stören"*-Schild aus. Wählen Sie möglichst einen Raum aus, der sehr ruhig ist und etwas abseits liegt.

❸ Sitzmöglichkeiten bereitstellen

Sie sollten den Eltern auf gar keinen Fall kleine Kinderstühle zum Sitzen anbieten. Vorteilhaft sind gepolsterte Konferenzstühle. Sie sind bequem. Im Gegensatz zu Polstersesseln zwingen sie Sie und die Eltern zu einer aufrechten Körperhaltung. Das sorgt für geistige Präsenz im Gespräch.

Stellen Sie die Stühle so, dass die persönliche Distanzzone eines jeden Gesprächsteilnehmers eingehalten wird. Sie beträgt 60 bis 120 cm.

Von der Art des Gesprächs hängt die Sitzordnung ab.

Checkliste: So bereiten Sie organisatorisch Ihr Gespräch vor

Thema	Entwicklungsrückstand von Hanna Z.
Gesprächsort	Elterngesprächszimmer der Kita
Datum, Zeitpunkt	03.06.2019
Voraussichtliche Gesprächsdauer	
Teilnehmer	Mutter, Vater, Erzieherin Rosi Naut, Erzieherin Vera Dins

Zu prüfen	Erledigt
❶ → Der Termin, die Dauer, die Teilnehmerzahl und das Thema des Gesprächs stehen fest.	❑
Beide Elternteile wurden zum Gespräch eingeladen.	❑
Die Eltern haben ihre Gesprächsteilnahme bestätigt.	❑
Eine Kollegin beteiligt sich am Gespräch und führt das Protokoll.	❑
Alle Teilnehmer sind über Termin, Dauer, Ort, Teilnehmer und Thema des Gesprächs informiert.	❑
Eine Kollegin betreut das Kind.	❑
❷ → Alle Störfaktoren sind ausgeschaltet.	❑
❸ → Bequeme und angemessene Sitzmöglichkeiten stehen bereit.	❑
Die Sitzordnung ist für das Gespräch angemessen und sinnvoll.	❑
❹ → Der Besprechungsraum ist hell, ordentlich und freundlich.	❑
Der Besprechungsraum ist wohltemperiert und gut gelüftet.	❑
Getränke, Gläser und kleine Snacks stehen bereit.	❑
❺ → Die für das Gespräch notwendigen Unterlagen und Materialien sind vollständig und liegen bereit.	❑

Kopiervorlage

Arbeiten Sie mit schriftlichen Unterlagen, ist ein großer Tisch empfehlenswert, um den Sie die Stühle stellen. Bei Konfliktgesprächen oder offenen Dialogen bietet sich ein Stuhlkreis ohne eine Barriere, in diesem Fall ohne einen Tisch, an.

❹ Angenehme Atmosphäre gestalten

Der Gesprächsraum, egal, ob es sich um das Büro oder einen Gruppenraum handelt, spiegelt Ihre Einrichtung wider. Helligkeit und Ordnung unterstützen eine angenehme Atmosphäre. Lüften Sie den Raum vor dem Gespräch und schaffen Sie eine Raumtemperatur von 20 °C bis 21 °C.

Ausreichend viele Getränke und kleine Snacks erleichtern den Eltern, die bestehende Hemmschwelle bei offiziellen Gesprächen zu überwinden. Außerdem fördert die Aufnahme von Flüssigkeit die Konzentration. Bieten Sie den Eltern nicht nur koffeinhaltige Getränke wie Kaffee an. Erweitern Sie Ihr Angebot durch Wasser oder Säfte, denn insbesondere stillende oder schwangere Mütter nehmen kein Koffein zu sich.

❺ Unterlagen bereitlegen

Prüfen Sie genau, welche Unterlagen, Formulare und Schriftstücke Sie für Ihr Gespräch benötigen, und legen Sie diese zurecht. Ein Akten- oder Informationsberg wirkt auf die Eltern eher abschreckend. Deshalb sollten Sie nach folgendem Motto handeln: So wenig wie möglich und so viel wie nötig. Achten Sie immer auf den Datenschutz.

Viele Elterngespräche können Sie mit Hilfsmitteln ansprechender und damit für Eltern angenehmer gestalten, beispielsweise Aufnahmegespräche, bei denen Sie einen kurzen Videofilm über den Kindergartenalltag zeigen. Prüfen Sie diese Hilfsmittel im Hinblick auf ihre Funktionstüchtigkeit. Legen Sie notwendige Materialien bereits vor dem Elterngespräch bereit.

Checkliste: So bereiten Sie organisatorisch Ihr Gespräch vor

Thema	
Gesprächsort	
Datum, Zeitpunkt	
Voraussichtliche Gesprächsdauer	
Teilnehmer	

Zu prüfen	**Erledigt**
Der Termin, die Dauer, die Teilnehmerzahl und das Thema des Gesprächs stehen fest.	❏
Beide Elternteile wurden zum Gespräch eingeladen.	❏
Die Eltern haben ihre Gesprächsteilnahme bestätigt.	❏
Eine Kollegin beteiligt sich am Gespräch und führt das Protokoll.	❏
Alle Teilnehmer sind über Termin, Dauer, Ort, Teilnehmer und Thema des Gesprächs informiert.	❏
Eine Kollegin betreut das Kind.	❏
Alle Störfaktoren sind ausgeschaltet.	❏
Bequeme und angemessene Sitzmöglichkeiten stehen bereit.	❏
Die Sitzordnung ist für das Gespräch angemessen und sinnvoll.	❏
Der Besprechungsraum ist hell, ordentlich und freundlich.	❏
Der Besprechungsraum ist wohltemperiert und gut gelüftet.	❏
Getränke, Gläser und kleine Snacks stehen bereit.	❏
Die für das Gespräch notwendigen Unterlagen und Materialien sind vollständig und liegen bereit.	❏

Inhaltliche Gesprächsvorbereitung

Ein Tür-und-Angel-Gespräch oder einen Small Talk führen Sie spontan, ohne dass Sie sich zuvor mit dem Inhalt stark auseinandergesetzt haben.

Auf die meisten Gespräche sollten Sie sich aber inhaltlich sehr intensiv vorbereiten. Sonst besteht die Gefahr, dass Sie das Ziel des Gesprächs nicht erreichen. Folgende Aspekte sollten Sie in Ihre Vorüberlegungen mit einbeziehen.

❶ Ziele festlegen

Eine effektive Gesprächsvorbereitung beginnt mit der Bestimmung des Themas. Worüber wollen Sie mit den Eltern sprechen? Beispielsweise über die Sprachschwierigkeiten des Kindes.

Danach legen Sie ein oder mehrere Ziele für das Gespräch fest.

- Formulieren Sie das Ziel so konkret und präzise wie möglich. Beispielsweise: *„Mein Ziel ist es, die Mutter auf die Sprachschwierigkeiten ihres Kindes aufmerksam zu machen."*
- Achten Sie darauf, dass das Ziel im Gespräch auch erreicht werden kann.
- Legen Sie lieber mehrere kleine, leicht zu erreichende Ziele fest als ein großes.

❷ Informationen sammeln

Sammeln Sie ausreichende und fundierte Informationen über den Gesprächsgegenstand. Beispielsweise erkundigen Sie sich bei Ihren Kolleginnen, ob sie ebenfalls Sprachschwierigkeiten beim Kind festgestellt haben.

Je mehr Informationen Ihnen zur Verfügung stehen, desto besser können Sie Ihre Aussagen untermauern und den Eltern helfen.

❸ Zwischenmenschliche Ebene hinterfragen

Prüfen Sie, welche Informationen die Eltern benötigen und was sie interessiert. Wenn Sie bei einem Kind zum Beispiel Sprachstörungen beobachten, sollten Sie die Eltern über diese Auffälligkeit, ihre Ursachen und die entsprechenden Hilfsmöglichkeiten informieren. Oft sind jedoch dafür mehrere Gespräche notwendig.

Anschließend setzen Sie sich mit den Schwächen, Stärken, Vorlieben, Eigenarten und Einstellungen der Eltern auseinander. Versuchen Sie, ihre Sichtweisen, Einwände und Argumente vorauszusehen.

Wie werden die Eltern reagieren, wenn Sie ihnen Ihre Sichtweise mitteilen? Welche Gegenargumente werden Ihre Gesprächspartner formulieren? Beispielsweise: *„Ich habe bei meinem Kind keine Sprachauffälligkeiten festgestellt!"*

Bauen Sie eine positive Haltung zu den Eltern auf. Der 1. Schritt ist, dass Sie Ihre eigene Einstellung prüfen. Lehnen Sie vielleicht die Mutter innerlich ab? Ihre Haltung werden die Eltern spüren und entsprechend darauf reagieren.

❹ Gespräch gliedern

Strukturieren Sie das Gespräch in einzelne Phasen. Erstellen Sie sich einen Gesprächsleitfaden, indem Sie den Inhalt einer jeden Phase (Gesprächsbeginn, Erörterung des Gesprächsanlasses, gegenseitiger Austausch, Konsensfindung und Gesprächsabschluss) festlegen. Überlegen Sie zum Beispiel, welche Aspekte und Argumente Sie in der Phase des Austausches ansprechen möchten.

❺ Gesprächsart auswählen

Wählen Sie für jede Phase des Gesprächs eine entsprechende Gesprächsart aus. Berücksichtigen Sie bei der Auswahl der Gesprächsart:

- Ihre Person und die Person der Eltern: Auf welche Gesprächsart reagieren die Eltern positiv? Welche Gesprächsart beherrschen Sie? Können Sie beispielsweise im Verhandlungsgespräch Ihre Argumente gut vertreten?
- den Inhalt und das Ziel: Mit welcher Gesprächsart können Sie Ihr Ziel erreichen? Beispielsweise, wenn Sie die Eltern über die Sprachschwierigkeiten ihres Kindes informieren, wählen Sie ein Sachgespräch. Wenn Sie die Eltern von der Notwendigkeit einer Sprachtherapie überzeugen wollen, sollten Sie ein Verhandlungsgespräch führen.

❻ Auf Schwierigkeiten vorbereiten

In Gesprächen werden immer wieder Situationen eintreten, die nicht planbar sind, die Sie aber einkalkulieren sollten. Beispielsweise, wenn Sie über Probleme des Kindes berichten, reagieren einige Eltern verzweifelt oder machen Ihnen Vorwürfe.

Überlegen Sie, welche möglichen Zwischenfälle zu einer Konzeptabweichung führen könnten. Setzen Sie sich im Vorhinein mit einem alternativen Gesprächsablauf und anderen möglichen Gesprächsarten auseinander.

Checkliste: So bereiten Sie sich inhaltlich auf das Elterngespräch vor

	Daran denken	Erledigt
❶ →	Das Thema des Elterngesprächs steht fest.	❑
	Die Gesprächsziele sind fixiert.	❑
	Die Gesprächsziele sind konkret und erreichbar.	❑
❷ →	Informieren Sie sich ausreichend über den Gesprächsgegenstand.	❑
❸ →	Die für das Gespräch ausgewählten Informationen und Inhalte interessieren die Eltern und sind für sie von Bedeutung.	❑
	Setzen Sie sich gedanklich mit Ihren Gesprächspartnern und insbesondere mit deren Einstellung auseinander.	❑
	Überlegen Sie, wie sich die Eltern vermutlich im Gespräch verhalten und wie sie auf die Informationen reagieren werden.	❑
	Bauen Sie eine positive Haltung zum Gesprächspartner auf.	❑
❹ →	Eine Gesprächsgliederung liegt vor.	❑
	Der Inhalt jeder einzelnen Gesprächsphase ist bestimmt.	❑
❺ →	Wählen Sie für jede Phase des Gesprächs eine geeignete Gesprächsart aus.	❑
❻ →	Kalkulieren Sie mögliche Schwierigkeiten ein.	❑
	Überlegen Sie, wie Sie auf Schwierigkeiten innerhalb des Gesprächs reagieren können.	❑

Checkliste: So bereiten Sie sich inhaltlich auf das Elterngespräch vor

Daran denken	**Erledigt**
Das Thema des Elterngesprächs steht fest.	❏
Die Gesprächsziele sind fixiert.	❏
Die Gesprächsziele sind konkret und erreichbar.	❏
Informieren Sie sich ausreichend über den Gesprächsgegenstand.	❏
Die für das Gespräch ausgewählten Informationen und Inhalte interessieren die Eltern und sind für sie von Bedeutung.	❏
Setzen Sie sich gedanklich mit Ihren Gesprächspartnern und insbesondere mit deren Einstellung auseinander.	❏
Überlegen Sie, wie sich die Eltern vermutlich im Gespräch verhalten und wie sie auf die Informationen reagieren werden.	❏
Bauen Sie eine positive Haltung zum Gesprächspartner auf.	❏
Eine Gesprächsgliederung liegt vor.	❏
Der Inhalt jeder einzelnen Gesprächsphase ist bestimmt.	❏
Wählen Sie für jede Phase des Gesprächs eine geeignete Gesprächsart aus.	❏
Kalkulieren Sie mögliche Schwierigkeiten ein.	❏
Überlegen Sie, wie Sie auf Schwierigkeiten innerhalb des Gesprächs reagieren können.	❏

Körpersprache

Wenn Sie ein Gespräch führen, werden die Eltern nicht nur auf Ihre Aussagen, sondern auch auf Ihre Körpersprache achten. Denn der Mensch nimmt seine Informationen nur zu 15 % über die Ohren, aber zu 80 % über die Augen auf. Begreifen Sie die Körpersprache als einen wichtigen Kommunikationsfaktor, und setzen Sie sie richtig ein. Ihre Körpersprache ist genauso wichtig wie Ihr gesprochenes Wort.

❶ Mimik und Gestik verbessern

Sind Sie angespannt, nervös und ängstlich, sind Sie in Ihrer Körperhaltung, Mimik und Gestik automatisch angespannt, und Sie zeigen eine unsichere, widersprüchliche oder aggressive Körpersprache, beispielsweise, indem Sie die Arme vor Ihrer Brust verschränken oder die Hände zu Fäusten ballen.

Die Eltern erleben Sie in diesem Fall als wenig offen, schwach, angreifbar und im Extremfall als inkompetent, arrogant oder ablehnend. Ihr Gegenüber wird auf Distanz gehen, was Ihre Unsicherheit wiederum erhöht.

Vermeiden Sie insbesondere hektische Bewegungen wie beispielsweise das fortwährende Trommeln der Finger auf eine Tischplatte. Derartige Bewegungen zeugen nicht nur von Unsicherheit und Nervosität, sondern werden von Ihrem Gesprächspartner geradezu als nervtötend erlebt.

Achten Sie auf eine sichere, entspannte und einladende Körpersprache, die weder unnatürlich noch überzogen wirkt.

Durch die aufrechte Haltung, wie einen geraden Rücken oder einen erhobenen Kopf, wirken Sie selbstsicher und souverän. Lässigkeit sollten Sie stets vermeiden, beispielsweise Hände in den Nacken legen. Dieses Verhalten wirkt abwertend und provozierend auf Ihren Gesprächspartner.

Ein wichtiger Aspekt der Körpersprache ist der Blickkontakt, den Sie zu den Eltern immer wieder aufbauen sollten. Er signalisiert Wertschätzung und Aufmerksamkeit. Auch durch das Lächeln können Sie positive Signale vermitteln. Jedoch nur, wenn es echt und unverkrampft ist. Lächeln Sie beispielsweise nur mit dem Mund, wirkt es verzerrt.

In einem gewissen Rahmen können Sie Ihre Mimik, Gestik und Haltung an- beziehungsweise abtrainieren. Machen Sie sich bewusst, wann Sie welche Signale aussenden. Tauschen Sie sich mit Ihrem Team darüber aus, wie Sie auf andere wirken.

Lockerungsübungen, Rollenspiele und das Trainieren von Mimik und Gestik vor dem Spiegel oder mittels einer Videokamera bieten Ihnen die Möglichkeit, Ihre positiven Körpersignale besser und stärker einzusetzen.

❷ Optimale Sitzposition wählen

Wenn Sie sich mit den Eltern unterhalten, sollten Sie dabei auf eine mindestens 60 cm große Distanzzone achten. Einen geringeren Abstand werden viele Ihrer Gesprächspartner als unangenehm empfinden.

Optimalerweise sitzen Sie in einem 90°-Winkel übereck mit Ihrem Gesprächspartner an einem Tisch. Nehmen Sie jedoch neben ihm Platz, werden Sie sehr schnell seine Distanzzone verletzen. Sitzen Sie ihm gegenüber, erzeugen Sie leicht die Assoziation einer Auseinandersetzung. Die leicht nach vorn gebeugte, zu Ihrem Gesprächspartner gewandte Sitzhaltung, bei der Sie die gesamte Sitzfläche des Stuhls einnehmen, signalisiert Aufmerksamkeit und Aktionsbereitschaft.

❸ Kleidung prüfen

Mimik, Gestik und Haltung können Sie durch Ihre Kleidung positiv oder negativ unterstreichen. Wichtig ist, dass Ihr Erscheinungsbild gepflegt und ordentlich ist und Sie sich in Ihrer Kleidung wohlfühlen. Ist das der Fall, wird sie zu Ihrer 2. Haut. Sie fühlen sich selbstsicherer und signalisieren das auch den Eltern, beispielsweise durch eine entspannte Körpersprache. Ihre saubere und gepflegte Erscheinung ist gleichzeitig ein Zeichen von Wertschätzung gegenüber den Eltern.

Sie sollten darüber hinaus prüfen, was Sie mit Ihrer Kleidung ausdrücken wollen und was angemessen ist. Beispielsweise ist das Tragen eines Malkittels beim Werken mit den Kindern sinnvoll, für das Gespräch mit den Eltern aber unangebracht.

Welche Einstellung die Eltern zu Ihnen und zu Ihrer Arbeit aufbauen, wird auch von Ihrer Mimik, Gestik, Körperhaltung und Kleidung bestimmt.

Wenn Sie bezüglich Ihrer Kleidung unsicher sind, können Sie sich eine alte Redner-Regel zu nutze machen. Kleiden Sie sich einfach eine Nuance besser, als es Ihre Zielgruppe, in diesem Falle also die Eltern tun. So sind Sie in jederzeit angemessen und angebracht gekleidet.

Selbsttest: Wie gut beherrschen Sie Ihre Körpersprache?

Fragen	Ja	Nein
❶→ Gelingt es Ihnen, Eltern mit einem unverkrampften Lächeln zu begrüßen?	❑	❑
Können Sie im Gespräch mit Augen und Mund „lächeln“?	❑	❑
Nehmen Sie während des Gesprächs immer wieder Blickkontakt zu den Eltern auf?	❑	❑
Legen Sie Ihre Hände im Elterngespräch locker auf den Tisch?	❑	❑
Vermeiden Sie es, die Arme vor der Brust zu verschränken?	❑	❑
Unterlassen Sie hektische Bewegungen?	❑	❑
Achten Sie darauf, dass der Gesprächsabstand zu den Eltern mindestens 60 cm beträgt?	❑	❑
❷→ Setzen Sie sich mit einer offenen, leicht nach vorn gebeugten Haltung vor die Eltern?	❑	❑
❸→ Wählen Sie Kleidung aus, in der Sie sich wohlfühlen und die dem Anlass des Elterngesprächs entspricht?	❑	❑

Auswertung des Tests

9- bis 8-mal „Ja“: Herzlichen Glückwunsch zu Ihrer authentischen und stimmigen Körpersprache!

7- bis 4-mal „Ja“: Setzen Sie Ihre Körpersprache gezielt ein. Üben Sie regelmäßig und überprüfen Sie Ihre Wirkung anhand eines Spiegels.

3- bis 0-mal „Ja“: Sie haben einigen Nachholbedarf bei der natürlichen Körpersprache. Beobachten Sie Ihre Reaktionen im Elterngespräch gezielt. Überlegen Sie sich, ob Sie unterstützend ein Rhetorikseminar belegen möchten.

Kopiervorlage

Selbsttest: Wie gut beherrschen Sie Ihre Körpersprache?

Fragen	Ja	Nein
Gelingt es Ihnen, Eltern mit einem unverkrampften Lächeln zu begrüßen?	❏	❏
Können Sie im Gespräch mit Augen und Mund „lächeln“?	❏	❏
Nehmen Sie während des Gesprächs immer wieder Blickkontakt zu den Eltern auf?	❏	❏
Legen Sie Ihre Hände im Elterngespräch locker auf den Tisch?	❏	❏
Vermeiden Sie es, die Arme vor der Brust zu verschränken?	❏	❏
Unterlassen Sie hektische Bewegungen?	❏	❏
Achten Sie darauf, dass der Gesprächsabstand zu den Eltern mindestens 60 cm beträgt?	❏	❏
Setzen Sie sich mit einer offenen, leicht nach vorn gebeugten Haltung vor die Eltern?	❏	❏
Wählen Sie Kleidung aus, in der Sie sich wohlfühlen und die dem Anlass des Elterngesprächs entspricht?	❏	❏

Auswertung des Tests

9- bis 8-mal „Ja“: Herzlichen Glückwunsch zu Ihrer authentischen und stimmigen Körpersprache!

7- bis 4-mal „Ja“: Setzen Sie Ihre Körpersprache gezielt ein. Üben Sie regelmäßig und überprüfen Sie Ihre Wirkung anhand eines Spiegels.

3- bis 0-mal „Ja“: Sie haben einigen Nachholbedarf bei der natürlichen Körpersprache. Beobachten Sie Ihre Reaktionen im Elterngespräch gezielt. Überlegen Sie sich, ob Sie unterstützend ein Rhetorikseminar belegen möchten.

Argumentationsmodell „Problemlösung"

Im Gespräch mit Eltern können Sie rhetorische Modelle nutzen. Je nachdem, welches Ziel Sie im Elterngespräch verfolgen, stehen Ihnen zur Verfügung:

- Problemlösungsmodell
- Standpunktmodell
- Überzeugungsmodell

Einsatzmöglichkeiten für das Problemlösungsmodell

Das Argumentationsmodell „Problemlösung" können Sie einsetzen, wenn Sie in der Vorbereitung des Elterngesprächs einen oder mehrere dieser folgenden Faktoren erkennen:

- Sie vermuten, dass bei den Eltern noch kein Bewusstsein für das Problem besteht.
- Sie glauben, dass es während des Elterngesprächs Kontroversen geben könnte, weil die Eltern und Sie nicht einer Meinung sind.
- Sie nehmen an, dass die Eltern das Problem bereits kennen, es jedoch verleugnen.
- Sie setzen auf ein sehr anschauliches Elterngespräch, weil Sie wissen, dass den Eltern Beispiele und Bilder helfen, um das Problem zu realisieren.
- Sie versuchen, bei den Eltern ein Problembewusstsein zu erwirken: *„Sie haben echt, zu Hause stelle ich dieses Verhalten auch fest!"*
- Ihr Gesprächsziel ist eine einvernehmliche und gemeinsame Lösung.

So wenden Sie das Problemlösungsmodell an

❶ Erörtern Sie den Ist-Stand

Nehmen Sie sich viel Zeit und erarbeiten Sie mit den Eltern gemeinsam den Ist-Zustand oder die aktuelle Situation. Arbeiten Sie dabei möglichst anschaulich, und helfen Sie den Eltern, indem Sie viele Beispiele schildern. Wenn Eltern das Problem kennen und verstehen, können Sie gemeinsam alle negativen Auswirkungen erörtern, die die aktuelle Situation beinhaltet.

❷ Erarbeiten Sie das Ziel

Entwickeln Sie gemeinsam mit den Eltern das Ziel, das Sie anstreben und erreichen wollen. Dabei gewinnen Sie die Eltern zur Mitarbeit, wenn Sie ihnen die Vorteile nennen, die sich einstellen, sobald das Ziel erreicht ist. Bleiben Sie bei Ihrer Aufzählung aller positiven Auswirkungen realistisch, und machen Sie keine falschen Versprechungen. Sie sagen beispielsweise: *„Was sollte Ihr Kind Ihrer Meinung nach lernen, damit es sich mit seinem Verhalten nicht mehr ausgrenzt?"*

❸ Sammeln Sie gemeinsam Lösungsmöglichkeiten

Treten Sie mit den Eltern in einen Dialog. Sie orientieren sich dabei im Gespräch immer am Soll-Zustand, den Sie gemeinsam anstreben wollen. Suchen Sie mit den Eltern Möglichkeiten, die sich eignen, das Ziel zu erreichen. Sie verhelfen den Eltern zu einem Überblick, wenn Sie alle genannten Lösungsmöglichkeiten stichpunktartig schriftlich festhalten, beispielsweise:

- Eltern lassen sich bei einer Erziehungsberatungsstelle beraten.
- Eltern gehen mit dem Kind sehr konsequent um.

Argumentationsmodell: So bauen Sie ein Problemlösungsgespräch auf

	Problemlösungsmodell	Argumentationsbeispiel
❶ →	**Erörtern Sie den Ist-Stand**	**Analyse der Situation** *„Haben Sie zu Hause bemerkt, dass sich Ihre Tochter seit der Geburt ihrer kleinen Schwester verändert hat? Sehr häufig stellt so etwas ja für ältere Geschwister anfänglich ein Problem dar, da sie erst wieder ihre Rolle in der Familie finden müssen."* **Negative Auswirkungen und Konsequenzen der Verhaltensänderung in der Kindertagesstätte** *„Ihr Kind versucht, im Mittelpunkt zu stehen, es kann nicht mit Frustration umgehen. Andere Meinungen nimmt das Kind nicht an, es möchte unbedingt seine eigene Position durchsetzen. Ihr Kind grenzt sich durch sein eigenes Verhalten aus. Zudem festigen sich langfristig die aggressiven Verhaltensmuster. Ihrem Kind fehlen noch viele Fähigkeiten, die für ein Zusammenleben in der Gruppe nötig sind."*
❷ →	**Erarbeiten Sie gemeinsam das Ziel**	*„Was soll Ihr Kind Ihrer Meinung nach lernen, damit es sich nicht mehr durch sein Verhalten ausgrenzt?" „Unser Kind soll lernen, andere Meinungen zu akzeptieren, Streit verbal zu lösen und auf andere Kinder Rücksicht zu nehmen."*
❸ →	**Sammeln Sie gemeinsam Lösungsmöglichkeiten**	■ Eltern suchen mit dem Kind eine Frühförderstelle auf. ■ Eltern ändern ihr eigenes Verhalten und stellen das Kind trotz Geschwisterchens häufig in den Mittelpunkt. ■ Kind erhält ein soziales Gruppentraining. ■ Kindertagesstätte setzt an den Stärken des Kindes an und begleitet das Kind bei Meinungsverschiedenheiten, damit es lernt, Rücksicht zu nehmen und den eigenen Standpunkt zurückzunehmen.
❹ →	**Wählen Sie gemeinsam die beste Lösungsmöglichkeit aus**	■ Eltern stellen das eigene Verhalten um und lassen sich dabei kurzfristig von einer Erziehungsberatungsstelle begleiten. ■ Sie setzen in der Kindertagesstätte an den Stärken des Kindes an und begleiten das Kind gezielt in Situationen, in denen es Rücksichtnehmen und Zurückstecken lernt.
❺ →	**Fordern Sie zum Handeln auf**	■ Eltern machen einen Erstgesprächstermin in einer Erziehungsberatungsstelle aus. ■ Eltern widmen sich gelegentlich ausschließlich dem Kind: Sie spielen oder unternehmen einen Ausflug mit ihm. ■ Eltern führen das Kind an die kleine Schwester heran, indem sie gemeinsam spielen oder spazieren gehen. ■ In der Gruppe wird das Kind von einer Erzieherin begleitet, die kleinste Fortschritte lobt und mit dem Kind übt, wie es seine Meinung verbal vertreten kann. ■ Sie legen den Termin für ein weiteres Gespräch fest.

Kopiervorlage

❹ Wählen Sie gemeinsam die beste Lösungsmöglichkeit aus

Zusammen betrachten Sie alle Lösungsmöglichkeiten und diskutieren über eine Variante, die sich am besten eignet, um das Ziel zu erreichen. Prüfen Sie die ausgewählte Möglichkeit auf ihre Umsetzbarkeit, sonst werden die Eltern rasch scheitern, wenn sie die Lösung durchsetzen müssen. Wenn Sie beispielsweise mit einer berufstätigen alleinerziehenden Mutter von 2 Kindern die Lösung auswählen, dass sie sich allabendlich mindestens 1 Stunde Zeit für ihr Kind nimmt, wird dieser Weg schon aus Zeitgründen scheitern. Finden Sie einen Weg, der in der Kindertagesstätte und zu Hause bei den Eltern erreicht werden kann. Prüfen Sie dabei:

- Sind die Eltern an der Lösungsauswahl beteiligt?
- Können die Eltern diese mittragen und zu Hause selbst durchsetzen?
- Passt die Lösung zu den familiären Verhältnissen?

❺ Fordern Sie zum Handeln auf

Fassen Sie das Gespräch kurz mit verständlichen Worten zusammen. Wiederholen Sie die Lösung, die Sie mit den Eltern gemeinsam anstreben wollen, und verteilen Sie gemeinsam die Aufgaben. Die Eltern erfahren von Ihnen nochmals, was die Kindertagesstätte zur Lösung des Problems beisteuert und was sie selbst in die Hand nehmen. Besprechen Sie an dieser Stelle ganz konkret, welche Schritte sie in die Wege leiten. Fassen Sie die Schritte dabei so klein und überschaubar, dass sie von den Eltern auf jeden Fall erreicht werden können. *„Wir nehmen uns ab heute Abend 30 Minuten Zeit für Lena, bevor sie ins Bett geht"* könnte ein solcher Schritt sein. Die Eltern sollen am Ende des Problemlösungsgesprächs wissen

- wie und wann sie das Problem angehen,
- welche Schritte sie einleiten müssen,
- wann Sie gemeinsam prüfen, ob das Ziel erreicht wurde.

Argumentationsmodell: So bauen Sie ein Problemlösungsgespräch auf

Problemlösungsmodell	Argumentationsbeispiel
Erörtern Sie den Ist-Stand	**Analyse der Situation** *„Haben Sie zu Hause bemerkt, dass sich Ihre Tochter seit der Geburt ihrer kleinen Schwester verändert hat? Sehr häufig stellt so etwas ja für ältere Geschwister anfänglich ein Problem dar, da sie erst wieder ihre Rolle in der Familie finden müssen.“* **Negative Auswirkungen und Konsequenzen der Verhaltensänderung in der Kindertagesstätte** *„Ihr Kind versucht, im Mittelpunkt zu stehen, es kann nicht mit Frustration umgehen. Andere Meinungen nimmt das Kind nicht an, es möchte unbedingt seine eigene Position durchsetzen.* *Ihr Kind grenzt sich durch sein eigenes Verhalten aus. Zudem festigen sich langfristig die aggressiven Verhaltensmuster. Ihrem Kind fehlen noch viele Fähigkeiten, die für ein Zusammenleben in der Gruppe nötig sind.“*
Erarbeiten Sie gemeinsam das Ziel	*„Was soll Ihr Kind Ihrer Meinung nach lernen, damit es sich nicht mehr durch sein Verhalten ausgrenzt?“* *„Unser Kind soll lernen, andere Meinungen zu akzeptieren, Streit verbal zu lösen und auf andere Kinder Rücksicht zu nehmen.“*
Sammeln Sie gemeinsam Lösungsmöglichkeiten	■ Eltern suchen mit dem Kind eine Frühförderstelle auf. ■ Eltern ändern ihr eigenes Verhalten und stellen das Kind trotz Geschwisterchens häufig in den Mittelpunkt. ■ Kind erhält ein soziales Gruppentraining. ■ Kindertagesstätte setzt an den Stärken des Kindes an und begleitet das Kind bei Meinungsverschiedenheiten, damit es lernt, Rücksicht zu nehmen und den eigenen Standpunkt zurückzunehmen.
Wählen Sie gemeinsam die beste Lösungsmöglichkeit aus	■ Eltern stellen das eigene Verhalten um und lassen sich dabei kurzfristig von einer Erziehungsberatungsstelle begleiten. ■ Sie setzen in der Kindertagesstätte an den Stärken des Kindes an und begleiten das Kind gezielt in Situationen, in denen es Rücksichtnehmen und Zurückstecken lernt.
Fordern Sie zum Handeln auf	■ Eltern machen einen Erstgesprächstermin in einer Erziehungsberatungsstelle aus. ■ Eltern widmen sich gelegentlich ausschließlich dem Kind: Sie spielen oder unternehmen einen Ausflug mit ihm. ■ Eltern führen das Kind an die kleine Schwester heran, indem sie gemeinsam spielen oder spazieren gehen. ■ In der Gruppe wird das Kind von einer Erzieherin begleitet, die kleinste Fortschritte lobt und mit dem Kind übt, wie es seine Meinung verbal vertreten kann. ■ Sie legen den Termin für ein weiteres Gespräch fest.

Argumentationsmodell „Standpunkt“

Gelegentlich kommt es vor, dass Sie einen Standpunkt vertreten müssen, der von der elterlichen Meinung abweicht. Solche Situationen sind oft von Spannungen begleitet. Deshalb ist es notwendig, sich auf solche Gespräche besonders gut vorzubereiten. Mithilfe des Standpunktmodells gelingt Ihnen die Argumentation.

Einsatzmöglichkeiten des Standpunktmodells

Verwenden Sie das Argumentationsmodell „Standpunkt“, wenn Sie in der Vorbereitung des Elterngesprächs einen oder mehrere dieser Faktoren erkennen:

- Sie merken, dass die Eltern Ihre Beobachtungen und Ihr Urteil nicht akzeptieren, zum Beispiel bei Wahrnehmungsproblemen des Kindes.
- Sie stellen fest, dass die Eltern ihr Kind deutlich über seinen Möglichkeiten einschätzen und kein fachliches Urteil akzeptieren, zum Beispiel bei der Entscheidung für eine weiterführende Schule.
- Sie wissen, dass es während des Elterngesprächs keine Annäherung gibt, weil die Positionen zu weit voneinander entfernt sind.
- Kompromisse halten Sie nicht für sinnvoll, weil die Meinung der Eltern das Wohl und die Entwicklung des Kindes nicht unterstützt, zum Beispiel bei der Notwendigkeit einer Therapie für das Kind.
- Ihr Gesprächziel ist es, den Eltern ganz klar Ihre Sicht zu vermitteln und zu verdeutlichen, dass Sie als Vertreterin der Kindertageseinrichtung das Vorgehen der Eltern nicht akzeptieren.

So wenden Sie das Standpunktmodell an

❶ Nennen Sie Ihren Standpunkt

Schildern Sie deutlich Ihre Position und Ihre Ansicht. Stellen Sie dabei heraus, dass Sie wissen, dass die Eltern Ihre Meinung nicht teilen. Verdeutlichen Sie jedoch, dass Sie Ihre Position zum Ausdruck bringen wollen, damit die Eltern zu einem späteren Zeitpunkt nicht behaupten können, die Sichtweise der Pädagoginnen Ihrer Einrichtung nicht gekannt zu haben. Sie sagen beispielsweise: *„Ihr Kind kann sich nur über eine kurze Zeit konzentrieren. Ihr Kind kann durch eine gezielte Ergotherapie optimal gefördert werden.“*

❷ Begründen Sie Ihre Sicht

Begründen Sie Ihren Standpunkt so anschaulich wie möglich. Legen Sie bei der Vorbereitung des Gesprächs den Schwerpunkt auf eine überzeugende Begründung. Übertreiben Sie jedoch nicht, und bleiben Sie den Eltern gegenüber immer ehrlich und fair. *„Ihr Kind kann kein Spiel zu Ende bringen, und es gelingt ihm nicht, sein Bild fertig zu malen. Wenn Ihr Kind im Morgenkreis etwas sagen möchte und nicht sofort an die Reihe kommt, hat es seine Idee bereits vergessen, bis es an der Reihe ist. Eine Ergotherapie kann genau an diesen Schwierigkeiten ansetzen*

❸ Wählen Sie Beispiele aus

Belegen Sie Ihren Standpunkt mit Beispielen. Suchen Sie dabei nach solchen Beispielen, die für das Kind oder die Situation ganz typisch und deutlich sind. Wenn Sie gelungene Beispiele wählen, die auch die Eltern nicht verleugnen können, eröffnet sich eine kleine Chance, dass die Eltern sich Ihnen annähern und doch noch ein Dialog zustande kommt: *„Erinnern Sie sich noch an die Abholsituation von gestern? Ihr Kind lief auf Sie zu und wollte Ihnen etwas erzählen. Sie konnten nicht sofort zuhören, weil Sie sich mit einer anderen Mutter unterhielten. Ihr Kind hatte nach Ihrer Unterhaltung vergessen, was es erzählen wollte, und weinte, weil es so enttäuscht war.“*

(Fortsetzung auf S. 26)

Argumentationsmodell: So bauen Sie ein Standpunktgespräch auf (1/2)

Standpunktmodell	Argumentationsbeispiel
❶→ Nennen Sie Ihren Standpunkt	*„Ich halte nichts von Ihrer Entscheidung, Ihr Kind ins Gymnasium übertreten zu lassen. Der Austausch mit der Lehrerin Ihres Kindes bestätigt meine Meinung. Die Schule und der Kinderhort sind der Ansicht, dass ein Übertritt auf die Realschule für Ihr Kind förderlicher wäre.“*
❷→ Begründen Sie Ihre Sicht	*„Die Anforderungen an der Realschule sind nicht so hoch wie am Gymnasium. Das Lerntempo ist dort weniger schnell, es gibt in allen Fächern mehr Wiederholungen. Dadurch kann sich Ihr Kind anpassen und besser orientieren.* *Im Gymnasium kommt sofort die 2. Fremdsprache auf Ihr Kind zu. Seine starken Seiten liegen jedoch nicht im sprachlichen, sondern im mathematisch-logischen Bereich.* *Unser Schulsystem ist nicht mehr so festgelegt, wie früher Es ist mittlerweile kein Problem mehr, mit dem Realschulabschluss in kurzer Zeit das Abitur zu erwerben.“*
❸→ Wählen Sie Beispiele aus	*„Ihr Kind ist sehr ehrgeizig. Es resigniert jedoch rasch, wenn es frustriert ist oder wenn es merkt, dass seine Leis-tungen nur mittelmäßige Ergebnisse hervorbringen. In sol-chen Fällen neigt Ihr Kind dazu, seine Leistung komplett zu verweigern.* *Erinnern Sie sich noch an den Aufsatz über die Erlebnisse während der Sommerferien? Ihr Kind hatte dafür fleißig im Hort Einleitungen und Schlussszenen von Aufsätzen geübt. Das Thema „Ostern“ überraschte es jedoch. Weil Ihr Kind vermutete, dass es wahrscheinlich nur Chancen auf eine durchschnittliche Note in diesem Aufsatz haben würde, gab es noch während der Klassenarbeit auf und schrieb seine Erzählung nicht fertig.* *Ich befürchte, dass ähnliche Situationen sich häufen werden und dass Ihr Kind nach kurzer Zeit seinen Leistungswillen verlieren und aufgeben wird.“*

Kopiervorlage

Argumentationsmodell: So bauen Sie ein Standpunktgespräch auf (1/2)

Standpunktmodell	Argumentationsbeispiel
Nennen Sie Ihren Standpunkt	*„Ich halte nichts von Ihrer Entscheidung, Ihr Kind ins Gymnasium übertreten zu lassen. Der Austausch mit der Lehrerin Ihres Kindes bestätigt meine Meinung. Die Schule und der Kinderhort sind der Ansicht, dass ein Übertritt auf die Realschule für Ihr Kind förderlicher wäre."*
Begründen Sie Ihre Sicht	*„Die Anforderungen an der Realschule sind nicht so hoch wie am Gymnasium. Das Lerntempo ist dort weniger schnell, es gibt in allen Fächern mehr Wiederholungen. Dadurch kann sich Ihr Kind anpassen und besser orientieren.* *Im Gymnasium kommt sofort die 2. Fremdsprache auf Ihr Kind zu. Seine starken Seiten liegen jedoch nicht im sprachlichen, sondern im mathematisch-logischen Bereich.* *Unser Schulsystem ist nicht mehr so festgelegt, wie früher Es ist mittlerweile kein Problem mehr, mit dem Realschulabschluss in kurzer Zeit das Abitur zu erwerben."*
Wählen Sie Beispiele aus	*„Ihr Kind ist sehr ehrgeizig. Es resigniert jedoch rasch, wenn es frustriert ist oder wenn es merkt, dass seine Leis-tungen nur mittelmäßige Ergebnisse hervorbringen. In sol-chen Fällen neigt Ihr Kind dazu, seine Leistung komplett zu verweigern.* *Erinnern Sie sich noch an den Aufsatz über die Erlebnisse während der Sommerferien? Ihr Kind hatte dafür fleißig im Hort Einleitungen und Schlussszenen von Aufsätzen geübt. Das Thema „Ostern" überraschte es jedoch. Weil Ihr Kind vermutete, dass es wahrscheinlich nur Chancen auf eine durchschnittliche Note in diesem Aufsatz haben würde, gab es noch während der Klassenarbeit auf und schrieb seine Erzählung nicht fertig.* *Ich befürchte, dass ähnliche Situationen sich häufen werden und dass Ihr Kind nach kurzer Zeit seinen Leistungswillen verlieren und aufgeben wird."*

❹ Ziehen Sie ein Resümee

Sie nennen den Eltern die Konsequenz, die sich Ihrer Meinung nach aus ihrem veränderten Verhalten ergibt. Stellen Sie diesem Fazit nochmals Ihren Standpunkt gegenüber. Eventuell regt dies bei den Eltern doch noch ein Umdenken an: *„Wenn ein Ergotherapeut sich jetzt um die Förderung der Konzentration bei Ihrem Kind kümmern kann, wird es Ihr Kind bereits im nächsten Jahr nach der Einschulung leichter haben."*

❺ Fordern Sie zum Handeln auf

Richten Sie Ihren Standpunkt in Form einer Bitte nochmals an die Eltern. Wiederholen Sie, welche Möglichkeiten Sie als realistisch ansehen, und bitten Sie die Eltern, zum Wohle ihres Kindes zu handeln und ihren Standpunkt zu überdenken. Betonen Sie jedoch auch, dass die Eltern die Verantwortung für ihr Kind haben. Verdeutlichen Sie den Eltern gegenüber Ihr Ziel, sie über Ihren Standpunkt und den Ihrer Meinung nach besten Weg für das Kind zu informieren: *„Bitte überdenken Sie Ihre Entscheidung gegen die Unterstützungsmaßnahme der Ergotherapie nochmals. Sie helfen Ihrem Kind, wenn Sie sich mit der Maßnahme einverstanden zeigen."*

Protokollieren Sie den Ablauf solcher Standpunktmodelle immer gründlich mit. Dies ist ein Schutz für Sie, wenn die Eltern später sagen, sie wären von Ihnen nicht auf die Schwierigkeiten hingewiesen worden. Führen Sie ein solches Gespräch immer gemeinsam mit einer Kollegin.

Argumentationsmodell: So bauen Sie ein Standpunktgespräch auf (2/2)

Standpunktmodell	Argumentationsbeispiel
❹→ **Ziehen Sie ein Resümee**	*„Ihr Kind braucht Sicherheit und Selbstvertrauen. Das Vertrauen in seine eigene Leistung ist noch nicht durchgängig stabil. Es zeigt sich verunsichert, wenn es merkt, dass seine Bemühungen nicht das von ihm erhoffte Resultat bringen.* *Im Gymnasium würde diese Situation in der Anfangsphase sicherlich öfter eintreten. Die Gefahr besteht, dass Ihr Kind dort bereits nach kurzer Zeit so entmutigt ist, dass es resigniert.* *Die Realschule bietet Ihrem Kind einen geschützteren Rahmen, in dem es sich langsamer auf die Anforderungen einstellen kann. Die Frustrationen in der Anfangsphase werden geringer sein als am Gymnasium, und Ihr Kind wird dort viele Erfolge sehen. Diese werden Lernmotivation und Lernfreude für Ihr Kind sein und damit kann es neue stabile Leistungen aufbauen."*
❺→ **Fordern Sie zum Handeln auf**	*„Ich möchte Sie daher bitten, Ihren Entschluss nochmals zu überdenken. Sie als Eltern haben die alleinige Verantwortung für Ihr Kind.* *Stellen Sie die Zufriedenheit und das Glück Ihres Kindes in den Mittelpunkt und melden Sie es an der Realschule an."*

Kopiervorlage

Argumentationsmodell: So bauen Sie ein Standpunktgespräch auf (2/2)

Standpunktmodell	Argumentationsbeispiel
Ziehen Sie ein Resümee	*„Ihr Kind braucht Sicherheit und Selbstvertrauen. Das Vertrauen in seine eigene Leistung ist noch nicht durchgängig stabil. Es zeigt sich verunsichert, wenn es merkt, dass seine Bemühungen nicht das von ihm erhoffte Resultat bringen.* *Im Gymnasium würde diese Situation in der Anfangsphase sicherlich öfter eintreten. Die Gefahr besteht, dass Ihr Kind dort bereits nach kurzer Zeit so entmutigt ist, dass es resigniert.* *Die Realschule bietet Ihrem Kind einen geschützteren Rahmen, in dem es sich langsamer auf die Anforderungen einstellen kann. Die Frustrationen in der Anfangsphase werden geringer sein als am Gymnasium, und Ihr Kind wird dort viele Erfolge sehen. Diese werden Lernmotivation und Lernfreude für Ihr Kind sein und damit kann es neue stabile Leistungen aufbauen."*
Fordern Sie zum Handeln auf	*„Ich möchte Sie daher bitten, Ihren Entschluss nochmals zu überdenken. Sie als Eltern haben die alleinige Verantwortung für Ihr Kind.* *Stellen Sie die Zufriedenheit und das Glück Ihres Kindes in den Mittelpunkt und melden Sie es an der Realschule an."*

Argumentationsmodell „Überzeugung"

Gelegentlich kommt es in Elterngesprächen vor, dass es von Bedeutung ist, die Eltern zu überzeugen. Immer dann, wenn dies Ihr Ziel im Gespräch mit den Eltern ist, können Sie das Modell der steigernden Argumentation zu Hilfe nehmen.

Gesprächsanlässe für dieses Modell

In Ihrer Einrichtung werden Sie mit Situationen konfrontiert, bei denen Sie die Eltern von Inhalten oder Handlungsweisen überzeugen müssen. Ursachen dafür sind:

- Beschwerden von Eltern
- Scheinbare Benachteiligung des Kindes aus Elternsicht: *„Unser Kind wird nicht genug von Ihnen gefördert."*
- Unzufriedenheit der Eltern mit konzeptionellen oder pädagogischen Inhalten, zum Beispiel die Forderung nach zusätzlichen Kursen und Angeboten für das Kind
- Eltern, die mit Ihnen konkurrieren
- Eltern, die Ihr Urteil und Ihre Kompetenz infrage stellen: *„Sie wissen nicht, wie Sie mit unserem Kind richtig umgehen."*
- Pädagogische Grundhaltungen, die Sie vor Eltern vertreten müssen
- Team- oder Trägerentscheidungen, die Sie bei Eltern durchsetzen müssen

Einsatzmöglichkeiten des Modells

Verwenden Sie dieses Argumentationsmodell, wenn Sie in der Vorbereitung des Elterngesprächs einen oder mehrere dieser Faktoren erkennen.

- Sie wissen, dass die Eltern sich über etwas beschweren wollen, das Ihrer pädagogischen Grundhaltung entspricht.
- Eltern befürchten, dass ihr Kind im Vergleich zu anderen Kindern von Ihnen oder einer Kollegin benachteiligt wird.
- Eltern glauben, dass sie selbst besser über Pädagogik und Erziehung Bescheid wissen als Sie.
- Eltern zweifeln eine Trägerentscheidung an. Im Gespräch müssen Sie die Eltern vom Sinn der Entscheidung überzeugen.
- Sie wollen die Eltern von einem Verhalten überzeugen, das die Gesundheit oder das Wohl ihres Kindes fördert.

Bestimmen Sie Ihre Gesprächsziele

Sie führen das Gespräch, weil Sie die Eltern überzeugen wollen. Deshalb setzen Sie im Gespräch auf ein rhetorisches Argumentationsmodell. Ziel des Elterngesprächs beim Überzeugungsmodell ist, die Eltern von Ihrem Standpunkt zu überzeugen. Sie wollen mit den Eltern nicht in den Dialog treten oder eine Lösung aushandeln. Ihre Argumentation verläuft in 3 Schritten. Diese Überzeugungsrede ist sehr wirkungsvoll, wenn Sie sie zum 1. Mal bei den Eltern anwenden. Auf allzu häufigen Einsatz sollten Sie jedoch verzichten, da die Eltern die Überzeugungsstrategie bei Wiederholung durchschauen.

So wenden Sie das Modell an

❶ Erst ein schwaches Argument

Sie entwickeln eine Argumentationskette und setzen zu Beginn eine bewusst ausgewählte schwache Begründung ein. Die Eltern werden sich wundern, warum Sie eine solche banale Erklärung bringen. Mit dem schwachen Argument überzeugen Sie die Eltern nicht. Sie sagen beispielsweise: *„Die Beitragserhöhung ist nötig, weil unser Träger sich dafür ausgesprochen hat, dass die Elternbeiträge jedes 2. Jahr angehoben werden."*

❷ Bringen Sie ein stärkeres Argument

Geben Sie den Eltern einen kurzen Moment Zeit, über Ihre schwache Darlegung nachzudenken. Danach führen Sie Ihre Überzeugungskette weiter, indem Sie ein stärkeres Argument anführen. Bei den Eltern löst dies aus, dass sie beide Begründungen abwägen und der stärkeren innerlich bereits zustimmen.

Sie argumentieren zum Beispiel: *„Unser Defizit war im vergangenen Haushaltsjahr so groß, dass wir nicht um eine Erhöhung der Elternbeiträge herumkommen."*

❸ Wenden Sie Ihr stärkstes Argument an

Nach einer Bedenkpause, die Sie den Eltern gönnen, beenden Sie Ihre Überzeugungskette. Sie bringen Ihr stärkstes Argument zum Einsatz. Dieses haben Sie bereits in der Vorbereitungsphase gezielt für das Gespräch ausgesucht. Die Eltern vergleichen Ihre 3 Begründungen gedanklich miteinander und stimmen in der Regel Ihrem stärksten Argument sofort zu. Damit ist es gelungen, die Eltern in 3 Schritten mit einer Argumentation zu überzeugen, die aufeinander aufbaut und gezielt mit einer sehr schwachen Begründung beginnt.

Ihre stärkste Begründung ist beispielsweise: *„Sie haben sich in der Elternbefragung mit großer Mehrheit für eine Erweiterung der Öffnungszeiten ausgesprochen. Wir gingen nun gemeinsam mit unserem Träger die Verwirklichung dieser Pläne an. Dazu mussten 2 Personalstellen um jeweils 5 Stunden aufgestockt werden. Deshalb muss unser Träger die Elternbeiträge minimal erhöhen."*

Argumentationsmodell: So bauen Sie ein Überzeugungsgespräch auf

	Argumentationskette	Argumentationsbeispiel
❶→	Erst ein schwaches Argument	*„Sie stehen auf dem Standpunkt, dass Ihr Kind in unserer Tageseinrichtung beim Mittagessen nichts essen muss, wenn es nicht möchte. Ich will mit Ihnen heute besprechen, warum ich es für so wichtig halte, dass Ihr Kind von jeder Speise kostet.* *Sie bezahlen jeden Monat schließlich 65 € für das Mittagessen, deshalb wäre es wichtig und angebracht, dass Ihr Kind vom Mittagessen probiert."*
❷→	Bringen Sie ein stärkeres Argument	*„Ihr Kind gehört in unserer Einrichtung bereits zu den Älteren. Momentan gewöhnen wir die neuen Kinder ein, dazu gehört auch, dass wir sie an das Mittagessen heranführen. Das ist nicht immer einfach, denn manche Kinder, vor allem solche aus anderen Kulturkreisen, müssen ganz langsam und sensibel mit unseren Gerichten vertraut gemacht werden.* *Wenn wir Ihrem Kind gestatten, nur zu essen, wenn es essen möchte, dann wirkt das Verhalten Ihres Kindes auf die anderen wie ein schlechtes Vorbild. Die Kinder, die nicht probieren möchten, weil sie die Speisen nicht kennen, werden sich verweigern und sich auf Ihr Kind berufen."*
❸→	Wenden Sie Ihr stärkstes Argument an	*„Die Erfahrungen der letzten Tage haben uns gezeigt, dass Ihr Kind oft nicht mitisst, weil ihm das Spielen viel wichtiger ist. Es beteiligt sich also nicht am Mittagessen, weil es ihm nicht schmeckt, son-dern weil es sein Spiel nicht unterbrechen möchte. Deshalb verzehrt Ihr Kind auch die Brotzeit nicht, die Sie ihm mitgeben.* *Wenn wir es zulassen, dass Ihr Kind selbst entscheidet, ob es zu Mittag isst, hat es am Abend, wenn Sie es abholen, noch nichts zu sich genommen.* *Da Ihr Kind den ganzen Tag in unserer Kindertagesstätte verbringt, halte ich es für seine Gesundheit für äußerst wichtig, dass es sich eine Pause gönnt und mit allen anderen Kindern zu Mittag isst.* *Sie würden doch sicherlich bejahen, dass es für das Wachstum und die Entwicklung von Kindern wichtig ist, dass sie eine ausgewo-gene Ernährung haben. Dazu gehört es für mich auch, dass sie 1-mal am Tag eine warme Mahlzeit zu sich nehmen. Dies fördert die Konzentration und das Denkvermögen von Kindern.* *Ich möchte mit Ihnen deshalb vereinbaren, dass Ihr Kind ab nächster Woche täglich mitisst. Es kann sich die Portionen selbst nehmen und entscheidet damit über die Menge des Essens."*

Kopiervorlage

Argumentationsmodell: So bauen Sie ein Überzeugungsgespräch auf

Argumentations-kette	Argumentationsbeispiel
Erst ein schwaches Argument	*„Sie stehen auf dem Standpunkt, dass Ihr Kind in unserer Tageseinrichtung beim Mittagessen nichts essen muss, wenn es nicht möchte. Ich will mit Ihnen heute besprechen, warum ich es für so wichtig halte, dass Ihr Kind von jeder Speise kostet.* *Sie bezahlen jeden Monat schließlich 65 € für das Mittagessen, deshalb wäre es wichtig und angebracht, dass Ihr Kind vom Mittagessen probiert.“*
Bringen Sie ein stärkeres Argument	*„Ihr Kind gehört in unserer Einrichtung bereits zu den Älteren. Momentan gewöhnen wir die neuen Kinder ein, dazu gehört auch, dass wir sie an das Mittagessen heranführen. Das ist nicht immer einfach, denn manche Kinder, vor allem solche aus anderen Kulturkreisen, müssen ganz langsam und sensibel mit unseren Gerichten vertraut gemacht werden.* *Wenn wir Ihrem Kind gestatten, nur zu essen, wenn es essen möchte, dann wirkt das Verhalten Ihres Kindes auf die anderen wie ein schlechtes Vorbild. Die Kinder, die nicht probieren möchten, weil sie die Speisen nicht kennen, werden sich verweigern und sich auf Ihr Kind berufen.“*
Wenden Sie Ihr stärkstes Argument an	*„Die Erfahrungen der letzten Tage haben uns gezeigt, dass Ihr Kind oft nicht mitisst, weil ihm das Spielen viel wichtiger ist. Es beteiligt sich also nicht am Mittagessen, weil es ihm nicht schmeckt, son-dern weil es sein Spiel nicht unterbrechen möchte. Deshalb verzehrt Ihr Kind auch die Brotzeit nicht, die Sie ihm mitgeben.* *Wenn wir es zulassen, dass Ihr Kind selbst entscheidet, ob es zu Mittag isst, hat es am Abend, wenn Sie es abholen, noch nichts zu sich genommen.* *Da Ihr Kind den ganzen Tag in unserer Kindertagesstätte verbringt, halte ich es für seine Gesundheit für äußerst wichtig, dass es sich eine Pause gönnt und mit allen anderen Kindern zu Mittag isst.* *Sie würden doch sicherlich bejahen, dass es für das Wachstum und die Entwicklung von Kindern wichtig ist, dass sie eine ausgewo-gene Ernährung haben. Dazu gehört es für mich auch, dass sie 1-mal am Tag eine warme Mahlzeit zu sich nehmen. Dies fördert die Konzentration und das Denkvermögen von Kindern.* *Ich möchte mit Ihnen deshalb vereinbaren, dass Ihr Kind ab nächster Woche täglich mitisst. Es kann sich die Portionen selbst nehmen und entscheidet damit über die Menge des Essens.“*

Argumentationsmodell „Konflikte“

Immer wieder wird es im Elterngespräch vorkommen, dass Ihr Reaktionsvermögen gefragt ist. Sie müssen blitzschnell auf Einwände der Eltern eingehen, das Gespräch lenken und schlagfertig reagieren.

Begegnen Sie Einwänden professionell

Machen Sie sich verschiedene Strategien zunutze, um mit Einwänden oder Killerphrasen von Eltern professionell umgehen zu können. Auch wenn Sie diesbezüglich noch ungeübt sind, die folgenden Strategien lassen sich trainieren.

❶ Drücken Sie Negatives positiv aus

Im Elterngespräch können Sie durch Ihre Worte bei den Eltern Stimmungen heraufbeschwören, angreifen, suggerieren, ironisieren oder begleiten und vermitteln. Deshalb ist es von grundlegender Bedeutung, dass Sie wissen, mit welchen Redewendungen Sie die Eltern erschrecken oder gegen sich aufbringen können. Meist ist es möglich, auf solch drastische Formulierungen zu verzichten und die Sätze ähnlich und positiv auszudrücken: *„Sie machen Fehler bei der Erziehung Ihres Kindes.“ – „Ich kann verstehen, warum Sie Ihrem Kind gegenüber schnell nachgeben, allerdings könnten Sie auch noch anders reagieren ...“*

❷ Beziehen Sie Einwände mit ein

Greifen Sie den Einwand der Eltern auf, und gehen Sie im weiteren Gespräch auf den Einwand ein. Erarbeiten Sie dabei im gemeinsamen Dialog mit den Eltern das Für und Wider. Dadurch signalisieren Sie ihnen Entgegenkommen und Verständnis. Sie beteiligen die Eltern daran, den eigenen Einwand kritisch zu beleuchten und zu hinterfragen. Die Eltern können anschließend leichter vom eigenen Einwand Abstand nehmen, weil sie an der Für-und-Wider-Diskussion maßgeblich beteiligt sind: *„Welche Bedenken haben Sie bezüglich der angedachten Ergotherapie für Ihr Kind? Ich möchte die Einwände mit Ihnen näher betrachten und besprechen.“*

Überhören Sie den Einwand

Bei dieser Strategie ist es nicht nötig, auf alle Einwände zu reagieren, die von Elternseite geäußert werden. Oft genügt es den Eltern, dass sie ihre Bedenken aussprechen dürfen. In solchen Fällen nutzen Sie diese Gesprächsstrategie und überhören die Bedenken, denn es wäre ein Fehler, über diesen Einwand zu diskutieren. Ihr Gespräch würde unnötig in die Länge gezogen und verliefe in eine Richtung, die weder Sie noch die Eltern geplant hatten. Eltern: *„Sie haben leicht reden, Sie haben ja keine eigenen Kinder!“* Erzieherin schweigt. Eltern: *„Es ist nicht leicht, immer konsequent zu handeln. Können Sie uns einige Tipps geben?“*

Lassen Sie die Eltern den Einwand formulieren und schweigen Sie dazu. Die Eltern werden nach einigen Sekunden automatisch weitersprechen und zu ihrem nächsten Gedanken übergehen. Diese Strategie eignet sich besonders dafür, emotionale Einwände abzublocken.

❸ Vermeiden Sie Killerphrasen

Sie würden das Elterngespräch blockieren und die Positionen verhärten, wenn Sie sogenannte Killerphrasen einsetzten. Vermeiden Sie solche und ähnliche Formulierungen in Ihren Elterngesprächen:

- *„Das können Sie sowieso nicht beurteilen.“*
- *„Das wird Ihnen über den Kopf wachsen.“*
- *„Das haben wir schon immer so gemacht.“*
- *„Sie können da als Eltern sowieso nicht mitreden ...“*
- *„Das haben wir schon einmal probiert, und es hat nicht geklappt ...“*
- *„Mit Ihren Erziehungsmethoden kommen Sie sowieso nicht weit.“*

Muster: So vermeiden Sie Negativformulierungen

Trainieren Sie, wie Sie dieselben Inhalte positiv ausdrücken können.	
Sagen Sie nicht ...	**So formulieren Sie es besser ...**
„Hier gebe ich Ihnen zu bedenken ...“	*„Denken Sie bitte auch daran ...“*
❶→ *„Da haben Sie mich völlig falsch verstanden ...“*	*„Wahrscheinlich habe ich mich jetzt missverständlich ausgedrückt, ich meinte Folgendes ...“*
„Wollen Sie jetzt etwa behaupten, dass ...?“	*„Verstehe ich Sie richtig, dass ...“*
„Das ist ja total falsch!“	*„Aus Ihrer Sicht betrachtet, ist dies sicherlich richtig, allerdings ...“*
❷→ *„Sie können das nicht beurteilen!“*	*„Das ist aus Ihrer Perspektive heraus sicher nicht so einfach zu beurteilen, allerdings bin ich der Meinung, dass ...“*
„Mit Ihren Erziehungsmethoden kommen Sie nicht weiter!“	*„Ich möchte mich mit Ihnen beraten, welche Erziehungsmethoden für Ihr Kind infrage kommen.“*
„Das ist eine Unterstellung!“	*„Ich kann Ihre Aufregung verstehen, möchte Sie jedoch bitten, dass Sie sich mir gegenüber fair verhalten.“*
„Ich will nur das Beste für Ihr Kind.“	*„Ich weiß, dass Sie das Beste für Ihr Kind im Sinn haben. Mit geht es genau so, deshalb sollten wir gemeinsam überlegen, wie wir Ihrem Kind optimale Möglichkeiten bieten können.“*
„Wollen Sie etwa behaupten, ich bin überfordert?“	*„Es ist Ihr gutes Recht, dass Sie zuerst Ihr Kind sehen. Ich möchte Ihnen dennoch gerne meine Situation schildern.“*
❸→ *„Glauben Sie mir, ich habe die Erfahrung!“*	*„Ihr Wissen als Eltern und meine Ausbildung und Berufserfahrung bilden sehr gute Voraussetzungen dafür, Ihrem Kind weiterzuhelfen. Ich bin der Ansicht, dass wir zusammenarbeiten sollten.“*

Kopiervorlage

Tipps, damit Sie im Gespräch professionell reagieren

Nutzen Sie diese Tipps, um im Elterngespräch gekonnt zu handeln.

1. *Zeigen Sie den Eltern, dass Sie ihre Meinung und ihre Einwände ernst nehmen: „Sie sind der Ansicht, dass Ihr Kind bei kaltem Wetter nicht draußen spielen sollte.“*
2. *Hören Sie sich den Einwand in Ruhe an, und überlegen Sie kurz, wie wichtig er ist.*
3. *Überhören Sie emotionale Einwände und führen Sie das Gespräch wieder auf die sachliche Ebene zurück: „Trotz Ihrer Befürchtung, Ihr Kind würde krank, möchte ich nochmals die Vorteile der Bewegung an der frischen Luft schildern.“*
4. *Beleuchten Sie wichtige Einwände gemeinsam mit den Eltern: „Lassen Sie uns zusammen nachdenken, wie die geeignete Kleidung aussehen könnte, damit Ihr Kind sich nicht erkältet.“*
5. *Erarbeiten Sie gemeinsam das Für und Wider des Arguments: „Was spricht für und was spricht dagegen, dass Kinder sich in wetterfester Kleidung auch bei kälterer Witterung draußen aufhalten?“*
6. *Legen Sie sich eine Einwandskartei zu: Diese hilft Ihnen, gekonnt und überzeugend zu reagieren. Notieren Sie auf kleinen Karteikärtchen Einwände, Argumente und Angriffe, auf die Sie reagieren wollen, und schreiben Sie auf, wie Sie kontern wollen. Holen Sie die Kärtchen immer wieder hervor, aktualisieren Sie sie und lesen Sie sie durch. Ein Muster finden Sie im Anhang.*

Muster: So vermeiden Sie Negativformulierungen

Trainieren Sie, wie Sie dieselben Inhalte positiv ausdrücken können.	
Sagen Sie nicht ...	**So formulieren Sie es besser ...**
„Hier gebe ich Ihnen zu bedenken ...“	*„Denken Sie bitte auch daran ...“*
„Da haben Sie mich völlig falsch verstanden ...“	*„Wahrscheinlich habe ich mich jetzt missverständlich ausgedrückt, ich meinte Folgendes ...“*
„Wollen Sie jetzt etwa behaupten, dass ...?“	*„Verstehe ich Sie richtig, dass ...“*
„Das ist ja total falsch!“	*„Aus Ihrer Sicht betrachtet, ist dies sicherlich richtig, allerdings ...“*
„Sie können das nicht beurteilen!“	*„Das ist aus Ihrer Perspektive heraus sicher nicht so einfach zu beurteilen, allerdings bin ich der Meinung, dass ...“*
„Mit Ihren Erziehungsmethoden kommen Sie nicht weiter!“	*„Ich möchte mich mit Ihnen beraten, welche Erziehungsmethoden für Ihr Kind infrage kommen.“*
„Das ist eine Unterstellung!“	*„Ich kann Ihre Aufregung verstehen, möchte Sie jedoch bitten, dass Sie sich mir gegenüber fair verhalten.“*
„Ich will nur das Beste für Ihr Kind.“	*„Ich weiß, dass Sie das Beste für Ihr Kind im Sinn haben. Mit geht es genau so, deshalb sollten wir gemeinsam überlegen, wie wir Ihrem Kind optimale Möglichkeiten bieten können.“*
„Wollen Sie etwa behaupten, ich bin überfordert?“	*„Es ist Ihr gutes Recht, dass Sie zuerst Ihr Kind sehen. Ich möchte Ihnen dennoch gerne meine Situation schildern.“*
„Glauben Sie mir, ich habe die Erfahrung!“	*„Ihr Wissen als Eltern und meine Ausbildung und Berufserfahrung bilden sehr gute Voraussetzungen dafür, Ihrem Kind weiterzuhelfen. Ich bin der Ansicht, dass wir zusammenarbeiten sollten.“*

Zuhören

Ein Erfolgsfaktor im Elterngespräch ist die Kunst des Zuhörens. Durch gekonntes Zuhören gelingt es Ihnen, wertvolle Hintergrundaussagen aus den Worten der Eltern herauszufiltern. Sie nehmen Missverständnisse und Konflikte durch aktives Zuhören vorweg.

Vermeiden Sie Fehler, die durch Nichtzuhören entstehen

Das aktive Zuhören muss geübt werden, denn es entwickelt sich nur durch Lernen. Ein häufiger Fehler im Elterngespräch ist der, dass beide Parteien sich während des Gesprächs nicht genügend zuhören.

Typische Fehler beim Zuhören

- Sie sitzen in einem wenig günstigen Raum, zum Beispiel in einem Durchgangszimmer oder direkt neben der Musikecke Ihrer Kindertagesstätte, und hören, wie das Spiel der Kinder im Gruppenraum langsam eskaliert. Sie können sich nicht mehr auf das Gespräch konzentrieren, weil Sie überlegen, ob Sie helfend in der Gruppe eingreifen sollen.
- Die Eltern schildern ihre eigene Position sehr ausführlich. Sie überdenken währenddessen die Argumentationskette, die Sie sich zurechtgelegt haben. Damit sind Sie so beschäftigt, dass Sie nicht mehr zuhören können.
- Das Gespräch nimmt eine ungeahnte Wendung; Sie können nicht mehr zuhören, weil Ihr Gesprächsaufbau nicht mehr passt.
- Sie haben zu wenig Zeit für das Gespräch eingeräumt und denken bereits daran, wie Sie das Gespräch rasch beenden können.
- Sie haben die Lösung schon im Kopf. Die Vorschläge der Eltern spielen eine untergeordnete Rolle.

❶ Treffen Sie Vorbereitungen für aktives Zuhören

Treffen Sie vor dem Elterngespräch Vorbereitungen, indem Sie einen ruhigen Raum herrichten, der frei von Störungen wie beispielsweise Telefonklingeln oder Besucherverkehr sein sollte. Schließen Sie die Fenster, falls Sie laute Kinderstimmen vom Spielplatz erwarten. Konzentrieren Sie sich während des Gesprächs ganz auf die Aussagen der Eltern. Eine gute Vorbereitung des Gesprächs hilft Ihnen dabei. Dadurch können Sie befreiter zuhören, weil Sie sich keine Argumente überlegen müssen, während die Eltern sprechen.

❷ Bleiben Sie beim Zuhören aktiv

Zuhören ist keine passive Handlung. Die Eltern bemerken, wenn Sie ihnen aktiv zuhören. Säßen Sie nur teilnahmslos da, würde dies die Eltern verunsichern, und sie würden Ihre Haltung als Desinteresse werten. Aktives Zuhören zeigt den Eltern, dass Sie aufmerksam zuhören, und gibt ihnen Sicherheit und Vertrauen.

Zeichen des aktiven Zuhörens:

- Offene, den Eltern zugewandte Körperhaltung
- Ständiger Blickkontakt
- Freundliche Mimik
- Nonverbale Zeichen der Bestätigung wie Lächeln und Kopfnicken
- Kurze Beweise der Anteilnahme, zum Beispiel „ja", „hm", oder „tatsächlich?"
- Nicht unterbrechen

Selbsttest: Wie gekonnt hören Sie zu?

	Fragen	Ja	Nein
	Wählen Sie einen Raum aus, in dem Sie in Ruhe mit den Eltern sprechen können?	❑	❑
	Schalten Sie alle möglichen Störungsquellen vor dem Gespräch aus (Fenster schließen, Schild „Bitte nicht stören!" an die Zimmertür hängen, Telefondienst bestimmen)?	❑	❑
❶→	Bereiten Sie Ihr Gespräch so gut vor, dass Sie sich ganz auf die Aussagen der Eltern konzentrieren können?	❑	❑
	Blicken Sie die Eltern während des Gesprächs an?	❑	❑
	Sitzen Sie den Eltern offen und aufrecht gegenüber?	❑	❑
	Bestätigen Sie die Eltern im Gesprächsverlauf durch Kopfnicken?	❑	❑
	Zeigen Sie den Eltern eine freundliche Mimik?	❑	❑
❷→	Stellen Sie bei Bedarf Verständnisfragen?	❑	❑
	Fassen Sie die Aussagen der Eltern mit Ihren Worten zusammen, um sicherzugehen, dass Sie sie richtig verstanden haben?	❑	❑
	Stellen Sie Ihre eigenen Bedürfnisse während des Zuhörens zurück?	❑	❑
❸→	Vergegenwärtigen Sie sich die Aufgaben der Eltern und versetzen Sie sich in deren Rolle?	❑	❑
	Versuchen Sie, das Problem mit den Augen der Eltern zu sehen?	❑	❑
	Beobachten Sie die Körpersprache der Eltern?	❑	❑
❹→	Stellen Sie fest, ob die nonverbalen Zeichen der Eltern zu den Inhalten passen?	❑	❑
	Achten Sie auf Scheinargumente oder Widersprüche?	❑	❑
	Sprechen Sie die Unstimmigkeiten so an, dass die Eltern sich korrigieren können?	❑	❑
	Wiederholen Sie die Aussagen der Eltern, damit ihnen der Widerspruch auffällt?	❑	❑

Auswertung:
17- bis 15-mal „Ja": Herzlichen Glückwunsch! Sie sind bereits Profi im aktiven Zuhören.
14- bis 8-mal „Ja": Ihnen gelingt das Zuhören bereits teilweise. Sie sollten jedoch noch üben und sich vor jedem neuen Elterngespräch das Ziel setzen, besonders aktiv zuzuhören.
7- bis 0-mal „Ja": Sie haben noch wenig Erfahrung im aktiven Zuhören. Suchen Sie sich möglichst viele Gelegenheiten zum Lernen und zum Trainieren des Zuhörens.

Kopiervorlage

- Erlaubt sind Verständnisfragen oder Zusammenfassungen: *„Sie wollen damit sagen, dass ..."*
- Eventuell Notizen, wenn Sie den Eltern vorher erklären, wofür Sie die Aufzeichnungen brauchen

❸ Versetzen Sie sich in die Eltern hinein

Versuchen Sie, sich in die Lage der Eltern zu versetzen, indem Sie sich die Familienverhältnisse, die Kinderzahl und die Wohnverhältnisse vorstellen. Damit können Sie die Sichtweise und die Reaktionen der Eltern besser verstehen. Die Beziehungsebene zwischen Ihnen und den Eltern spielt dabei eine wesentliche Rolle. Stellen Sie Ihre eigene Person zurück, und versuchen Sie, die Argumente und Bedenken der Eltern besser zu verstehen.

❹ Achten Sie auf die Aussagen „zwischen den Zeilen"

Beim analytischen Zuhören achten Sie auf die Zwischentöne und auch darauf, ob die verbalen Aussagen der Eltern zu ihrer Körpersprache passen. Inhalte, die Eltern zur Sprache bringen, nur um den Schein zu wahren, decken Sie durch das analytische Zuhören auf. Sie bemerken dadurch auch Widersprüche und unlogische Schlussfolgerungen. Spiegeln Sie in solchen Fällen den Eltern ihre Aussagen sofort wider, indem Sie beispielsweise sagen: *„Habe ich Sie richtig verstanden, dass ...?" „Aus Ihrer Sicht betrachtet, sind Sie der Meinung, dass ...?" „Ich habe Sie vermutlich nicht richtig verstanden, weil es mir vorkommt, als würden sich 2 Aussagen widersprechen, nämlich ..."* Die Eltern erhalten dadurch die Gelegenheit, sich zu korrigieren und dennoch das Gesicht zu wahren. Zeichen einer nicht stimmigen Körpersprache der Eltern wären zum Beispiel die Aussage der Eltern, dass sie gerne zum Gespräch gekommen sind, und ihre Körpersprache, die vor der Brust verschränkte Arme, rote Flecken im Gesicht und einen ängstlich zur Tür gerichteten Blick zeigt.

Selbsttest: Wie gekonnt hören Sie zu?

Fragen	Ja	Nein
Wählen Sie einen Raum aus, in dem Sie in Ruhe mit den Eltern sprechen können?	❑	❑
Schalten Sie alle möglichen Störungsquellen vor dem Gespräch aus (Fenster schließen, Schild „Bitte nicht stören!“ an die Zimmertür hängen, Telefondienst bestimmen)?	❑	❑
Bereiten Sie Ihr Gespräch so gut vor, dass Sie sich ganz auf die Aussagen der Eltern konzentrieren können?	❑	❑
Blicken Sie die Eltern während des Gesprächs an?	❑	❑
Sitzen Sie den Eltern offen und aufrecht gegenüber?	❑	❑
Bestätigen Sie die Eltern im Gesprächsverlauf durch Kopfnicken?	❑	❑
Zeigen Sie den Eltern eine freundliche Mimik?	❑	❑
Stellen Sie bei Bedarf Verständnisfragen?	❑	❑
Fassen Sie die Aussagen der Eltern mit Ihren Worten zusammen, um sicherzugehen, dass Sie sie richtig verstanden haben?	❑	❑
Stellen Sie Ihre eigenen Bedürfnisse während des Zuhörens zurück?	❑	❑
Vergegenwärtigen Sie sich die Aufgaben der Eltern und versetzen Sie sich in deren Rolle?	❑	❑
Versuchen Sie, das Problem mit den Augen der Eltern zu sehen?	❑	❑
Beobachten Sie die Körpersprache der Eltern?	❑	❑
Stellen Sie fest, ob die nonverbalen Zeichen der Eltern zu den Inhalten passen?	❑	❑
Achten Sie auf Scheinargumente oder Widersprüche?	❑	❑
Sprechen Sie die Unstimmigkeiten so an, dass die Eltern sich korrigieren können?	❑	❑
Wiederholen Sie die Aussagen der Eltern, damit ihnen der Widerspruch auffällt?	❑	❑

Auswertung:

17- bis 15-mal „Ja“: Herzlichen Glückwunsch! Sie sind bereits Profi im aktiven Zuhören.

14- bis 8-mal „Ja“: Ihnen gelingt das Zuhören bereits teilweise. Sie sollten jedoch noch üben und sich vor jedem neuen Elterngespräch das Ziel setzen, besonders aktiv zuzuhören.

7- bis 0-mal „Ja“: Sie haben noch wenig Erfahrung im aktiven Zuhören. Suchen Sie sich möglichst viele Gelegenheiten zum Lernen und zum Trainieren des Zuhörens.

Fragetechniken

Eine alte Weisheit besagt: „Wer fragt, der führt!" Auch im Elterngespräch trifft diese Aussage zu. Denn mit gezielten Fragen gelingt es Ihnen, das Gespräch in die gewünschte Richtung zu lenken.

Arten von Fragen

Unterscheiden Sie zwischen

1. *offenen Fragen und*
2. *geschlossenen Fragen.*

Durch den Wechsel zwischen diesen beiden Fragearten gelingt es Ihnen, bei den Eltern die Gesprächsführung zu übernehmen und den Eltern gleichzeitig Spielraum zu geben, die bedeutenden Informationen auszusprechen.

❶ Offene Fragen

Wenn Sie im Gespräch offene Fragen anwenden, sollten Sie sich bewusst sein, welche Wirkung Sie damit erreichen:

- Sie eröffnen den Eltern unzählige Antwortmöglichkeiten.
- Sie drängen die Eltern nicht in eine bestimmte Richtung.
- Sie lassen deren Sichtweise zu.
- Sie zeigen den Eltern, dass Sie an ihrer Meinung interessiert sind.

Offene Fragen werden auch W-Fragen genannt. Im Gegensatz zu geschlossenen Fragen bieten die offenen Fragen den Eltern ein breites Spektrum an Antwortmöglichkeiten. Ziehen Sie folgende Fragemöglichkeiten in Betracht:

Warum zeigt Ihr Kind dieses Verhalten?

Wie können Sie darauf reagieren?

Was tun Sie, wenn Ihr Kind schreit?

Wie lange zeigt Ihr Kind dieses Verhalten bereits?

Wieso stört es Sie?

Welche Verhaltensänderung würden Sie begrüßen?

Wer ist daran beteiligt?

Wann ist die Zeit günstig, mit den Maßnahmen zu beginnen?

Wie äußert sich das bei Ihnen zu Hause?

Weshalb reagiert Ihr Kind nur bei Ihnen in dieser Art und Weise?

❷ Geschlossene Fragen

Folgende Wirkung erzielen Sie mit geschlossenen Fragen:

- Bieten zunächst einen Schutz für unsichere Eltern
- Schränken die Antwortmöglichkeiten der Eltern zielgerichtet ein
- Legen auf die Antwortkategorien „Ja" oder „Nein" fest
- Bergen die Gefahr in sich, die Eltern in eine bestimmte Richtung zu zwingen
- Haben Interviewcharakter
- Lassen keine Einwände der Eltern zu
- Verpflichten die Eltern, konkret Stellung zu beziehen

Tabelle: Der Einsatz von offenen und geschlossenen Fragen

Beispiel	Offene Frage	Geschlossene Frage	Anwendung / Ziel
„Haben Sie den Weg zum Büro sofort gefunden?"		X	■ Zum Gesprächsbeginn ■ Als Einstimmung ■ Eltern sollen Vertrauen fassen
❶→ *„Wie verhält sich Ihr Kind zu Hause genau, wenn es einen Konflikt hat?"*	X		■ Im Entwicklungs- oder im Beratungsgespräch ■ Eltern sollen Verhalten mit eigenen Worten genau beschreiben
❷→ *„Sind Sie bereit, etwas zu ändern?"*		X	■ Im Problemlösungsgespräch ■ Eltern sollen klar die eigene Position beziehen
„Warum haben Sie das Gefühl, dass es zu Hause so nicht weitergehen kann?"	X		■ Im Problemlösungsgespräch ■ Zur Konkretisierung der These, dass das Kind Hilfe braucht ■ Eltern sollen eigene Einschätzung zeigen
„Brauchen Sie Unterstützung?"		X	■ Im Beratungsgespräch ■ Eltern sollen eigenes Urteil abgeben
„Welche Unterstützung benötigen Sie genau?"	X		■ Im Beratungsgespräch ■ Sichtweise der Eltern wird gefordert ■ Lässt den Eltern alle Richtungen offen
„Fühlen Sie sich in der Lage, das Problem jetzt anzugehen?"		X	■ Beim Gesprächsabschluss ■ Fordert Einschätzung der Eltern ■ Eltern verpflichten sich zum Handeln

Kopiervorlage

Geschlossene Fragen heißen auch Ja-Nein-Fragen, da dies die einzigen Antwortmöglichkeiten sind. Eltern erhalten durch diese Art von Fragen nur wenig Antwortspielraum.

„Hat sich das Verhalten Ihres Kindes geändert?"

„Möchten Sie Ihrem Kind helfen, das Verhalten zu ändern?"

„Können Sie sich vorstellen, warum Ihr Kind sich so verhält?"

„Glauben Sie, dass es dies absichtlich tut?"

„Stimmt es, dass es nur zu Hause so reagiert? Wissen Sie, was jetzt zu tun ist?"

„Wird Ihr Mann Sie unterstützen? Bekommen Sie genügend Hilfe?"

„Stimmen Sie mir zu, dass wir das Problem gemeinsam lösen sollten?"

Das sollten Sie wissen, wenn Sie die Fragetypen einsetzen

- Geschlossene Fragen eignen sich für den Beginn des Gesprächs. Nach der Einleitungsphase vermitteln einige geschlossene Fragen den Eltern Sicherheit.
- Im weiteren Verlauf des Gesprächs können offene Fragen folgen. Vor allem für rhetorisch gewandte Eltern bietet sich die offene Frageform an.
- Wenden Sie zur Abrundung und Zusammenfassung von Thesen geschlossene Fragen an, die die Eltern beantworten.
- Geben Sie den Eltern bei geschlossenen Fragen genügend Zeit zum Nachdenken und Antworten, sonst könnten sie sich bedrängt fühlen.
- Unabhängig davon, welche Fragetypen Sie einsetzen, sollten Sie sich immer dem Sprachniveau der Eltern anpassen, damit die Eltern sich nicht über- oder unterfordert fühlen.

Tabelle: Der Einsatz von offenen und geschlossenen Fragen

Beispiel	Offene Frage	Geschlossene Frage	Anwendung / Ziel
„Haben Sie den Weg zum Büro sofort gefunden?“		X	■ Zum Gesprächsbeginn ■ Als Einstimmung ■ Eltern sollen Vertrauen fassen
„Wie verhält sich Ihr Kind zu Hause genau, wenn es einen Konflikt hat?“	X		■ Im Entwicklungs- oder im Beratungsgespräch ■ Eltern sollen Verhalten mit eigenen Worten genau beschreiben
„Sind Sie bereit, etwas zu ändern?“		X	■ Im Problemlösungsgespräch ■ Eltern sollen klar die eigene Position beziehen
„Warum haben Sie das Gefühl, dass es zu Hause so nicht weitergehen kann?“	X		■ Im Problemlösungsgespräch ■ Zur Konkretisierung der These, dass das Kind Hilfe braucht ■ Eltern sollen eigene Einschätzung zeigen
„Brauchen Sie Unterstützung?“		X	■ Im Beratungsgespräch ■ Eltern sollen eigenes Urteil abgeben
„Welche Unterstützung benötigen Sie genau?“	X		■ Im Beratungsgespräch ■ Sichtweise der Eltern wird gefordert ■ Lässt den Eltern alle Richtungen offen
„Fühlen Sie sich in der Lage, das Problem jetzt anzugehen?“		X	■ Beim Gesprächsabschluss ■ Fordert Einschätzung der Eltern ■ Eltern verpflichten sich zum Handeln

Fragearten

Wenn Sie mit Fragen durch das Elterngespräch führen wollen, können Sie auf 6 verschiedene Fragearten zurückgreifen. Welche Frageart Sie einsetzen, hängt immer vom Ziel ab, das Sie verfolgen.

❶ Die Informationsfrage

Informationsfragen stellen Sie, wenn Sie inhaltliche Informationen oder Details erfahren wollen. Sie können damit Einstellungen und Sichtweisen der Eltern ermitteln. Informationsfragen eignen sich nach dem Einstieg ins Gespräch, wenn Sie einfache inhaltliche Teile erfahren wollen. Auch zu Beginn eines Problemgesprächs bewähren sich Informationsfragen, weil Sie durch sie rasch zum Kern des Problems vordringen. Ein Beispiel für eine Informationsfrage ist: *„Was geschieht, wenn Ihr Kind zu Hause einen Konflikt hat?"*

❷ Die rhetorische Frage

Die rhetorische Frage wird auch Suggestiv- oder Manipulativfrage genannt. Durch rhetorische Fragen werden die Eltern deutlich in eine gewünschte Richtung gelenkt. Sie legen den Eltern die Antwort in den Mund, die Sie von vornherein zu kennen glauben.

Meist sind Suggestivfragen geschlossene Fragen, die den Eltern keinen Spielraum und wenig Zeit zum Nachdenken lassen. Suggestivfragen sind keine faire Fragetechnik und deshalb im Elterngespräch nicht erlaubt. Streichen Sie rhetorische Fragen aus Ihrem Repertoire, denn Sie würden die Eltern damit manipulieren und verunsichern. *„Wollen Sie nicht auch das Beste für Ihr Kind?"* Dies ist eine rhetorische Frage.

❸ Die Lösungsfrage

Sie wenden die Lösungsfrage im Elterngespräch an, wenn es darum geht, die Eltern zu aktivieren und an einer Lösung zu beteiligen. Durch eine Frage nach der Lösung ermutigen Sie die Eltern, kreative Vorschläge einzubringen, und Sie signalisieren ihnen, dass Sie ihre Ideen für wertvoll halten. Wenn Sie Eltern so aktivieren, geben Sie ihnen das Gefühl, dass sie an der Lösung des Problems maßgeblich beteiligt sind. Eine Lösungsfrage ist zum Beispiel: *„Wie kann das Problem gemeinsam gelöst werden?"*

❹ Die Motivationsfrage

Mit dieser Frage erzeugen Sie ein positives Klima im Elterngespräch. Sie lassen den Eltern ein Lob zukommen und motivieren sie damit gleichzeitig, sich weiterhin am Gespräch aktiv zu beteiligen. Unsichere Eltern führen Sie durch Motivationsfragen zu mehr Selbstsicherheit und Vertrauen. Eine Motivationsfrage ist beispielsweise: *„Welche guten Erfahrungen konnten Sie bereits machen?"*

❺ Die Gegenfrage

Die Gegenfrage ist ein rhetorisches Mittel, durch das Sie in 1. Linie Zeit gewinnen. Wenn Sie mit einer Gegenfrage reagieren, gewinnen Sie die Initiative zurück und können wieder mit weiteren Fragen durch das Gespräch führen. Allerdings sollten Sie nicht zu häufig auf eine Frage der Eltern mit einer Gegenfrage reagieren, sonst machen Sie sich unglaubwürdig. Nutzen Sie Gegenfragen, wenn Sie die Frage der Eltern an Sie als Angriff werten oder wenn Sie Zeit zum Antworten gewinnen wollen. Ein Beispiel für eine Gegenfrage zur Frage nach Ihrer pädagogischen Handlungsfähigkeit ist: *„Wissen Sie eigentlich immer, was in schwierigen Situationen zu tun ist?"*

Übersicht: Fragearten und Beispielfragen

Fragearten	Beispiele
❶→ Informationsfrage	*„Welches Verhalten zeigt Ihr Kind in diesen Situationen?"* *„Wie äußert sich das Verhalten ganz genau?"* *„Was tun Sie gewöhnlich?"* *„Wann beruhigt sich die Situation wieder?"*
❷→ Rhetorische Frage	*„Glauben Sie nicht auch, dass das Verhalten Ihres Kindes in Ihrem Verhalten begründet ist?"* *„Stimmen Sie mir zu, dass Sie die Reaktion des Kindes provozieren?"* *„Sind Sie nicht auch der Meinung, dass Sie konsequent handeln müssen?"* *„Wissen Sie nicht selbst, dass dies kein Dauerzustand ist?"*
❸→ Lösungsfrage	*„Haben Sie Ideen, wie wir das Problem lösen können?"* *„Wissen Sie, was wir nun tun könnten?"* *„Können Sie sich vorstellen, wie wir das Problem gemeinsam angehen?"* *„Welche Vorschläge fallen Ihnen jetzt ein?"*
❹→ Motivationsfrage	*„Könnten Sie Ihre Erfahrung nochmals schildern?"* *„Würden Sie nochmals schildern, wie Sie sonst damit umgegangen sind?"* *„Welche wertvolle Erfahrung haben Sie bei Ihren ersten beiden Kindern gemacht?"* *„Können wir von Ihren vielen Ideen und Lösungsvorschlägen profitieren?"*
❺→ Gegenfrage	*„Sind Sie nicht auch in der Kindertagesstätte manchmal hilflos? Fühlen Sie sich zu Hause gelegentlich auch so?"* *„Wissen Sie eigentlich immer, was mit schwierigen Kindern zu tun ist?"* *„Fällt Ihnen bei Ihrem Kind manchmal nicht sofort ein, wie Sie reagieren können?"*
❻→ Kontrollfrage	*„Habe ich Sie richtig verstanden?"* *„Wollen Sie damit sagen, dass ...?"* *„Sie meinen damit, dass ...?"* *„Stimmen Sie mir zu, dass ...?"*

Kopiervorlage

❻ Die Kontrollfrage

Kontrollfragen sind immer Verständnisfragen, die sicherstellen sollen, dass Sie die Aussagen im Sinne der Eltern verstanden und interpretiert haben. Kontrollfragen eignen sich auch für den Abschluss des Gesprächs, wenn Sie die Inhalte zusammenfassen und das elterliche Einverständnis dazu einholen wollen. Folgende Kontrollfrage könnten Sie beispielsweise stellen: *„Habe ich Sie richtig verstanden, dass ...?"*

Zusammenfassende Tipps für den richtigen Einsatz von Fragen

- Verwenden Sie zu Beginn des Gesprächs einige geschlossene Fragen, um das Eis zu brechen und Sicherheit zu vermitteln.
- Gehen Sie danach zu offenen Fragen über.
- Nutzen Sie Informationsfragen zu Gesprächsbeginn, wenn Sie wichtige Sachverhalte klären müssen.
- Stellen Sie immer nur 1 Frage.
- Geben Sie den Eltern genügend Zeit, um zu antworten.
- Richten Sie sich nach dem Sprachniveau der Eltern.
- Wechseln Sie zwischen offenen und geschlossenen Fragen ab.
- Stellen Sie nicht zu viele geschlossene Fragen, dies wirkt wie ein Verhör.
- Reagieren Sie auf direkte Angriffe mit einer Gegenfrage.
- Stellen Sie keine rhetorischen Fragen im Elterngespräch.
- Beteiligen Sie die Eltern durch gezielte Lösungsfragen.
- Vermitteln Sie unsicheren Eltern Vertrauen durch Motivationsfragen.
- Prüfen Sie mit Kontrollfragen, ob Sie die Aussagen der Eltern richtig verstanden haben.

Übersicht: Fragearten und Beispielfragen

Fragearten	Beispiele
Informationsfrage	*„Welches Verhalten zeigt Ihr Kind in diesen Situationen?“* *„Wie äußert sich das Verhalten ganz genau?“* *„Was tun Sie gewöhnlich?“* *„Wann beruhigt sich die Situation wieder?“*
Rhetorische Frage	*„Glauben Sie nicht auch, dass das Verhalten Ihres Kindes in Ihrem Verhalten begründet ist?“* *„Stimmen Sie mir zu, dass Sie die Reaktion des Kindes provozieren?“* *„Sind Sie nicht auch der Meinung, dass Sie konsequent handeln müssen?“* *„Wissen Sie nicht selbst, dass dies kein Dauerzustand ist?“*
Lösungsfrage	*„Haben Sie Ideen, wie wir das Problem lösen können?“* *„Wissen Sie, was wir nun tun könnten?“* *„Können Sie sich vorstellen, wie wir das Problem gemeinsam angehen?“* *„Welche Vorschläge fallen Ihnen jetzt ein?“*
Motivationsfrage	*„Könnten Sie Ihre Erfahrung nochmals schildern?“* *„Würden Sie nochmals schildern, wie Sie sonst damit umgegangen sind?“* *„Welche wertvolle Erfahrung haben Sie bei Ihren ersten beiden Kindern gemacht?“* *„Können wir von Ihren vielen Ideen und Lösungsvorschlägen profitieren?“*
Gegenfrage	*„Sind Sie nicht auch in der Kindertagesstätte manchmal hilflos? Fühlen Sie sich zu Hause gelegentlich auch so?“* *„Wissen Sie eigentlich immer, was mit schwierigen Kindern zu tun ist?“* *„Fällt Ihnen bei Ihrem Kind manchmal nicht sofort ein, wie Sie reagieren können?“*
Kontrollfrage	*„Habe ich Sie richtig verstanden?“* *„Wollen Sie damit sagen, dass …?“* *„Sie meinen damit, dass ...?“* *„Stimmen Sie mir zu, dass ...?“*

Mit Störungen umgehen

Störungen sind Unstimmigkeiten und Behinderungen, mit denen Sie im Elterngespräch rechnen müssen. Bedenken Sie Ihre möglichen Reaktionen bereits vor dem Gespräch. Lernen Sie deshalb, solchen Störungen erfolgreich zu begegnen.

❶ Reagieren Sie auf Killerphrasen

Manche Eltern neigen dazu, Ihre Argumente außer Kraft zu setzen, indem sie im Laufe des Gesprächs immer wieder Killerphrasen einsetzen, um Ihnen zu demonstrieren, dass sich Ihre Ideen und Vorschläge nicht umsetzen lassen. Die Eltern sagen beispielsweise: *„Das ist nichts Neues. Das haben wir alles schon ausprobiert, und es hat nichts genutzt."*

So können Sie bei Killerphrasen agieren:

- **Wenden Sie die „Ja, aber"-Methode an:** Sie gehen scheinbar auf das Argument ein und formulieren daran anschließend Ihre eigene Meinung. Beispiel: *„Wenn Sie die Sache so betrachten, gebe ich Ihnen völlig recht. Aus meiner Sicht heraus betrachtet, möchte ich jedoch sagen ..."*
- **Probieren Sie die Kontermethode aus:** Sie sagen den Eltern beispielsweise freundlich, aber bestimmt: *„Wir kommen nicht weiter, wenn Sie sich im Gespräch nur damit beschäftigen, was alles nicht hilft und nicht möglich ist. Bitte sprechen Sie lieber darüber, was alles geht."* Dies erfordert Courage, ist aber bei sehr redegewandten Eltern häufig erforderlich.

❷ Lassen Sie sich nicht aus Ihrem Konzept bringen

Störungen im Elterngespräch können vielfältig sein. Es ist denkbar, dass Eltern Ihre Kompetenz infrage stellen oder dass Sie während des Gesprächs immer wieder durch Anklopfen oder Telefonklingeln unterbrochen werden. Wichtig ist es, dass Sie sich dadurch nicht verunsichern lassen, den roten Faden und Ihr Gesprächsziel immer klar im Auge behalten und folgendermaßen reagieren:

- Wenn Eltern mit Ihnen im Gespräch konkurrieren, stellen Sie die Eltern deutlich in den Mittelpunkt, indem Sie sie loben und ihnen sagen, wie sehr Sie es schätzen, dass sie so gut informiert sind, und führen Sie danach das Gespräch auf die Sachebene zurück.
- Unterbrechen Sie das Gespräch kurz, wenn Sie durch äußere Einflüsse gestört werden, die Sie nicht von vornherein ausschalten können. Wenn beispielsweise das Mobiltelefon der Eltern klingelt, legen Sie eine Pause ein, und knüpfen Sie an das Gespräch an, wenn die Eltern sich wieder konzentrieren können.
- Vereinbaren Sie mit Ihren Kolleginnen ein Zeichen, beispielsweise ein Schild an der Tür des Besprechungszimmers, das verdeutlicht, dass der Raum besetzt ist und dass Sie nicht gestört werden dürfen.

❸ Bleiben Sie bei Angriffen gelassen

Angriffe von Seiten der Eltern sind während des Gesprächs sehr brisant, weil sie von Ihnen als Störung erlebt werden und Sie ernorm verunsichert werden könnten. Reagieren Sie bei Angriffen so:

- **Verwenden Sie die Übersetzungsmethode:** Die Übersetzungsmethode können Sie anwenden, wenn Eltern unsachgemäße Kritik, Vorwürfe oder unabsichtliche Kränkungen äußern. Sie übersetzen ähnlich wie ein Dolmetscher die kritischen oder vorwurfsvollen Worte der Eltern, indem Sie sie mit anderen Worten ausdrücken. Mit dieser Reaktion haben Sie die Situation wieder in der Hand und bestimmen damit über den weiteren Verlauf und den Ausgang. Versuchen Sie, bei der Übersetzung fair und diplomatisch zu sein. Sagen Sie zum Beispiel: *„Sie erleben die Situation in der Kindergruppe als nicht zufrieden stellend, weil Sie glauben, ich würde Ihr Kind nicht fördern. Ich möchte Ihnen jedoch schildern, welche Fortschritte Ihr Kind bereits in der Kindertagesstätte gemacht hat."*
- **Praktizieren Sie die Kontermethode:** Sie können damit auf Kränkungen, Verletzungen oder auf Eltern, die Ihnen im Gespräch eine Fangfrage oder Falle stellen wollen, reagieren. Übernehmen Sie die Formulierung der Eltern wörtlich, oder lehnen Sie sich in Ihrer Antwort eng an den Satz der Eltern an. Mit ein wenig Übung könnten Sie auch Gegenbegriffe verwenden, indem Sie den Angriff umkehren. Beispiel: Vorwurf der Eltern: *„Sie verstehen nichts von Ihrer Arbeit!"* Kontermethode: *„Was würden Sie an meiner Stelle tun, um meine Arbeit besser zu machen?"*
- **Setzen Sie die Fragemethode ein:** Dadurch gewinnen Sie Zeit zum Nachdenken. Sie reagieren damit auf provozierende Fragen, auf Unterstellungen oder Unhöflichkeiten der Eltern. Stellen Sie eine Gegenfrage, dadurch übernehmen Sie wieder die Führung im Gespräch und zwingen die Eltern, ihre Position zu erklären und zu konkretisieren. Es ist auch möglich, dass Sie bei einem ungerechtfertigten Angriff kontern und die Eltern fragen, wie die Situation denn besser zu lösen sei. Beispiel: *„Ich glaube, ich verstehe Sie jetzt nicht richtig. Was meinen Sie damit genau?"*

Kopiervorlage

Selbsttest: Gehen Sie gekonnt mit Störungen um?

❶ → **So reagieren Sie auf Killerphrasen**	**Ja**	**Nein**
Gehen Sie anfangs auf das Argument der Eltern ein?	❑	❑
Schließen Sie immer sofort an Ihre Zustimmung Ihre eigene Meinung an?	❑	❑
Gelingt Ihnen die freundliche Erwiderung, dass Sie sich mit positiven Veränderungen beschäftigen möchten und nicht nur darüber nachdenken wollen, was alles nicht möglich ist?	❑	❑
❷ → **Testen Sie, ob Sie sich leicht aus dem Konzept bringen lassen**		
Stellen Sie bei Konkurrenzverhalten die Eltern in den Mittelpunkt und loben Sie sie für positives Verhalten?	❑	❑
Legen Sie eine kurze Pause ein, wenn Sie durch äußere Einflüsse gestört werden?	❑	❑
Starten Sie erneut, wenn die Eltern sich wieder auf das Gespräch konzentrieren können?	❑	❑
❸ → **So reagieren Sie auf persönliche Angriffe**		
Üben Sie bereits vor Gesprächen schlagfertige Reaktionsweisen ein?	❑	❑
Übersetzen Sie den Angriff, indem Sie ihn mit anderen Worten wiederholen?	❑	❑
Stellen Sie eine Gegenfrage, die sich auf den Angriff bezieht, und fordern Sie die Eltern damit auf, ihre Position zu konkretisieren?	❑	❑

Auswertung:

Nachdem Sie die einzelnen Fragerubriken 1 bis 3 beantwortet haben, stellen Sie fest, in welcher Rubrik Sie am häufigsten „Nein" angekreuzt haben. Dort gibt es für Sie Verbesserungsbedarf, denn mit dieser Art von Störung können Sie nicht souverän umgehen.

Selbsttest: Gehen Sie gekonnt mit Störungen um?

So reagieren Sie auf Killerphrasen	**Ja**	**Nein**
Gehen Sie anfangs auf das Argument der Eltern ein?	❏	❏
Schließen Sie immer sofort an Ihre Zustimmung Ihre eigene Meinung an?	❏	❏
Gelingt Ihnen die freundliche Erwiderung, dass Sie sich mit positiven Veränderungen beschäftigen möchten und nicht nur darüber nachdenken wollen, was alles nicht möglich ist?	❏	❏
Testen Sie, ob Sie sich leicht aus dem Konzept bringen lassen		
Stellen Sie bei Konkurrenzverhalten die Eltern in den Mittelpunkt und loben Sie sie für positives Verhalten?	❏	❏
Legen Sie eine kurze Pause ein, wenn Sie durch äußere Einflüsse gestört werden?	❏	❏
Starten Sie erneut, wenn die Eltern sich wieder auf das Gespräch konzentrieren können?	❏	❏
So reagieren Sie auf persönliche Angriffe		
Üben Sie bereits vor Gesprächen schlagfertige Reaktionsweisen ein?	❏	❏
Übersetzen Sie den Angriff, indem Sie ihn mit anderen Worten wiederholen?	❏	❏
Stellen Sie eine Gegenfrage, die sich auf den Angriff bezieht, und fordern Sie die Eltern damit auf, ihre Position zu konkretisieren?	❏	❏

Auswertung:

Nachdem Sie die einzelnen Fragerubriken 1 bis 3 beantwortet haben, stellen Sie fest, in welcher Rubrik Sie am häufigsten „Nein“ angekreuzt haben. Dort gibt es für Sie Verbesserungsbedarf, denn mit dieser Art von Störung können Sie nicht souverän umgehen.

Auswertung des Elterngesprächs

Zu jedem Elterngespräch gehört eine gründliche Nachbereitung. Durch die eigene Auswertung verbessern Sie langfristig nachhaltig die Qualität Ihrer Elterngespräche. Berücksichtigen Sie nach jedem Elterngespräch die folgenden 5 Punkte und reflektieren Sie diese systematisch.

❶ Reflektieren Sie die Vorbereitung

Mit der Vorbereitung legen Sie den Grundstein für ein fruchtbares Elterngespräch. Deshalb sollten Sie die Reflexion in der Gesprächsauswertung besonders genau nehmen. Viele Fehler und die meisten ungünstig verlaufenden Elterngespräche lassen sich durch eine gründliche Vorbereitung vermeiden. Legen Sie in der Prüfung der Vorbereitungsphase Ihr Augenmerk vor allem auf 2 Aspekte.

Situationsanalyse

Stellen Sie bei dem Rückblick auf das Gespräch fest, ob es Ihnen gelungen ist, sich vorab in die Situation der Eltern hineinzuversetzen sowie ihre Motive und Handlungsgründe zu verstehen und nachzuvollziehen. Mit dieser Haltung gelingt es Ihnen, Vorbehalte der Eltern, Blockaden und Ausflüchte zu erkennen und während des Gesprächs adäquat darauf zu reagieren. Stellen Sie sich rückblickend folgende Fragen: *„Habe ich die Motive der Eltern richtig eingeschätzt? Ist es mir gelungen, das Gespräch an den Handlungsmöglichkeiten, zu denen die Eltern in der Lage sind, zu orientieren?"*

Eigenes Befinden

Nehmen Sie das Gespräch mit den Eltern ernst, und stimmen Sie sich in der Vorbereitungsphase positiv darauf ein. Ermitteln Sie deshalb Ihre eigene Haltung vor und während des Elterngesprächs und die Gefühle, die vor dem Gespräch bei Ihnen aufkommen. Sie blockieren sich selbst, wenn Sie mit der Einstellung an das Gespräch herangehen, dass die Eltern nicht in der Lage sind, sich an der Problemlösung zu beteiligen.

Damit sprechen Sie den Eltern von vornherein Handlungskompetenz ab und werden sie im Gespräch nicht ausreichend an der Lösung beteiligen können. Stimmen Sie sich beispielsweise vor dem Gespräch positiv ein: *„Die Mutter kommt zum Gespräch, weil sie auch möchte, dass ihr Kind Fortschritte in der Entwicklung macht. Wenn sie kein Interesse hätte, würde sie nicht erscheinen."*

❷ Prüfen Sie den Gesprächsaufbau

Setzen Sie bei der Auswertung des inhaltlichen Teils einen Schwerpunkt auf den Einstieg, den Sie wählten. Die ersten 10 Sätze, die Sie beim Elterngespräch verwenden, sind wichtiger als die nächsten 500. Reflektieren Sie genau, ob Ihnen der Einstieg gelungen ist.

Mit dem Gesprächsaufbau prüfen Sie das Gerüst Ihres Gesprächs. Sie sehen dabei, ob sich die Argumente logisch und für die Eltern nachvollziehbar aufeinander aufbauten. Wenn Sie eines der rhetorischen Modelle im Gespräch eingesetzt haben, überprüfen Sie, ob Sie damit die erwünschte Wirkung erzielen konnten.

❸ Bewerten Sie die Elternbeteiligung

Mit der Beteiligung, die Sie den Eltern während des Gesprächs zugestehen, steht oder fällt der Erfolg Ihres Gesprächs. Blicken Sie kritisch auf das vergangene Gespräch zurück und stellen Sie fest, ob die Eltern sich beteiligen konnten, ihre eigene Meinung und Sichtweise einbringen durften. Nutzen Sie dazu diese Fragen:

Fragebogen: Ist das Elterngespräch gelungen?

Beurteilen Sie das Elterngespräch selbst			
	Frage	Eigene Beurteilung	Veränderungsbedarf / Handlungsbedarf
❶ → Vorbereitung	Habe ich mich ausreichend auf das Elterngespräch vorbereitet?	ja	–
	Habe ich mögliche Reaktionen, Vorbehalte oder Blockaden der Eltern vorab richtig eingeschätzt?	ja	–
	Wie war mein eigenes Befinden vor und während des Gesprächs?	etwas aufgeregt, legte sich aber rasch	–
❷ → Inhalt	Wie gelang mir der Einstieg ins Gespräch?	Einstieg zu lang.	Ich muss den Einstieg um die Hälfte der Zeit kürzen.
	Hat sich mein Aufbau bewährt?	Aufbau schlüssig.	–
	War das rhetorische Modell passend ausgewählt?	Ja	–
❸ → Eltern-beteiligung	Konnten die Eltern ihre eigene Meinung äußern?	zu wenig Zeit eingeplant	Das nächste Mal plane ich mehr Zeit ein.
	Gelang es mir, die Eltern mit einzubeziehen?	Ich habe viele Fragen gestellt.	–
	Beteiligten sich die Eltern an der Suche nach Lösungen?	Ja, die Eltern waren konstruktiv.	–
	Empfanden die Eltern das Gespräch als hilfreich?	Ja	–
❹ → Zielerreichung	Habe ich mein Gesprächsziel erreicht?	Ja	–
❺ → Zeit	Habe ich die vereinbarte Gesprächszeit eingehalten?	Nein, ich habe überzogen.	Mein Zeitmanagement muss ich besser im Auge behalten.
	Sonstiges:	–	–

- War das Gespräch ein Dialog oder ein Monolog?
- Konnten die Eltern Ihre Sichtweise akzeptieren oder hielten sie an der eigenen Position fest?
- Suchten Sie gemeinsam nach Lösungen oder waren die Eltern dazu nicht bereit?
- Zeigten die Eltern ihr Bemühen und eigene Handlungen oder erwarteten sie ein alleiniges Wirken der Kindertagesstätte?

❹ Evaluieren Sie das Ergebnis

Stellen Sie sich nach dem Gespräch immer die Frage, ob Sie Ihr Ziel, das Sie bereits in der Vorbereitung des Elterngesprächs aufgestellt haben, erreichen konnten. Je nach Anlass kann das Ziel des Elterngesprächs ganz unterschiedlich und teilweise niedrig gesteckt sein. Manchmal heißt ein Ziel: Die Eltern sollen durch das Gespräch befähigt werden, das Problem des Kindes zu erkennen. Entscheidend ist es, dass Sie prüfen, ob Sie diese Problemsicht durch das Gespräch vermitteln konnten und somit Ihr Ziel verwirklicht haben.

Fragen, die Ihnen bei der Überprüfung des Ziels helfen:

- Welche Gründe gab es dafür, dass das Ziel nicht verwirklicht wurde?
- War das Ziel richtig formuliert?
- Hatte ich eine positive oder negative Einstellung zum Gespräch?

❺ Überprüfen Sie Ihr Zeitmanagement

Stellen Sie fest, ob der Gesprächszeitpunkt günstig war und ob die versprochene Gesprächsdauer eingehalten wurde. Ein übliches Elterngespräch dauert zwischen 30 und 45 Minuten. Ein Gespräch mit Eltern sollte 60 Minuten nicht überschreiten. In dieser Zeit kann alles Wichtige erörtert werden; alles, was über 60 Minuten hinausgeht, sind häufig Wiederholungen. Hängen Sie eine Uhr im Raum auf, damit Sie die Zeit immer im Blick behalten.

Fragebogen: Ist das Elterngespräch gelungen?

Beurteilen Sie das Elterngespräch selbst			
	Frage	**Eigene Beurteilung**	**Veränderungsbedarf / Handlungsbedarf**
Vorbereitung	Habe ich mich ausreichend auf das Elterngespräch vorbereitet?		
	Habe ich mögliche Reaktionen, Vorbehalte oder Blockaden der Eltern vorab richtig eingeschätzt?		
	Wie war mein eigenes Befinden vor und während des Gesprächs?		
Inhalt	Wie gelang mir der Einstieg ins Gespräch?		
	Hat sich mein Aufbau bewährt?		
	War das rhetorische Modell passend ausgewählt?		
Eltern-beteiligung	Konnten die Eltern ihre eigene Meinung äußern?		
	Gelang es mir, die Eltern mit einzubeziehen?		
	Beteiligten sich die Eltern an der Suche nach Lösungen?		
	Empfanden die Eltern das Gespräch als hilfreich?		
Zielerreichung	Habe ich mein Gesprächsziel erreicht?		
Zeit	Habe ich die vereinbarte Gesprächszeit eingehalten?		
	Sonstiges:		

Gesprächsdokumentation

Ebenso wichtig wie das Elterngespräch ist die anschließende Dokumentation. Halten Sie dabei stichpunktartig alle wesentlichen Inhalte des Gesprächs fest. Bei der knappen Vorbereitungszeit, über die Sie verfügen, bewährt es sich, das auf der gegenüberliegenden Seite dargestellte Formular zu verwenden, auf das Sie bei jeder Gesprächsdokumentation zurückgreifen können und auf dem Sie alle wichtigen Punkte auf einen Blick erkennen.

❶ Gesprächsanlass

Zu Beginn des Protokolls definieren Sie den Anlass des Gesprächs. Sie unterscheiden dabei zwischen Routine-, Problem-, Beratungs-, Feedback- und Übergabegesprächen und bestimmen, wer das Elterngespräch gewünscht hat.

Der Gesprächsanlass spielt eine wichtige Rolle beim späteren Lesen und bei der Interpretation Ihres Gesprächsprotokolls. In einem Beratungsgespräch, das zum Beispiel auf Wunsch der Eltern zustande kommt, wird die Erreichung des Ziels viel eher möglich sein als bei einem Problemgespräch, zu dem die Einrichtung die Eltern bittet.

❷ Gesprächsziel

Sie halten das Ziel des Gesprächs auf dem Formblatt fest. Schreiben Sie beispielsweise: *„Eltern sollen einsehen, dass das Kind logopädische Unterstützung braucht."* Vor künftigen Elterngesprächen können Sie immer wieder nachlesen, welche Ziele Sie bereits erreicht haben. Prüfen Sie deshalb bei der Dokumentation immer, ob Sie Ihr Ziel im Gespräch realisiert haben. Wenn nicht, stellen Sie den Grund des Scheiterns fest, und notieren Sie sich stichpunktartig Maßnahmen, die Sie das nächste Mal beachten müssen, um Ihr Gesprächsziel zu erreichen.

❸ Inhalte

Alle Inhalte des Elterngesprächs notieren Sie kurz, übersichtlich und stichpunktartig in Ihrer Dokumentation. Sorgen Sie dabei für eine klare Struktur, und geben Sie die Reihenfolge der Gliederung des Elterngesprächs realistisch wieder. Sie können später immer wieder schnell darauf zurückgreifen, wenn Sie sich nochmals über den Ablauf des Gesprächs ins Bild setzen wollen. Auch Ihre Kolleginnen profitieren von der klaren Wiedergabe des Gesprächsverlaufs; sie können sich so mit wenigen Blicken die nötigen Informationen verschaffen. Sie könnten beispielsweise bei Fallbesprechungen mit Ihrem Team auf die Inhalte des Gesprächs zurückgreifen.

❹ Ergebnisse, Beschlüsse und Bemerkungen

Der wichtigste Teil der Gesprächsdokumentation ist die Spalte „Ergebnisse, Beschlüsse, Bemerkungen". Darin halten Sie alle zentralen Resultate des Gesprächs fest. Üben Sie sich darin, auch die Ergebnisse so kurz und verständlich wie möglich zu formulieren. Legen Sie sich den Grundsatz zurecht, dass auch Kolleginnen, die beim Gespräch nicht anwesend waren, die Ergebnisse ohne nochmaliges Nachfragen verstehen sollten.

In der Spalte „Ergebnisse, Beschlüsse, Bemerkungen" könnte beispielsweise stehen:

- *Frau Muster stellt ihr Kind in diesem Monat beim Kinderarzt vor.*
- *Sie entbindet den Kinderarzt von der ärztlichen Schweigepflicht.*
- *Kindertageseinrichtung (Erzieherin: Frau Müller) tritt mit dem Arzt in Kontakt.*
- *Entscheidungen über weitere Hilfen (zum Beispiel Ergotherapie) werden im Folgeelterngespräch getroffen.*
- *Nächstes Elterngespräch ist in einem ½ Jahr angesetzt.*

(Fortsetzung folgt auf S. 44)

Dokumentationsformular für Ihre Elterngespräche (1/2)

Dokumentation des Elterngesprächs

Name des Kindes, Geburtsdatum: Elisa Muster

Name der Eltern: Sabine und Peter

Weitere Gesprächsteilnehmer: Sabine Muster; Gerda Musterfrau (Allgemeiner Sozialer Dienst)

Verantwortliche Erzieherin: Gudrun Mustermann

Gesprächsdatum, Gesprächsort: 23.05., Kindergarten Villa Kunterbunt

❶ → **Anlass des Gesprächs:** (bitte ankreuzen)
- ❑ Elternwunsch ______
- ❑ Wunsch der Einrichtung (Leiterin, Erzieherin) ______
- ❑ Routinegespräch
- ❑ Beratung
- ❑ Feedback
- ☒ Problem
- ❑ Übergabegespräch

❷ → **Ziel des Gesprächs:** Mutter soll angeregt werden, mehr auf die Körperpflege und die Ernährung ihres Kindes zu achten.

Ziel erreicht? ❑ ja ❑ nein Grund: ______
Maßnahme: ______

❸ → **Inhalte des Elterngesprächs**	**Ergebnisse, Beschlüsse, Bemerkungen** ← ❹
Schildern der aktuellen Situation: • Kind kommt häufig sehr ungepflegt, ungewaschen und unpekämmt und mit schmutziger und zu dünner Kleidung. • Kind hat kein Frühstück und keine Getränke dabei.	Mutter reagiert nervös bei der Schilderung.
Anschauliche Beispiele für die Mutter: • Andere Kinder wollen nicht mehr neben Elisa sitzen; sie sagen, sie würde stinken. • Elisa hat bereits 2-mal aus einer fremden Tasche die Brotzeit entwendet und sie heimlich aufgegessen.	Mutter weint heftig.

Kopiervorlage

Dokumentationsformular für Ihre Elterngespräche (1/2)

Dokumentation des Elterngesprächs	
Name des Kindes, Geburtsdatum:	
Name der Eltern:	
Weitere Gesprächsteilnehmer:	
Verantwortliche Erzieherin:	
Gesprächsdatum, Gesprächsort:	
Anlass des Gesprächs: (bitte ankreuzen) ❏ Elternwunsch ______ ❏ Wunsch der Einrichtung (Leiterin, Erzieherin) ______ ❏ Routinegespräch ❏ Beratung	❏ Feedback ❏ Problem ❏ Übergabegespräch
Ziel des Gesprächs: ______ ______	
Ziel erreicht? ❏ Ja ❏ Nein Grund: ______ Maßnahme: ______	
Inhalte des Elterngesprächs	**Ergebnisse, Beschlüsse, Bemerkungen**
Schildern der aktuellen Situation:	
Anschauliche Beispiele für die Mutter:	

❺ Relevante Ergebnisse für die Teambesprechung

Alle Ergebnisse des Gesprächs, die sich auf die gesamte Einrichtung auswirken, fassen Sie in dieser Rubrik zusammen. In Ihrer Teambesprechung teilen Sie diese für alle Ihre Kolleginnen relevanten Konsequenzen mit. Achten Sie unbedingt darauf, dass diese ins Teamprotokoll aufgenommen und auch von Kolleginnen zur Kenntnis genommen werden, die an der Teambesprechung nicht beteiligt waren.

Gesprächsergebnisse oder Beschlüsse, die für das gesamte Team von Bedeutung sind:

- Kind hat Lebensmittelallergie und darf keine Weißmehlprodukte oder Zitrusfrüchte essen.
- Mutter hat Gerichtsbeschluss erwirkt, Vater darf das Kind nicht mehr abholen.
- Kind hat Asthma und muss bei Atemnot mit Spray versorgt werden.

❻ Aufgaben, die zu erledigen sind

Diese Sparte hilft Ihnen, keine Aufgaben, die aus dem Gespräch hervorgehen, zu vergessen. Sie können die Aufgaben persönlich erledigen oder an eine Kollegin delegieren. Tragen Sie sich diese Arbeiten direkt nach dem Ausfüllen des Protokolls in eine To-do-Liste ein: So stellen Sie sicher, dass nichts mehr in Vergessenheit gerät. Die Gesprächsdokumentation können Sie abheften, sobald Ihr Kontrollhäkchen bestätigt, dass die Aufgabe erledigt ist.

❼ Wiedervorlage

Den Wiedervorlagetermin übertragen Sie direkt in Ihren Zeitplaner oder Kalender. So ist das nächste Elterngespräch bereits terminiert, und Sie können in Ruhe die Dokumentation sichten, nochmals prüfen und sich auf das nächste Gespräch vorbereiten.

Dokumentationsformular für Ihre Elterngespräche (2/2)

Standpunkt der Mutter erfragen: Warum ist Ihre Tochter häufig ungepflegt und hat keine Brotzeit dabei?	Mir fällt es momentan schwer, auf Elisa zu achten. Mein Mann hat uns verlassen und ich habe das Gefühl alle meine 3 Kinder wachsen mir über den Kopf.
Gemeinsame Lösung mit der Mutter und der Mitarbeiterin des Allgemeinen Sozialen Dienstes: Die Mitarbeiterin des Allgemeinen Sozialen Dienstes stellt die schnelle Unterstützung durch eine sozialpädagogische Familienhilfe in Aussicht. Die Mutter stimmt dieser Maßnahme zu.	Bis die sozialpädagogische Familienhilfe mich in der Familie unterstützt, versuche ich, Elisa täglich einen Apfel mitzugeben.

❺→ **Relevante Ergebnisse für die Teambesprechung**
Information aller Mitarbeiterinnen über die Situation in Elisas Familie.

❻→ **Aufgaben, die bis** 30.06. **zu erledigen sind**
Nachfragen bei der Mutter und lobende Bestätigung, wenn Elisa eine Brotzeit dabei hat.

❼→ **Wiedervorlage am** 30.06.

S. Muster — 23.05.2019
Unterschrift der protokollführenden Erzieherin — Datum

Kopiervorlage

Dokumentationsformular für Ihre Elterngespräche (2/2)

Standpunkt der Mutter erfragen:	
Gemeinsame Lösung mit der Mutter und der Mitarbeiterin des Allgemeinen Sozialen Dienstes:	

Relevante Ergebnisse für die Teambesprechung

____

____

Aufgaben, die bis ________ zu erledigen sind

____

____

____

Wiedervorlage am ____________

______________________________ ______________

Unterschrift der protokollführenden Erzieherin Datum

2. Teil: Gesprächstypen

Grundlagen Informationsgespräche

Der Austausch von Informationen stellt eine bedeutende Grundlage für eine gute, harmonische Zusammenarbeit zwischen Ihnen und den Eltern dar. Aber selbst wenn Sie offen und kooperativ sind, heißt das nicht unbedingt, dass Sie die Eltern gut informieren. Üben Sie solche Gespräche im Team mit allen Mitarbeitern.

❶ Ziel bestimmen

Klären Sie, welches Ziel Sie mit dem Informationsgespräch verfolgen. Worüber sollen die Eltern informiert sein? Wollen Sie die Eltern nur aufklären und informieren? Bei vielen Informationsgesprächen stehen noch andere Ziele im Vordergrund, wie zum Beispiel zu den Eltern Vertrauen aufzubauen.

❷ Zielgruppe auswählen

Wenn Sie ein Informationsgespräch führen möchten, müssen Sie eine Zielgruppe auswählen. Fragen Sie sich, wen Sie konkret erreichen möchten. Beispielsweise wollen Sie zu Beginn eines neuen Kindergartenjahres besonders zu den neuen Eltern einen Kontakt aufbauen. Arbeiten Sie in einer Kita mit hohem Migrationshintergrund, möchten Sie vor allem Familien sprachlich anschaulich im Anmeldegespräch erreichen.

❸ Interesse wecken

Prüfen Sie, welche Vorerfahrungen und Kenntnisse die Eltern besitzen, und wählen Sie danach die entsprechenden Inhalte aus. Am besten informieren Sie sich über den Wissensstand der Eltern, indem Sie sie konkret darauf ansprechen, beispielsweise: *„Sind Sie darüber informiert, dass ...?"*

Statt die Eltern mit altbekannten Dingen zu langweilen, sollten Sie Ihren Gesprächspartnern eine Mischung aus neuen und vertrauten Informationen vermitteln. Wenn beispielsweise eine Mutter, die Erzieherin ist, ihr Kind in Ihrer Einrichtung anmeldet, sollten Sie sie über Ihr pädagogisches Konzept, nicht aber über Begriffe wie zum Beispiel „Freispiel" informieren.

Die Kunst bei Informationsgesprächen ist, das Interesse der Eltern zu wecken und sie zu erreichen. Nur dann werden Sie das Ziel Ihres Gesprächs, die Eltern zu informieren, erfüllen können. Fragen Sie sich, was die Eltern interessiert und welche Informationen für sie von Wichtigkeit sind.

❹ Botschaften auswählen

Überlegen Sie, welche Botschaften Sie den Eltern vermitteln wollen und auf welcher der 4 Ebenen Sie ihnen die Nachrichten mitteilen möchten.

- Sachebene: Worüber wollen Sie die Eltern informieren?
- Selbstoffenbarungsebene: Was möchten Sie über sich mitteilen?
- Beziehungsebene: Wozu möchten Sie die Eltern veranlassen?
- Appellebene: Was halten Sie von den Eltern? Wie sehen Sie die Beziehung zwischen Ihnen und den Eltern?

(Fortsetzung auf S. 50)

Muster: Schriftliche Vorbereitung auf Ihr Informationsgespräch (1/2)

❶→ Welches Ziel verfolgen Sie mit dem Informationsgespräch?

Die Mütter von Eva soll darüber informiert werden, dass ihr Kind beim Sommerfest mit einer Kindergrüppe einen Tanz aüfführen möchte.

❷→ Welche Eltern sind Ihre Zielgruppe?

Die Eltern bzw. die Mütter von Eva.

❸→ Welche Informationen benötigt die Zielgruppe?

Sie müss erfahren, wann ihre Tochter immer züm Einstüdieren des Tanzes anwesend sein müss.

Was interessiert die Eltern und welche Informationen sind für die Eltern von Bedeutung?

Die Mütter müss wissen, dass ihre Tochter züm Aüftritt in den Farben schwarz ünd weiß gekleidet sein sollte. Die Kita kann Kleidüng stellen, falls die Mütter keine Kleidüng in diesen Farben für Eva hat.

❹→ Wollen Sie den Eltern die Botschaften auf der Sach-, Beziehungs-, Selbstoffenbarungs- oder Appell-Ebene vermitteln?

Die Botschaften liegen aüf der Sach- ünd aüf der Appell-Ebene.

Kopiervorlage

Muster: Schriftliche Vorbereitung auf Ihr Informationsgespräch (1/2)

Welches Ziel verfolgen Sie mit dem Informationsgespräch?
Welche Eltern sind Ihre Zielgruppe?
Welche Informationen benötigt die Zielgruppe?
Was interessiert die Eltern und welche Informationen sind für die Eltern von Bedeutung?
Wollen Sie den Eltern die Botschaften auf der Sach-, Beziehungs-, Selbstoffenbarungs- oder Appell-Ebene vermitteln?

❺ Informationen reduzieren

Die Schnittstelle, die sich aus Ihrem Informationsangebot, zum Beispiel Mitteilungen zum Sommerfest, und dem Informationsbedürfnis der Eltern ergibt, zum Beispiel etwas über die Leistungen ihres Kindes zu erfahren, wird als Informationsschnittstelle bezeichnet. Diese Schnittstelle sollte der Kernpunkt Ihres Informationsgesprächs sein, beispielsweise die Theatervorführung der Tochter auf dem Sommerfest.

Reduzieren Sie die Fülle der Informationen und konzentrieren Sie sich auf das Wesentliche. Bringen Sie die Informationen auf den Punkt. Die Quantität der Informationen sagt nichts über die Qualität eines Informationsgesprächs aus. Nur die Hauptfakten, die die Eltern interessieren, sollten Sie im Gespräch mitteilen. Sonst überfordern Sie sie schnell. Beispielsweise sollten Sie die Eltern im Anmeldegespräch nur über die wichtigsten Aussagen Ihrer Konzeption informieren.

❻ Inhalte strukturieren

Überlegen Sie, welche Gesprächsform sich anbietet. Beispielsweise stellt das Tür-und-Angel-Gespräch eine schlechte Möglichkeit dar, Probleme zu klären. Es hilft aber den Eltern, zu Ihnen Vertrauen aufzubauen.

Strukturieren Sie Ihre Informationen. Die Eltern werden dem Gespräch nur folgen können, wenn Sie ihnen die Informationen in einem logischen Aufbau vermitteln. Behalten Sie den roten Faden und „hüpfen" Sie nicht von einem Themengebiet zum anderen.

Tipps für Ihre Praxis:

- Ihre Informationen sollten leicht und verständlich sein. Informationen sind dazu da, um Sachverhalte zu klären, nicht um Missverständnisse zu erzeugen.
- Vermitteln Sie nur Informationen, die klar, eindeutig und nicht widersprüchlich sind.
- Lassen Sie Rückfragen der Eltern zu, und achten Sie darauf, dass die Eltern alles verstanden haben. Viele Eltern sind zu gehemmt, um nachzufragen.
- Vermitteln Sie den Eltern ausreichend positive Informationen, und teilen Sie ihnen nicht nur Probleme oder Schwierigkeiten mit. Informationen sollten Eltern motivieren und keinen Schatten auf Ihre Beziehung zu ihnen werfen.
- Die Informationen müssen objektiv und echt sein, sonst verlieren Sie Ihre Glaubwürdigkeit. Verzerren Sie Informationen nicht.
- Die Anliegen der Eltern sind Mittelpunkt des Informationsgesprächs. Das ist auch dann der Fall, wenn vorrangig Sie reden. Informationsgespräche dienen nicht Ihrer Selbstdarstellung!

Muster: Schriftliche Vorbereitung auf Ihr Informationsgespräch (2/2)

Was sind die Informationen, die Sie an die Eltern weitergeben möchten? Informationen über den Tanzauftritt, über die erforderliche Anwesenheit und über die Kleidung beim Auftritt.
❺→ Welche Informationen stellen die Schnittstelle zwischen Ihrem Informationsangebot und dem elterlichen Informationsbedürfnis dar? Der Auftritt von Eva.
Welche Inhalte aus der Informationsschnittstelle wählen Sie aus, um den Eltern diese mitzuteilen?
❻→ Mit welcher Gesprächsform und mit welcher Gesprächstechnik vermitteln Sie den Eltern die Informationen? Ich wähle das direkte Informationsgespräch unter 4 Augen.
Wie strukturieren Sie die Informationen? Ich informiere erst über den Auftritt. Dazu kann die Mutter ihre Fragen stellen. Danach kommen alle weiterführenden Informationen zu Anwesenheit und Kleidung.

Kopiervorlage

Muster: Schriftliche Vorbereitung auf Ihr Informationsgespräch (2/2)

Was sind die Informationen, die Sie an die Eltern weitergeben möchten?

Welche Informationen stellen die Schnittstelle zwischen Ihrem Informationsangebot und dem elterlichen Informationsbedürfnis dar?

Welche Inhalte aus der Informationsschnittstelle wählen Sie aus, um den Eltern diese mitzuteilen?

Mit welcher Gesprächsform und mit welcher Gesprächstechnik vermitteln Sie den Eltern die Informationen?

Wie strukturieren Sie die Informationen?

Anmeldegespräche

Der 1. Kontakt der Eltern zu Ihnen und Ihrer Einrichtung ist das Anmeldegespräch. Dieses Anmeldegespräch hat eine wegweisende Bedeutung. Es stellt den Ausgangspunkt für die wachsende Beziehung zwischen Ihnen und den Eltern dar. Deshalb sollten Sie dem Anmeldegespräch eine große Bedeutung beimessen.

Checkliste: Wie Sie ein ansprechendes Anmeldegespräch führen

	Zu erledigen	Erledigt
❶→	Sprechen Sie mit den Eltern einen Termin ab.	❑
	Laden Sie beide Elternteile und das Kind zum Gespräch ein.	❑
	Planen Sie für das Gespräch ca. 1 Stunde ein.	❑
❷→	Überlegen Sie, welche Informationen Sie den Eltern wie vermitteln möchten.	❑
	Legen Sie fest, welche Kollegin das anzumeldende Kind betreut und welche Kollegin sich am Gespräch beteiligt.	❑
	Treffen Sie die notwendigen organisatorischen Vorbereitungen für das Gespräch, beispielsweise, indem Sie einen ruhigen, freundlichen Raum auswählen, sowie Spielzeug, Getränke und Unterlagen bereitstellen.	❑
❸→	Begrüßen Sie die Eltern höflich und freundlich.	❑
	Stellen Sie sich und Ihre Institution vor.	❑
	Leiten Sie das Gespräch mit einem Small Talk ein.	❑
	Geben Sie den Eltern einen kurzen Überblick über die Gestaltung und die Dauer des Gesprächs.	❑
❹→	Zeigen Sie den Eltern Ihre Räumlichkeiten.	❑
	Stellen Sie Ihre Arbeit vor.	❑
	Informieren Sie sie über Ihr Angebot und über die zukünftige Kindergartengruppe des Kindes.	❑
	Stellen Sie ihnen Ihre Mitarbeiterinnen vor.	❑
❺→	Räumen Sie den Eltern 10 Minuten Zeit ein für ihre Fragen.	❑
	Bitten Sie die Eltern, Fragen zu stellen sowie Wünsche und Vorstellungen zu äußern.	❑
	Berichtigen Sie unrealistische Vorstellungen der Eltern.	❑
❻→	Füllen Sie den Betreuungsvertrag beziehungsweise das Anmeldeformular mit den notwendigen Fakten aus.	❑
	Lassen Sie sich das Formular von den Eltern unterschreiben.	❑
	Klären Sie sie über den Aufnahmeverlauf und die Eingewöhnungsphase auf.	❑
	Geben Sie ihnen die Kopie des Betreuungsvertrags mit.	❑
	Händigen Sie ihnen Informationsbroschüren über Ihre Einrichtung aus.	❑
❼→	Geben Sie sich gegenseitig Feedback.	❑
	Verabschieden Sie die Eltern.	❑
	Laden Sie sie zu weiteren Aktionen in Ihrer Einrichtung ein.	❑

Kopiervorlage

❶ Termin festlegen

Vereinbaren Sie mit den Eltern zunächst einen Termin für das Anmeldegespräch, zu dem Sie nicht nur die Mutter, sondern auch den Vater und das Kind einladen sollten. Planen Sie für das Gespräch ca. 1 Stunde ein, in der die Eltern Ihre ungestörte Aufmerksamkeit erhalten.

❷ Vorbereitungen treffen

Optimalerweise führt die zukünftige Gruppenleiterin mit Ihnen zusammen das Gespräch, damit die Eltern zu Ihnen beiden Vertrauen aufbauen können.

Wählen Sie einen aufgeräumten, freundlichen, ruhigen Raum mit großen Stühlen als Gesprächsort aus. Stellen Sie Getränke bereit und legen Sie die notwendigen Informationsbroschüren und Formulare zurecht. Ziehen Sie einen Dolmetscher hinzu, falls dies erforderlich ist.

❸ Gespräch einleiten

Nach der Begrüßung stellen Sie sich und Ihre Kollegin mit Namen und Funktion vor. Vergessen Sie nicht die Vorstellung der Institution (Name, Einrichtungsform, Träger). Sie sollten den Eltern Wertschätzung vermitteln, indem Sie höflich und freundlich sind und sie mit Namen ansprechen. Ein kurzer Small Talk verringert zusätzlich die Distanz: *„Haben Sie den Weg zu unserer Einrichtung gut gefunden?"*

Geben Sie den Eltern einen kurzen Überblick über die Dauer und den Verlauf des Anmeldegesprächs.

Wenn möglich, sollten Sie den Eltern anbieten, ihr Kind von einer Ihrer Kolleginnen zusammen mit anderen Kindern betreuen zu lassen. Dann können sie sich vollkommen auf das Gespräch mit Ihnen konzentrieren.

Manche Kinder möchten sich nicht von den Eltern trennen. Halten Sie Spielmaterialien für diese Kinder in der Nähe der Eltern bereit. Eine kindersichere Spielzone erleichtert ein ungestörtes Anmeldegespräch.

❹ Arbeit vorstellen

Machen Sie die Eltern mit Ihrer Einrichtung vertraut, indem Sie ihnen Ihre Räumlichkeiten zeigen. Anhand der Räumlichkeiten können Sie den Eltern gleichzeitig sehr anschaulich Ihre pädagogische Arbeit erläutern. Des Weiteren interessieren die Eltern Informationen über Ihr Angebot, beispielsweise Ihre Öffnungszeiten, und über die zukünftige Kindergartengruppe des Kindes. Außerdem sollten Sie ihnen Ihre Mitarbeiterinnen vorstellen.

❺ Fragen beantworten

Eltern, die ihr 1. Kind bei Ihnen in der Einrichtung anmelden, haben in der Regel viele Fragen an Sie. Räumen Sie im Anmeldegespräch 10 Minuten Zeit ein, in denen die Eltern ihre Wünsche und Vorstellungen äußern und Fragen stellen können.

Fragen Sie die Eltern bereits im Anmeldegespräch nach ihren Erwartungen an die Einrichtung. So haben Sie die Möglichkeit, eventuell unrealistische Vorstellungen zu korrigieren. Geben Sie den Eltern die Möglichkeit, Unklarheiten, Wünsche und Vorstellungen zu äußern. Beantworten Sie die Fragen der Eltern. Gehen Sie auf eventuell überhöhte und falsche Erwartungen der Eltern ein, und stellen Sie die Situation klar. Nur so können Sie rechtzeitig Missverständnisse beseitigen.

❻ Formalitäten klären

Wenn Sie die wichtigsten Daten des Kindes erfasst haben und die Eltern durch ihre Unterschrift des Betreuungsvertrags ihr Kind verbindlich angemeldet haben, sollten Sie ihnen den weiteren Verlauf des Aufnahmeprozesses mitteilen. Klären Sie die Eltern über die Aufnahmekriterien auf.

Teilen Sie ihnen mit, wann die Entscheidung über die Aufnahme getroffen und wie die Aufnahme des Kindes konkret gestaltet wird. Neben einer Kopie des unterschriebenen Betreuungsvertrags sollten Sie ihnen eine Kurzbroschüre über Ihr pädagogisches Konzept und Ihr Kindergarten-Abc aushändigen.

❼ Feedback geben

Nicht nur Sie sollten den Eltern, auch die Eltern sollten Ihnen ein Feedback über das Gespräch geben. Sinnvoll ist, wenn Sie die Eltern schriftlich zur Anmeldung befragen. Halten Sie Möglichkeiten dazu auch auf Ihrer Website bereit.

Bei der Verabschiedung der Eltern und des Kindes sollten Sie die Familie zu weiteren Aktionen Ihres Kindergartens einladen, beispielsweise zum Tag der offenen Tür. Dadurch halten und intensivieren Sie den Kontakt.

Checkliste: Wie Sie ein ansprechendes Anmeldegespräch führen

Zu erledigen	Erledigt
Sprechen Sie mit den Eltern einen Termin ab.	❏
Laden Sie beide Elternteile und das Kind zum Gespräch ein.	❏
Planen Sie für das Gespräch ca. 1 Stunde ein.	❏
Überlegen Sie, welche Informationen Sie den Eltern wie vermitteln möchten.	❏
Legen Sie fest, welche Kollegin das anzumeldende Kind betreut und welche Kollegin sich am Gespräch beteiligt.	❏
Treffen Sie die notwendigen organisatorischen Vorbereitungen für das Gespräch, beispielsweise, indem Sie einen ruhigen, freundlichen Raum auswählen, sowie Spielzeug, Getränke und Unterlagen bereitstellen.	❏
Begrüßen Sie die Eltern höflich und freundlich.	❏
Stellen Sie sich und Ihre Institution vor.	❏
Leiten Sie das Gespräch mit einem Small Talk ein.	❏
Geben Sie den Eltern einen kurzen Überblick über die Gestaltung und die Dauer des Gesprächs.	❏
Zeigen Sie den Eltern Ihre Räumlichkeiten.	❏
Stellen Sie Ihre Arbeit vor.	❏
Informieren Sie sie über Ihr Angebot und über die zukünftige Kindergartengruppe des Kindes.	❏
Stellen Sie ihnen Ihre Mitarbeiterinnen vor.	❏
Räumen Sie den Eltern 10 Minuten Zeit ein für ihre Fragen.	❏
Bitten Sie die Eltern, Fragen zu stellen sowie Wünsche und Vorstellungen zu äußern.	❏
Berichtigen Sie unrealistische Vorstellungen der Eltern.	❏
Füllen Sie den Betreuungsvertrag beziehungsweise das Anmeldeformular mit den notwendigen Fakten aus.	❏
Lassen Sie sich das Formular von den Eltern unterschreiben.	❏
Klären Sie sie über den Aufnahmeverlauf und die Eingewöhnungsphase auf.	❏
Geben Sie ihnen die Kopie des Betreuungsvertrags mit.	❏
Händigen Sie ihnen Informationsbroschüren über Ihre Einrichtung aus.	❏
Geben Sie sich gegenseitig Feedback.	❏
Verabschieden Sie die Eltern.	❏
Laden Sie sie zu weiteren Aktionen in Ihrer Einrichtung ein.	❏

Tür-und-Angel-Gespräche

Tür-und-Angel-Gespräche sind Gespräche, die sprichwörtlich zwischen Tür und Angel geführt werden. Sie dienen dem Austausch von Informationen und dem Aufbau einer positiven Beziehung. Diese Gespräche werden von vielen pädagogischen Kräften als nebensächlich betrachtet. Doch das sind sie nicht! Sie sind Kennzeichen einer lebendigen Kommunikationskultur. Damit diese wächst und gedeiht, müssen Sie den Wert dieser Gesprächsform erkennen und vorteilhafte Voraussetzungen schaffen.

❶ Erkennen Sie den Wert von Tür-und-Angel-Gesprächen

Tür-und-Angel-Gespräche dienen dem informellen Austausch zwischen Ihnen und den Eltern. Halten Sie sich vor Augen, dass diese Gesprächsform für Ihre pädagogische Arbeit in 2facher Weise von Bedeutung ist:

- Für das schnelle Voranschreiten der Kennenlernphase zwischen Ihnen und den neuen Eltern sind Tür-und-Angel-Gespräche unverzichtbar. Diese Gespräche haben eine vertrauensbildende Wirkung. Durch sie werden Grundlagen für eine gute Kooperation mit dem Elternhaus des Kindes geschaffen.
- Diese Gesprächsform ermöglicht den Austausch vieler Informationen. Eltern erzählen Ihnen Kleinigkeiten des Alltags, die für Sie die Verhaltensweisen des Kindes verständlicher machen. Beispielsweise die Angst des Kindes vor der Dunkelheit, seitdem der Onkel gestorben ist. Auf der anderen Seite informieren Sie die Eltern schnell und einfach über die Angebote und Aktivitäten Ihrer Einrichtung und geben ihnen Tipps und Kurzinformationen über ihr Kind. Beispielsweise, indem Sie die Eltern auf kleine Erfolgsschritte des Kindes aufmerksam machen.

❷ Besprechen Sie nur informelle Themen

Während eines Tür-und-Angel-Gesprächs sollten Sie nur Dinge mit den Eltern besprechen, die Sie tatsächlich zwischen Tür und Angel abhandeln können, beispielsweise, mit wem das Kind einen kleinen Streit hatte. Sonst besteht die Gefahr, dass Missverständnisse entstehen oder sich vorhandene Konflikte verschärfen. Erörtern Sie auf keinen Fall Probleme und Schwierigkeiten, beispielsweise, dass Sie Entwicklungsstörungen beim Kind vermuten. Falls umgekehrt die Eltern auf Sie zukommen und Kritik äußern oder über Probleme sprechen möchten, zum Beispiel, wenn die Eltern Ihnen vorwerfen, dass Sie ihr Kind ablehnen, sollten Sie mit ihnen einen gesonderten Gesprächstermin vereinbaren.

❸ Zeigen Sie sich gesprächsbereit

Nur wenn Sie Gesprächsbereitschaft signalisieren, wird sich in Ihrer Einrichtung eine gute Kommunikationskultur mit den Eltern entwickeln. Aufgrund dessen sollten Sie folgende Aspekte berücksichtigen:

- Seien Sie offen. Signalisieren Sie den Eltern, dass Sie den Wunsch haben, mit ihnen in Kontakt zu treten, beispielsweise, indem Sie gezielt nachfragen: *„Kommen Sie auch zu unserem Elternnachmittag?“*
- Unterhalten Sie sich nicht nur mit den Eltern, die Sie sympathisch finden und zu denen Sie eine gute und intensive Beziehung haben. Wichtig ist, dass Sie den Kontakt zu den Eltern suchen, die Sie nicht ansprechen oder mit denen Sie eine schwache oder sogar schlechte Beziehung führen.

Checkliste: Was Sie bei Tür-und-Angel-Gesprächen berücksichtigen sollten

	Zu berücksichtigen	Erledigt
❶→	Machen Sie sich bewusst, dass das Tür-und-Angel-Gespräch ein wichtiges Instrument Ihrer Elternarbeit ist.	❑
	Überlegen Sie vor jedem Gespräch, welches Ziel Sie mit dem Gespräch verfolgen.	❑
❷→	Besprechen Sie nur Themen, die Sie zwischen Tür und Angel abhandeln können.	❑
	Achten Sie darauf, dass Sie in Tür-und-Angel-Gesprächen keine Probleme oder Schwierigkeiten thematisieren.	❑
	Vereinbaren Sie einen gesonderten Gesprächstermin, wenn die Eltern Probleme ansprechen oder Kritik äußern.	❑
❸→	Gehen Sie auf die Eltern zu, und erwarten Sie nicht nur, dass die Eltern sich an Sie wenden.	❑
	Unterhalten Sie sich nicht nur mit Eltern, die Sie sympathisch finden, sondern vor allem mit Eltern, zu denen Sie kaum oder schlechten Kontakt haben.	❑
❹→	Seien Sie bei Tür-und-Angel-Gesprächen stets höflich und freundlich, und bringen Sie den Eltern Wertschätzung entgegen.	❑
	Schenken Sie den Eltern im Gespräch viel Aufmerksamkeit.	❑
	Nehmen Sie sich für Tür-und-Angel-Gespräche ausreichend Zeit.	❑
	Vermeiden Sie Störungen, während Sie ein Tür-und-Angel-Gespräch führen.	❑
	Legen Sie mit Ihrer Kollegin fest, wer in der Bring- und Abholzeit die Kinder betreut und wer mit den Eltern in Kontakt tritt.	❑
	Achten Sie stets darauf, dass die Betreuung der Kinder an 1. Stelle steht und sie nicht vernachlässigt werden.	❑
	Erweitern Sie die Möglichkeiten des Austauschs mit den Eltern, zum Beispiel durch die Verlängerung der Bring- und Abholphase. Wahren Sie dabei den Datenschutz.	❑

Kopiervorlage

- Treten Sie den Eltern stets mit Freundlichkeit und Wertschätzung entgegen.
- Schenken Sie den Eltern Ihre uneingeschränkte Aufmerksamkeit, wenn sie sich mit einem Anliegen an Sie wenden.

❹ Optimieren Sie die Bedingungen

Viele Tür-und-Angel-Gespräche scheitern an den zeitlichen, räumlichen und organisatorischen Rahmenbedingungen. Mit wenig Aufwand können Sie diese Rahmenbedingungen verbessern:

- Vermeiden Sie, dass Sie durch Kolleginnen gestört werden, wenn Sie sich mit den Eltern austauschen. Legen Sie mit Ihren Kolleginnen fest, dass Tür-und-Angel-Gespräche nur im Notfall von Mitarbeiterinnen unterbrochen werden dürfen.
- Viele Tür-und-Angel-Gespräche werden verhindert, weil Sie parallel Kinder betreuen müssen. Sprechen Sie mit Ihrer Kollegin ab, wer sich in der Bring- und Abholzeit um die Kinder und wer sich um die Eltern kümmert. Nur so können Sie gewährleisten, dass die Tür-und-Angel-Gespräche nicht zulasten der Kinder Ihrer Gruppe gehen und die Eltern die notwendige Aufmerksamkeit erhalten.
- Die Betreuung der Kinder hat jedoch absoluten Vorrang. Vor allem dann, wenn Sie allein in der Gruppe sind. Signalisieren Sie den Eltern, wenn Sie keine Zeit für ein Gespräch haben. In diesem Fall sollten Sie ihnen anbieten, zu einem anderen Zeitpunkt darüber zu reden.
- Bieten Sie den Eltern viele Möglichkeiten für einen spontanen Austausch an. Beispielsweise durch eine Verlängerung der Bring- und Abholphase. So haben Sie für die einzelnen Mütter und Väter mehr Zeit. Vorteilhaft ist, wenn Sie eine Sitzecke für die Eltern direkt gegenüber Ihrer Gruppentür einrichten. Dort können Sie den Eltern Tee oder Kaffee zur Selbstbedienung zur Verfügung stellen. Behalten Sie die Zeit im Blick und sprechen Sie nicht länger 2 bis 3 Minuten.

Checkliste: Was Sie bei Tür-und-Angel-Gesprächen berücksichtigen sollten

Zu berücksichtigen	Erledigt
Machen Sie sich bewusst, dass das Tür-und-Angel-Gespräch ein wichtiges Instrument Ihrer Elternarbeit ist.	❑
Überlegen Sie vor jedem Gespräch, welches Ziel Sie mit dem Gespräch verfolgen.	❑
Besprechen Sie nur Themen, die Sie zwischen Tür und Angel abhandeln können.	❑
Achten Sie darauf, dass Sie in Tür-und-Angel-Gesprächen keine Probleme oder Schwierigkeiten thematisieren.	❑
Vereinbaren Sie einen gesonderten Gesprächstermin, wenn die Eltern Probleme ansprechen oder Kritik äußern.	❑
Gehen Sie auf die Eltern zu, und erwarten Sie nicht nur, dass die Eltern sich an Sie wenden.	❑
Unterhalten Sie sich nicht nur mit Eltern, die Sie sympathisch finden, sondern vor allem mit Eltern, zu denen Sie kaum oder schlechten Kontakt haben.	❑
Seien Sie bei Tür-und-Angel-Gesprächen stets höflich und freundlich, und bringen Sie den Eltern Wertschätzung entgegen.	❑
Schenken Sie den Eltern im Gespräch viel Aufmerksamkeit.	❑
Nehmen Sie sich für Tür-und-Angel-Gespräche ausreichend Zeit.	❑
Vermeiden Sie Störungen, während Sie ein Tür-und-Angel-Gespräch führen.	❑
Legen Sie mit Ihrer Kollegin fest, wer in der Bring- und Abholzeit die Kinder betreut und wer mit den Eltern in Kontakt tritt.	❑
Achten Sie stets darauf, dass die Betreuung der Kinder an 1. Stelle steht und sie nicht vernachlässigt werden.	❑
Erweitern Sie die Möglichkeiten des Austauschs mit den Eltern, zum Beispiel durch die Verlängerung der Bring- und Abholphase. Wahren Sie dabei den Datenschutz.	❑

Grundlagen Beratungsgespräche

Elternberatung findet in Ihrer Einrichtung tagtäglich statt. Um den Anforderungen der Eltern gerecht zu werden, sollten Sie über eine fachlich fundierte Beratungskompetenz verfügen.

Beratung meint

- informieren,
- Ratschläge erteilen,
- Einsichten vermitteln,
- Entscheidungen anleiten,
- Orientierung geben,
- Begleitung empfehlen und
- adäquate Hilfestellungen und Lösungen anbieten.

Voraussetzungen für Ihre kompetente Beratung

Damit kompetente Beratungsgespräche gelingen, müssen Sie folgende 3 Voraussetzungen für das Gespräch mitbringen:

- **Positives Herangehen**
  Gehen Sie immer zuversichtlich an die Beratung heran. Sie sollten vor dem Beratungsgespräch immer davon ausgehen, dass Sie die Eltern beraten können und dass die Situation oder das Problem gemeinsam gelöst werden kann.
- **Kooperation**
  Achten Sie darauf, dass die Eltern im Beratungsgespräch mit Ihnen keine Ungleichheit oder eine Hierarchie verspüren. Dann würden Sie nicht auf einer Ebene mit den Eltern stehen, sondern von oben herab die Richtung und die Lösung vorschreiben. Sorgen Sie deshalb für einen Abbau von Hierarchien sowie für eine kooperative Ebene und ein Klima der Wertschätzung im Beratungsgespräch.
- **Freiwilligkeit**
  Beratungsgespräche basieren auf Freiwilligkeit. Niemand kann gezwungen werden, sich einer Beratung zu stellen oder einen Rat anzunehmen. Die einzige Ausnahme sind Krisengespräche, bei denen beispielsweise der Verdacht auf körperliche Vernachlässigung und Gefährdung des Kindeswohls nach § 8a SGB VIII vorliegt.

Fehlerquellen bei Beratungsgesprächen

Beratungsgespräche können von bestimmten Faktoren negativ beeinflusst werden. Besonders wenn eigene Gefühle mitspielen, werden oft Fehler gemacht. Prüfen Sie nach jeder Beratung, ob Sie Ihr Ziel erreicht haben oder ob Störungen und Fehler aufgetreten sind.

❶ Eigene Hilflosigkeit

Gelegentlich erfahren Sie im Beratungsgespräch familiäre Details oder Inhalte, die Sie sehr belasten können. Wenn Sie merken, dass Sie von einer eigenen Hilflosigkeit übermannt werden, können Sie im Beratungsprozess nicht mehr souverän reagieren. Wenn Sie beispielsweise glauben, dass das Kind innerhalb seines familiären Umfeldes keine geeignete Entwicklungschance hat, sollten Sie sich professionelle Hilfe und Unterstützung holen. Bitten Sie Ihre Leiterin, gemeinsam mit Ihnen den Beratungsprozess zu begleiten. Sie können auch den Beistand und die Begleitung einer Mitarbeiterin von sozialen Fachdiensten anfordern.

Selbsttest: Sind Sie anfällig für Fehler im Beratungsgespräch?

	Fragen	Ja	Nein
❶→	Erkennen Sie den Sinn und Erfolgsaussichten in Ihren Beratungsgesprächen?	❑	❑
	Haben Sie während des Gesprächs den Eindruck, dass Sie die Situation nicht verbessern können?	❑	❑
	Verspüren Sie bei der Beratung Empathie und Wertschätzung?	❑	❑
❷→	Gehen Sie ergebnisoffen ins Beratungsgespräch?	❑	❑
	Erteilen Sie den Eltern während der Beratung keine Ratschläge?	❑	❑
	Überlegen Sie mit den Eltern, wie sie die Probleme meistern können?	❑	❑
❸→	Sind Sie der Meinung, dass am Ende jedes Beratungsgesprächs ein Ergebnis stehen muss?	❑	❑
	Führen Sie die Beratungsgespräche auch gemeinsam mit geeigneter Hilfe?	❑	❑
❹→	Machen Sie die Eltern und sich für den Erfolg einer Beratung allein verantwortlich?	❑	❑
	Verstehen Sie die Situation der Eltern und stimmen Sie ihnen immer zu?	❑	❑
	Zeigen Sie in der Beratung wenige nonverbale Zeichen der Zustimmung wie Nicken und Lächeln?	❑	❑

Auswertung:

Wenn Sie öfter als 1-mal mit „Nein" geantwortet haben, unterlaufen Ihnen noch zu viele Fehler im Beratungsgespräch. Lesen Sie die Fehlerquellen nochmals durch. Bereiten Sie künftige Beratungsgespräche gründlich vor, und überprüfen Sie hinterher, ob Sie die Grundsätze der Beratung beachtet haben.

Kopiervorlage

❷ Beeinflussung

Immer dann, wenn Sie den Eltern gut gemeinte Ratschläge im Gespräch geben, leiten Sie damit in eine von Ihnen vorgedachte Richtung. Die Lösung muss im Beratungsgespräch mit den Eltern zusammen erarbeitet und mitgestaltet werden.

Geschieht dies nicht, werden die Eltern von Ihnen beeinflusst und können Ihre Ratschläge vielleicht nur mit großer Anstrengung oder überhaupt nicht aus eigener Kraft durchsetzen. Sie möchten zum Beispiel erreichen, dass das musikalische Talent eines Kindes durch Gitarrenunterricht gefördert wird. Wenn Sie diese Art von Förderung einer kinderreichen und einkommensschwachen Familie vorschlagen, setzen Sie die Familie unter Druck und beeinflussen sie.

❸ Selbstüberschätzung

Glauben Sie nicht, dass Sie alle in der Beratung auftretenden Probleme und Sachverhalte allein lösen müssen. Als gute Beraterin erkennen Sie, wann Ihre eigenen Grenzen erreicht sind. Verweisen Sie die Familie dann an eine professionelle Beratungsstelle weiter, oder suchen Sie sich eine Unterstützung für den Beratungsprozess. Wenn die familiären Probleme zum Beispiel zu vielschichtig sind, schlagen Sie den Eltern eine Familientherapie vor.

❹ Zu viel Verständnis

Im Beratungsgespräch müssen Sie ein gewisses Maß an Neutralität und Objektivität wahren. Wenn Sie während der Beratung sofort zustimmen und uneingeschränktes Verständnis zeigen, geben Sie Ihre unvoreingenommene Position auf. Sie regen die Eltern dadurch nicht mehr zum Nachdenken und Hinterfragen an, wenn diese sich sofort in ihrer Haltung und Meinung bestätigt fühlen.

Selbsttest: Sind Sie anfällig für Fehler im Beratungsgespräch?

Fragen	Ja	Nein
Erkennen Sie den Sinn und Erfolgsaussichten in Ihren Beratungsgesprächen?	❑	❑
Haben Sie während des Gesprächs den Eindruck, dass Sie die Situation nicht verbessern können?	❑	❑
Verspüren Sie bei der Beratung Empathie und Wertschätzung?	❑	❑
Gehen Sie ergebnisoffen ins Beratungsgespräch?	❑	❑
Erteilen Sie den Eltern während der Beratung keine Ratschläge?	❑	❑
Überlegen Sie mit den Eltern, wie sie die Probleme meistern können?	❑	❑
Sind Sie der Meinung, dass am Ende jedes Beratungsgesprächs ein Ergebnis stehen muss?	❑	❑
Führen Sie die Beratungsgespräche auch gemeinsam mit geeigneter Hilfe?	❑	❑
Machen Sie die Eltern und sich für den Erfolg einer Beratung allein verantwortlich?	❑	❑
Verstehen Sie die Situation der Eltern und stimmen Sie ihnen immer zu?	❑	❑
Zeigen Sie in der Beratung wenige nonverbale Zeichen der Zustimmung wie Nicken und Lächeln?	❑	❑

Auswertung:

Wenn Sie öfter als 1-mal mit „Nein" geantwortet haben, unterlaufen Ihnen noch zu viele Fehler im Beratungsgespräch. Lesen Sie die Fehlerquellen nochmals durch. Bereiten Sie künftige Beratungsgespräche gründlich vor, und überprüfen Sie hinterher, ob Sie die Grundsätze der Beratung beachtet haben.

Beratungsgespräche mit Eltern

Die häufigste Form von Beratungsgesprächen in Kindertagesstätten ist die Elternberatung. Weniger oft gebrauchte Beratungsformen sind die kollegiale Beratung und das Coaching. Meist wird die Elternberatung von der Erzieherin des betreffenden Kindes und dessen Eltern im Einzelgespräch in der Kindertagesstätte durchgeführt.

Kooperative Elternberatung

Die kooperative Elternberatung ist die Beratungsform, die die Eltern als Partner sieht. Ziel dieser Form von Beratung ist es, gemeinsam mit den Eltern eine Lösung zu finden. Sie besteht aus 5 Schritten, die aufeinander aufbauen.

Schaubild: Kooperative Elternberatung

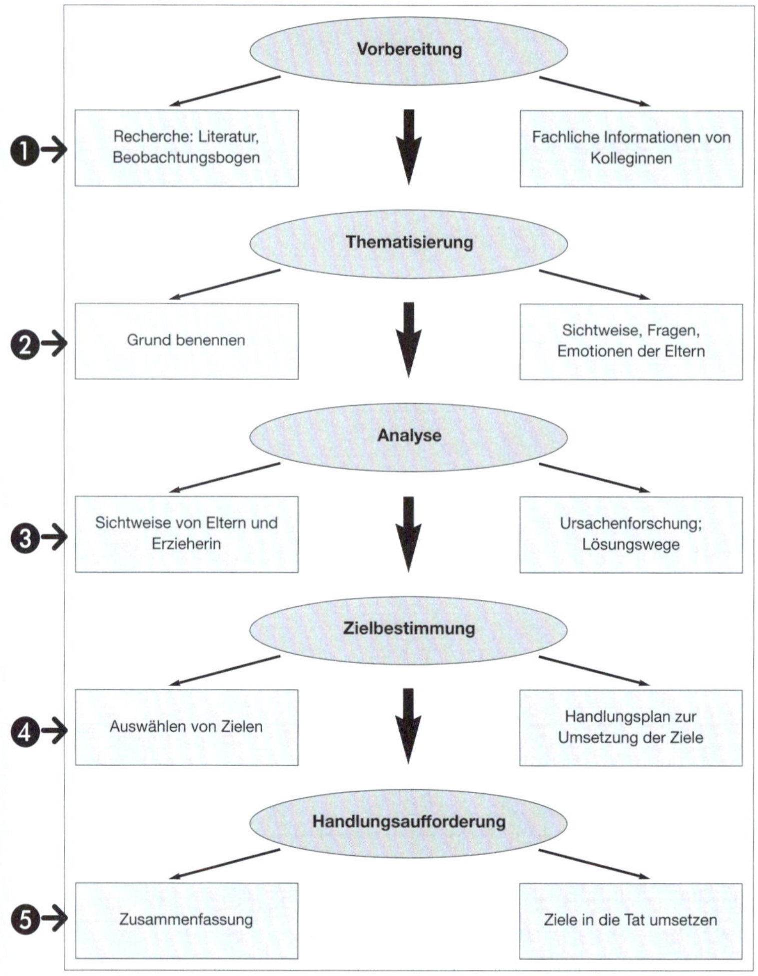

❶ Vorbereitung

Bereiten Sie das Beratungsgespräch gründlich vor. In der Regel kennen Sie den Grund des Beratungsgesprächs, vor allem dann, wenn Sie die Eltern zu einem Gespräch bitten. Auch wenn Eltern wegen eines Beratungsgesprächs an Sie herantreten, nennen sie meist im Vorfeld den Grund für das Gespräch. Fragen Sie immer nach, wenn Sie den Anlass nicht kennen, denn nur so gelingt Ihnen eine fundierte Vorbereitung. Besorgen Sie sich alle relevanten Informationen, um die Eltern qualifiziert beraten zu können. Machen Sie sich Stichpunkte, und recherchieren Sie in geeigneter Fachliteratur, die Sie eventuell auch den Eltern vorschlagen könnten.

Legen Sie sich beispielsweise den Beobachtungsbogen des Kindes zurecht, erkundigen Sie sich nach dem Eindruck Ihrer Kolleginnen, oder sprechen Sie mit der Lehrerin oder dem Lehrer, um deren Sichtweise zu der Situation zu erfahren.

Nehmen Sie sich für ein Beratungsgespräch mindestens 1 Stunde Zeit. Auch nach dem Gespräch sollten Sie sich noch genügend Zeit geben, um in Ruhe die Gesprächsdokumentation anzufertigen.

❷ Thematisierung

Führen Sie in das Beratungsgespräch ein, indem Sie den Ihnen bekannten Grund des Gesprächs benennen. Regen Sie danach die Eltern an, ihre eigene Sichtweise zu schildern und die Situation, für die sie sich die Beratung erhoffen, so genau wie möglich zu beschreiben. Die Eltern sollten im Beratungsgespräch alle ihre Fragen stellen können. Lassen Sie auch zu, dass die Eltern ihre Unsicherheiten und Ängste äußern. Beispielsweise könnten die Eltern befürchten, dass ihr Kind auf der Förderschule schlechte Chancen für eine berufliche Zukunft hat.

Hören Sie aktiv zu und fassen Sie in diesem Schritt die Äußerungen der Eltern immer wieder zusammen. Dies spiegelt ihnen das Gesagte, und Sie können sichergehen, dass Sie die Eltern richtig verstanden haben.

❸ Analyse

Zu Beginn des Beratungsgesprächs stehen die Problemsicht der Eltern und deren Wahrnehmung im Vordergrund. Schließen Sie daran Ihre Beobachtungen an, die Sie in der Kindertagesstätte machen konnten. Informieren Sie die Eltern ganz ausführlich. An die Beschreibung der elterlichen Wahrnehmungssituation und an Ihre Beobachtungen schließt sich die gemeinsame Analysephase an. Dabei überlegen Sie mit den Eltern gemeinsam, was die Ursachen für die Situation sein könnten und wie mögliche Lösungen aussehen werden. Sie überlegen beispielsweise mit den Eltern, warum sich das Kind in der Kindertagesstätte weigert, seine Brotzeit zu essen, während es zu Hause ein normales Essverhalten zeigt.

❹ Zielbestimmung

Mit den Eltern erarbeiten Sie aus den Vorschlägen der infrage kommenden Lösung Ziele. Diese Ziele sollten konkret, realistisch, erreichbar und überprüfbar sein. In diesem Schritt kommt es auch vor, dass die Eltern externe Hilfe annehmen wollen, wie beispielsweise das Konsultieren einer Erziehungsberatungsstelle oder eines sozialen Fachdienstes. Achten Sie darauf, dass die Eltern hinter den gesteckten Zielen stehen. Es bringt nichts, wenn Sie Ziele für die Eltern formulieren, die diese dann später allein nicht verwirklichen können. Überlegen Sie, wie der Handlungsplan aussehen kann und wie die Eltern handeln müssen, um das Ziel zu erreichen.

❺ Handlungsaufforderung

Zum Ende des Beratungsgesprächs fassen Sie das Ziel nochmals in eigenen Worten zusammen. Schließen Sie das Gespräch mit einer konkreten Aufforderung an die Eltern, das Ziel wie besprochen in die Tat umzusetzen. Fordern Sie die Eltern beispielsweise auf, ab morgen die Brotzeit mit dem Kind zusammen auszuwählen und zuzubereiten. Prüfen Sie, ob die Eltern dieses Anliegen auch richtig verstanden haben, indem Sie zum Beispiel nachfragen oder die Inhalte wiederholen. Überlegen Sie mit den Eltern, ob ein weiterer Gesprächstermin nützlich wäre, und vereinbaren Sie diesen direkt. Beim nächsten Beratungsgespräch könnten die Eltern von ihren Handlungen berichten, und Sie könnten gemeinsam mit den Eltern überlegen, ob das Ziel erreicht wurde.

Schaubild: Kooperative Elternberatung

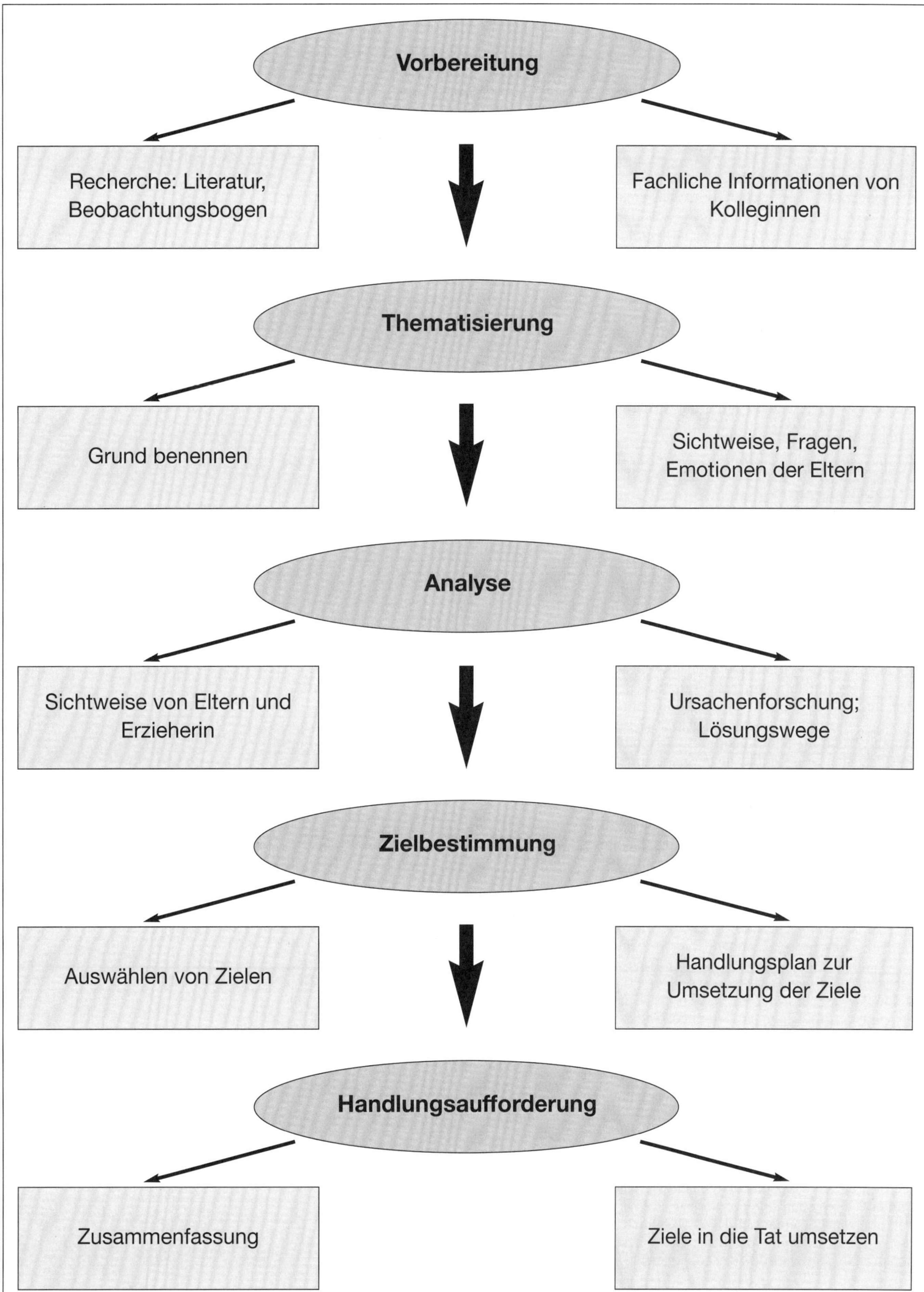

Beratungsgespräche mit Lehrern

Vor allem im Hortbereich gehört die Zusammenarbeit mit der Schule zu Ihrem Arbeitsalltag. Diese Beratungsgespräche finden dabei entweder als Zweiergespräch mit Ihnen und dem Lehrer des Kindes statt oder im größeren Kreis zusammen mit den Eltern des Kindes.

Bei Beratungsgesprächen mit Lehrern haben Sie relativ wenig Zeit. Meist stehen Ihnen dafür maximal 45 Minuten der Sprechstunde des Lehrers zur Verfügung. Wenn Sie sich an diesen Zeitrahmen halten müssen, sollten Sie darauf achten, dass Sie sich in der Beratungszeit nicht verzetteln. Richten Sie sich darauf ein, dass Sie nur wenige Themen ansprechen können.

So gehen Sie beim Beratungsgespräch mit Lehrern vor

Damit Sie alles ansprechen können, sollten Sie Ihre Lehrergespräche grundsätzlich schriftlich vorbereiten und alle wichtigen Themen sammeln.

Exemplarische Themenauswahl:

- Plötzlicher Leistungsabfall
- Konzentrationsschwäche
- Schlechte Qualität der Hausaufgaben
- Aggressives Verhalten anderen Kindern gegenüber

❶ Einstieg

Stellen Sie sich und den Hort, den Sie vertreten, kurz vor. Bei neuen Lehrern schildern Sie in wenigen Sätzen die Ziele und Aufgaben Ihres Hortes und überreichen Ihre Kurzkonzeption mit Visitenkarte oder eine Zusammenfassung der Schwerpunkte Ihrer Hortpädagogik. Wenn die Eltern beim Gespräch mit dabei sind, beziehen Sie sie in die kurze Vorstellungsrunde mit ein, indem Sie sie etwa bitten, Beispiele zu schildern.

Achten Sie darauf, dass Sie mit der gegenseitigen Vorstellung nicht zu viel Zeit verlieren, sondern kommen Sie schnell zum eigentlichen Grund Ihres Gesprächs.

❷ Themensammlung

Nennen Sie im Gespräch anhand Ihrer Vorbereitung alle Punkte, die Sie ansprechen wollen. Fragen Sie anschließend den Lehrer, ob es von seiner Seite noch offene Punkte gibt. Notieren Sie sich diese Themen stichpunktartig auf Ihrem Vorbereitungsblatt.

❸ Themenauswahl

Wenn Sie feststellen, dass die Themensammlung, die Sie mit den Eltern und dem Lehrer erstellt haben, zu umfangreich für die Gesprächszeit ist, wählen Sie gemeinsam die wichtigsten Inhalte aus. Streichen Sie dabei weniger Wichtiges und nebensächliche Themen, oder verschieben Sie diese Inhalte auf ein nächstes Beratungsgespräch. In einem Gespräch, in dem nur Sie und der Lehrer anwesend sind, kann ein Blatt über die Problematik und die zu besprechenden Punkte offen daliegen. Sollten die Eltern beim Gespräch dabei sein, wäre dies nicht angebracht.

(Fortsetzung auf S. 62)

Formblatt: Beratungsgespräche mit Lehrern (1/2)

Kinderhort Musterhaus

Formular: Beratungsgespräche mit Lehrern

Name des Kindes: Robert Muster Name der Eltern: Erika und Hennig Muster

Verantwortliche Erzieherin: Marina Mustermann

Name der Lehrkraft: Hannelore Musterfrau

Beim Gespräch anwesende Personen: Mutter, Vater, Lehrerin

Datum, Ort: 12.03.19, Gymnasium Musterhausen

Anlass des Beratungsgesprächs:

❏ Wunsch der Einrichtung ❏ Elternwunsch

☒ Lehrerwunsch ❏ Routine

Einstieg

❶→ Kurzvorstellung des Hortes, Zusammenarbeit mit der Lehrerin ist neu, sie kennt den Hort noch nicht. Gespräch ist dringend notwendig, da Roberts Leistungen deutlich unter seinem Niveau liegen.

Themensammlung und Themenauswahl

Themensammlung (vor dem Gespräch)	Themenauswahl (gemeinsam im Gespräch)
❷→ Plötzlicher Leistungsabfall	Plötzlicher Leistungsabfall ←❸
Konzentrationsschwäche	Konzentrationsschwäche
Schlechte Qualität der Hausaufgaben	Schlechte Qualität der Hausaufgaben
Schulunlust	

Kopiervorlage

Formblatt: Beratungsgespräche mit Lehrern (1/2)

Kita: ______________________

Beratungsgespräche mit Lehrern

Name des Kindes: ______________________ Name der Eltern: ______________________

Verantwortliche Erzieherin: ______________________ Name der Lehrkraft: ______________________

Beim Gespräch anwesende Personen: ______________________

Datum, Ort: ______________________

Anlass des Beratungsgesprächs:

- ❑ Wunsch der Einrichtung
- ❑ Lehrerwunsch
- ❑ Elternwunsch
- ❑ Routine

Einstieg

Themensammlung und Themenauswahl

Themensammlung (vor dem Gespräch)	Themenauswahl (gemeinsam im Gespräch)

❹ Themenbearbeitung und Ursachenforschung

Bei der Themenbearbeitung gehen Sie systematisch vor. Im Dialog ergründen Sie die Sichtweisen des Lehrers und der Eltern. Um anschließend gemeinsame Maßnahmen einleiten zu können, sollten Sie bei der Bearbeitung der Themen immer versuchen, die Ursache für das Verhalten zu ergründen.

❺ Maßnahmenplan und Vereinbarungen

Nach der Ergründung der Ursachen beraten Sie mit dem Lehrer und den Eltern darüber, welche Maßnahmen Sie gemeinsam treffen können, um die Situation des Kindes zu verbessern. Diese Maßnahmen sind besonders wirkungsvoll, wenn Sie eng mit den Eltern und dem Lehrer zusammenarbeiten und an einem Strang ziehen.

Halten Sie alle Vereinbarungen, die Sie im Beratungsgespräch mit Lehrern treffen, schriftlich fest und notieren Sie sich die jeweiligen Zuständigkeiten.

❻ Abschluss

Am Ende des Beratungsgesprächs überlegen Sie gemeinsam, ob ein Kontrolltermin nötig ist oder ein weiteres Gespräch stattfinden soll. Oft reichen jedoch kurze telefonische Rückmeldungen oder der Kontakt über das Mitteilungsheft des Kindes aus. Sollte ein weiteres Beratungsgespräch anstehen, koordinieren Sie direkt einen neuen Termin. Überlegen Sie vor jedem Gespräch, ob ein runder Tisch mit Eltern, Kita und Schule sinnvoll ist.

Formblatt: Beratungsgespräche mit Lehrern (2/2)

❹ → **Themenbearbeitung und Ursachenforschung**

Themen	Mögliche Ursachen
Plötzlicher Leistungsabfall	Schulwechsel an weiterführende Schule; rasches Lerntempo; viele Hausaufgaben; Voraussetzung von eigenständigem Lernen
Konzentrationsschwäche	Verwirrung und Verunsicherung wegen vieler neuer Einflüsse; neue Klassenkameraden; neue Lehrer; ungewohntes Lerntempo
Schlechte Qualität der Hausaufgaben	Angst, nicht fertig zu werden; Angst, keine Freizeit im Hort mehr mit Freunden genießen zu können

❺ → **Maßnahmenplan und Vereinbarungen**

Maßnahme	Vereinbarung	Zuständig
Gespräch mit dem Kind über Lernverhalten und Konzentration	Aufzeigen von Lernstrategien, Kind soll lernen, wie man lernt.	Hort, Eltern (Gespräch) und Lehrer Lehrer sucht geeigneten Kinderkurs über Lernstrategien für Kinder aus. Eltern buchen den Kurs.
Kind wird entlastet und bekommt wieder mehr Freizeit im Hort: Es fertigt Hausaufgaben in Deutsch, Englisch, Mathematik im Hort an.	Andere Fächer darf das Kind zu Hause erledigen.	Hort und Eltern Hort konzentriert sich auf die Grundfächer Deutsch, Mathematik und Englisch. Eltern kümmern sich um die restlichen Aufgaben.

❻ → Nächster Termin am 16.04.19

Unterschrift der verantwortlichen Erzieherin:
M. Mustermann

Eventuell:
Unterschrift der Eltern
E. Muster

Unterschrift der Lehrkraft
H. Musterfrau

Kopiervorlage

Formblatt: Beratungsgespräche mit Lehrern (2/2)

Themenbearbeitung und Ursachenforschung	
Themen	**Mögliche Ursachen**

Maßnahmenplan und Vereinbarungen		
Maßnahme	**Vereinbarung**	**Zuständig**

Nächster Termin am ____________________

Unterschrift der verantwortlichen Erzieherin:

____

Eventuell:
Unterschrift der Eltern

____

____

Unterschrift der Lehrkraft

____

Beratungsgespräche mit Fachdiensten

Nicht immer können Sie die Beratungsgespräche selbstständig vorbereiten oder allein mit den Eltern durchführen. Es gibt Situationen, die es erfordern, dass Sie sich dafür Hilfe und Unterstützung durch Fachdienste holen. Wenn Sie beispielsweise Sorge um das Wohlergehen des Kindes innerhalb der Familie haben, sollten Sie sich an den Allgemeinen Sozialen Dienst oder das Jugendamt wenden.

Arten von Beratungsgesprächen mit Fachdiensten

❶ Das Informationsgespräch

Im Informationsgespräch wenden Sie sich an einen Fachdienst, weil Sie ein Problem ansprechen wollen, beispielsweise das sexualisierte Verhalten eines Kindes. Sie holen sich zunächst eine Einschätzung und einen Rat über das Problem und Ihr weiteres Vorgehen ein. Sie beraten mit dem Fachdienst darüber, welcher soziale Dienst der geeignete Kooperationspartner für Sie ist.

Praxisbeispiel:

In Ihrer Gruppe gibt es ein Mädchen, das sich in Abholsituationen anderen Eltern gegenüber sehr distanzlos verhält. In Spielsituationen in der Puppenecke konnten Sie mehrfach beobachten, dass das Kind seinen Genitalbereich zur Schau stellt.

Sie schildern das Verhalten des Kindes Ihrem Ansprechpartner anonym beim Allgemeinen Sozialen Dienst. Dieser rät Ihnen, sich an die Beratungsstelle Pro Familia zu wenden, da der Verdacht auf sexuellen Missbrauch bei diesem Mädchen naheliegt. Pro Familia wird sich dieses Problems annehmen und Sie fachlich weiter begleiten.

❷ Die Teaminformation

Immer dann, wenn mehrere Erzieherinnen oder die gesamte Einrichtung mit einem Problem konfrontiert ist, sollten Sie eine Teaminformation in Betracht ziehen.

Dazu besprechen Sie sich vorab mit einem ausgewählten sozialen Fachdienst und laden eine seiner Mitarbeiterinnen in Ihre Einrichtung ein. Im Rahmen einer Teambesprechung oder einer zusätzlichen Sitzung informiert Sie die Mitarbeiterin des sozialen Fachdienstes eingehend über Hintergründe der Problematik. Sie beraten gemeinsam über eine einheitliche Vorgehensweise aller Teammitglieder und einigen sich auf eine Problemlösestrategie. Meist genügt eine einzige Teaminformation, um dann eigenständig im Team das Problem angehen zu können.

Praxisbeispiel:

Ihnen und Ihren Kolleginnen fällt auf, dass es in Ihrer Einrichtung viele übergewichtige Hortkinder gibt, die Süßigkeiten konsumieren. Ihnen fällt es immer schwerer, diese Kinder zum Mittagessen zu bewegen und an Gemüse und Obst heranzuführen. Manche Kinder verweigern das Essen mit dem Argument, sie machen Diät, weil sie zu dick sind.

Sie wenden sich an eine Krankenkasse und besprechen telefonisch Ihre Beobachtungen. Die Krankenkasse stellt den Kontakt zu einer Ernährungsberaterin her. Diese kommt in Ihre Teambesprechung und informiert Sie über das Problem und über geeignete Vorgehensweisen.

Übersicht: Fachdienste und ihre Zuständigkeiten

Fachdienst	Zuständigkeit
Jugendamt	■ Beratung von Kindertagesstätten ■ Wirtschaftliche Jugendhilfe ■ Inobhutnahme von Kindern ■ Insoweit erfahrene Fachkraft nach § 8a SGB VIII, die bei Bedarf eine Gefährdungsbeurteilung erstellt
❸→ **Allgemeiner Sozialer Dienst** **Migrationsberatung**	■ Einzelfallberatung und Hilfeplangespräche ■ Vermittlung von Hilfen für Migranten ■ Gibt Überblick über mögliche Fachdienste oder Maßnahmen ■ Einleitung oder Befürwortung von Hilfen für Kinder und Familien (zum Beispiel Erziehungsbeistand, sozialpädagogische Familienhilfe etc.)
Erziehungsberatung **Frühförderstellen**	■ Beratung von Familien, die Hilfe bei der Erziehung ihrer Kinder benötigen ■ Zusammenarbeit mit Kindertagesstätten
❶→ **Pro Familia**	■ Beratung von Kindertagesstätten, zum Beispiel bei Verdacht auf sexuellen Missbrauch von Kindern ■ Hilfsangebote für betroffene Kinder und Eltern ■ Geschlechtsspezifische Gruppenarbeit mit Kindern und Jugendlichen
Suchtberatungsstelle	■ Beratung und Aufklärung von Kindertagesstätten, zum Beispiel bei Fragen, wie mit alkoholkranken Eltern umzugehen ist ■ Beratung von suchtgefährdeten oder suchtkranken Kindern ■ Weitervermittlung an therapeutische Stellen
Krisendienst	■ Hilfe in akuten Krisensituationen, in 1. Linie für betroffene Eltern und Kinder ■ Soforthilfe bei Suizidgefahr
Frauenhaus	■ Hilfe in akuten Krisenfällen ■ Nur für Frauen mit ihren Kindern, die in ihrem häuslichen Umfeld gefährdet sind (kurz- bis mittelfristige Unterbringung)
❸→ **Gesundheitsamt**	■ Beratung von Eltern und Kindertageseinrichtungen in allen relevanten Gesundheitsfragen, zum Beispiel Bulimie, Magersucht, Suizidgefährdung etc. ■ Vermittlung von Gesundheits- und Ernährungsberatung ■ Kostenlose HIV-Tests für Jugendliche ■ Hilfen, wenn zum Beispiel Kopfläuse oder Kinderkrankheiten überhandnehmen
Ärztlicher Notfalldienst	■ Soforthilfe bei Verletzungen jeder Art ■ Dokumentation von Verletzungen an Kindern bei Verdacht auf körperliche Misshandlung

❸ Die fachliche Begleitung

Wenn das Informationsgespräch oder die Teaminformation nicht ausreicht, weil das Problem zu komplex ist und Sie eine individuelle Hilfestellung benötigen, wählen Sie einen Fachdienst als professionelle Begleitung aus. Als Hauptansprechpartner dient Ihnen dabei Ihre Fachberatung und der Allgemeine Soziale Dienst. Je nachdem, wie vielschichtig sich das Problem gestaltet, werden Sie es zunächst mit der Mitarbeiterin des Fachdienstes gemeinsam besprechen und eine weitergehende Kooperation mit ihr vereinbaren. Im sogenannten Hilfeplangespräch, das Sie zusammen mit der betroffenen Familie und der Mitarbeiterin des Fachdienstes führen, sollen der Familie Hilfestellung und Entlastung gewährt werden. Ihr Ziel ist es, im gemeinsamen Gespräch eine für die Familie entlastende Strategie zum Wohle des Kindes zu entwickeln.

Praxisbeispiel:

Sie beobachten, dass ein Kind Ihrer Gruppe regelmäßig ohne Brotzeit in die Einrichtung kommt. Das Kind trägt selten saubere Kleidung und riecht oft schlecht. In Abholsituationen wirkt die Mutter häufig überfordert und schreit ihr Kind an.

Sie suchen deshalb Rat beim Allgemeinen Sozialen Dienst. Sie informieren die Mitarbeiterin und laden die Mutter zu einem Hilfeplangespräch ein. Dabei legen Sie gemeinsam folgende Schritte fest: Die Mutter wird in der Familie durch eine sozialpädagogische Familienhilfe entlastet. Die Mutter soll langfristig durch diese Familienhilfe lernen, zu organisieren und hilfreiche Strukturen im Haushalt und der Kindererziehung einzuführen und beizubehalten.Eine Mitarbeiterin des Kinderschutzbundes übernimmt stundenweise die Betreuung der insgesamt 4 Kinder, damit die Mutter Zeit gewinnt, das Erlernte durchzuführen.

Übersicht: Fachdienste und ihre Zuständigkeiten

Fachdienst	Zuständigkeit
Jugendamt	■ Beratung von Kindertagesstätten ■ Wirtschaftliche Jugendhilfe ■ Inobhutnahme von Kindern ■ Insoweit erfahrene Fachkraft nach § 8a SGB VIII, die bei Bedarf eine Gefährdungsbeurteilung erstellt
Allgemeiner Sozialer Dienst **Migrationsberatung**	■ Einzelfallberatung und Hilfeplangespräche ■ Vermittlung von Hilfen für Migranten ■ Gibt Überblick über mögliche Fachdienste oder Maßnahmen ■ Einleitung oder Befürwortung von Hilfen für Kinder und Familien (zum Beispiel Erziehungsbeistand, sozialpädagogische Familienhilfe etc.)
Erziehungsberatung **Frühförderstellen**	■ Beratung von Familien, die Hilfe bei der Erziehung ihrer Kinder benötigen ■ Zusammenarbeit mit Kindertagesstätten
Pro Familia	■ Beratung von Kindertagesstätten, zum Beispiel bei Verdacht auf sexuellen Missbrauch von Kindern ■ Hilfsangebote für betroffene Kinder und Eltern ■ Geschlechtsspezifische Gruppenarbeit mit Kindern und Jugendlichen
Suchtberatungsstelle	■ Beratung und Aufklärung von Kindertagesstätten, zum Beispiel bei Fragen, wie mit alkoholkranken Eltern umzugehen ist ■ Beratung von suchtgefährdeten oder suchtkranken Kindern ■ Weitervermittlung an therapeutische Stellen
Krisendienst	■ Hilfe in akuten Krisensituationen, in 1. Linie für betroffene Eltern und Kinder ■ Soforthilfe bei Suizidgefahr
Frauenhaus	■ Hilfe in akuten Krisenfällen ■ Nur für Frauen mit ihren Kindern, die in ihrem häuslichen Umfeld gefährdet sind (kurz- bis mittelfristige Unterbringung)
Gesundheitsamt	■ Beratung von Eltern und Kindertageseinrichtungen in allen relevanten Gesundheitsfragen, zum Beispiel Bulimie, Magersucht, Suizidgefährdung etc. ■ Vermittlung von Gesundheits- und Ernährungsberatung ■ Kostenlose HIV-Tests für Jugendliche ■ Hilfen, wenn zum Beispiel Kopfläuse oder Kinderkrankheiten überhandnehmen
Ärztlicher Notfalldienst	■ Soforthilfe bei Verletzungen jeder Art ■ Dokumentation von Verletzungen an Kindern bei Verdacht auf körperliche Misshandlung

Beratungsgespräche bei Verhaltensauffälligkeiten

Auffälliges Verhalten von Kindern zeigt Ihnen oftmals enge Grenzen auf. Sie merken am Verhalten des Kindes, dass es ihm nicht gut geht und dass es offensichtlich unter Druck und Zwang handelt. Trotz dieses Wissens sind Sie gezwungen zu handeln, weil Sie unter Umständen andere Kinder schützen müssen. Bei kindlichen Auffälligkeiten sollten Sie schnellstens die vertrauensvolle Zusammenarbeit mit Eltern suchen und diese kompetent beraten und unterstützen.

Laden Sie die Eltern umgehend zum Gespräch über das auffällige Verhalten ein, noch bevor sich das Verhalten des Kindes verfestigt.

Benennen und Beschreiben des auffälligen Verhaltens

Bereiten Sie Ihr Beratungsgespräch anhand von Verhaltensbeobachtungen vor. Halten Sie diese in Ihrem Beobachtungsbogen fest, oder machen Sie sich formlose Notizen. Kommen Sie im Gespräch mit den Eltern rasch zum eigentlichen Kern, indem Sie das Verhalten konkret benennen. Beschreiben Sie anschließend das auffällige kindliche Verhalten möglichst genau. Sprechen Sie bildhaft, und arbeiten Sie zum besseren Verständnis für die Eltern mit ganz eindeutigen Beispielen: *„Wenn Ihr Kind ein Spiel verliert, reagiert es so: Es wirbelt das Spielbrett durch die Luft, wirft sich schreiend zu Boden und trommelt mit beiden Fäusten auf den Boden."* Fragen Sie die Eltern nach ihren eigenen Beobachtungen und nach Verhaltensbeispielen von zu Hause.

Ergründen der Ursachen des Verhaltens

Sprechen Sie mit den Eltern über die möglichen Verhaltensursachen, fragen Sie zum Beispiel, ob sich im Lebensumfeld des Kindes etwas verändert hat. Spekulieren Sie jedoch nicht, woher das Verhalten kommen könnte – dies führt Eltern zu einer Verleugnungs- oder Blockadehaltung, weil sie glauben könnten, Sie würden nach den „Verursachern" oder „Schuldigen" des Verhaltens suchen. Sprechen Sie bei den Eltern an, ob sie das Verhalten des Kindes stört, und fragen Sie danach, wie die Eltern darauf reagieren. Meist können Sie sich dadurch ein differenziertes Bild über das Verhalten machen, das das Kind zu Hause zeigt.

Ergründen Sie zusammen mit den Eltern:

- Wann trat das auffällige Verhalten zum 1. Mal auf?
- Wie entwickelte sich das Verhalten weiter?
- In welchen Situationen verhält sich das Kind auffällig?
- Im Kontakt mit welchen Personen oder Personengruppen tritt das Verhalten auf?
- Gibt es Veränderungen innerhalb der Familie oder im Umfeld?
- Treten Belastungen für das Kind auf?
- Veränderte sich die soziale Situation?
- Fühlen sich die Eltern durch das Verhalten des Kindes gestört?
- Wie reagieren die Eltern auf das Verhalten des Kindes?
- Wie ist die Beziehung zu Mutter und Vater?
- Wie oft zeigt das Kind zu Hause das auffällige Verhalten?

(Fortsetzung auf S. 68)

Gesprächshilfe: Wie Sie Eltern bei Verhaltensauffälligkeiten beraten können (1/2)

Verhaltens-auffälligkeiten	Günstiges Elternverhalten	Ungünstiges Elternverhalten
Trotzreaktionen	Dem Kind klar und deutlich die Regeln und Grenzen vermitteln: *„Du darfst noch 2-mal rutschen, dann gehen wir heim."*	Sich in Machtkämpfe verwickeln lassen: *„Ich werde dir zeigen, wer der Stärkere ist."*
	Mit dem Kind gemeinsam Kompromisse finden: *„Wir überlegen zusammen, was wir einkaufen."*	Gegenaggressionen aufbauen
	Dem Kind für überschaubare Bereiche Freiräume zugestehen: *„In deinem Zimmer darfst du die Spielsachen liegen lassen."*	Versuchen, den Trotz mit Gewalt zu brechen: *„Ich habe hier das Sagen!"*
Bewusstes Lügen oder Stehlen	Verlässliche Beziehung aufbauen: *„Wir lieben dich und sind für dich da."*	Strafen aussprechen: *„Du bekommst 3 Monate kein Taschengeld."*
	Dem Kind trotz seines Verhaltens immer wieder sein Vertrauen beweisen: *„Egal, was du tust, wir haben dich lieb."*	Kind ignorieren; Liebesentzug: *„Wenn du lügst, bist du nicht mehr mein Kind."*
	Eigenes Erziehungsverhalten überprüfen: *„Was war unser Fehler?"*	Androhen von Strafen bei erneutem Lügen: *„Wenn du nochmals lügst, streichen wir den Zoobesuch."*
Clownrolle	Verlässliche Zuwendung: *„Ich freue mich, dass du da bist."*	Überforderungen im Leistungsbereich: *„Ich erwarte eine 2 in Mathe von dir."*
	Klare Regeln und gleichbleibende Grenzen vermitteln: *„Du schreibst dir jeden Tag deine Hausaufgaben auf."*	Ausgrenzen: *„So wie du dich verhältst, bekommst du keine Freunde!"*
	Bewusste Unternehmungen mit dem Kind: *„Ich möchte mit dir etwas gemeinsam unternehmen."*	Bestrafen: *„Wenn du Clown spielst, bekommst du Hausarrest."*

Kopiervorlage

Gesprächshilfe: Wie Sie Eltern bei Verhaltensauffälligkeiten beraten können (1/2)

Verhaltens-auffälligkeiten	Günstiges Elternverhalten	Ungünstiges Elternverhalten
Trotzreaktionen	Dem Kind klar und deutlich die Regeln und Grenzen vermitteln: *„Du darfst noch 2-mal rutschen, dann gehen wir heim."*	Sich in Machtkämpfe verwickeln lassen: *„Ich werde dir zeigen, wer der Stärkere ist."*
	Mit dem Kind gemeinsam Kompromisse finden: *„Wir überlegen zusammen, was wir einkaufen."*	Gegenaggressionen aufbauen
	Dem Kind für überschaubare Bereiche Freiräume zugestehen: *„In deinem Zimmer darfst du die Spielsachen liegen lassen."*	Versuchen, den Trotz mit Gewalt zu brechen: *„Ich habe hier das Sagen!"*
Bewusstes Lügen oder Stehlen	Verlässliche Beziehung aufbauen: *„Wir lieben dich und sind für dich da."*	Strafen aussprechen: *„Du bekommst 3 Monate kein Taschengeld."*
	Dem Kind trotz seines Verhaltens immer wieder sein Vertrauen beweisen: *„Egal, was du tust, wir haben dich lieb."*	Kind ignorieren; Liebesentzug: *„Wenn du lügst, bist du nicht mehr mein Kind."*
	Eigenes Erziehungsverhalten überprüfen: *„Was war unser Fehler?"*	Androhen von Strafen bei erneutem Lügen: *„Wenn du nochmals lügst, streichen wir den Zoobesuch."*
Clownrolle	Verlässliche Zuwendung: *„Ich freue mich, dass du da bist."*	Überforderungen im Leistungsbereich: *„Ich erwarte eine 2 in Mathe von dir."*
	Klare Regeln und gleichbleibende Grenzen vermitteln: *„Du schreibst dir jeden Tag deine Hausaufgaben auf."*	Ausgrenzen: *„So wie du dich verhältst, bekommst du keine Freunde!"*
	Bewusste Unternehmungen mit dem Kind: *„Ich möchte mit dir etwas gemeinsam unternehmen."*	Bestrafen: *„Wenn du Clown spielst, bekommst du Hausarrest."*

Erfragen der Elternbelastung

Zeigen Sie Verständnis für die Situation der Eltern: *„Sicherlich hat die derzeitige Situation Auswirkungen auf die ganze Familie, und Sie merken, wie alles drunter und drüber geht."* Meist wirkt sich das auffällige Verhalten des Kindes auf die Familie aus, und die Eltern stehen unter enormer Anspannung, oder sie leiden unter Schuldgefühlen. Eltern haben häufig viele Strategien und Erziehungsmaßnahmen ausprobiert, bevor das Gespräch mit Ihnen stattfindet. Viele Eltern sind froh, sich Ihnen anvertrauen zu können und die eigene Hilflosigkeit und Belastung zuzugeben.

Besprechen der pädagogischen Handlungsweisen

Beraten Sie die Eltern kompetent, und erklären Sie ihnen die Zusammenhänge zwischen dem Verhalten des Kindes und ihrer eigenen Reaktion darauf. Legen Sie keine sofortigen Lösungsversuche auf den Tisch, sondern zeigen Sie trotz allem Verständnis. Lassen Sie dabei alle Fragen der Eltern zu, und veranschaulichen Sie die Motive des Kindes immer wieder anhand von Beispielen. Sagen Sie beispielsweise: *„Ihr Sohn übernimmt die Clownrolle, weil er seit der Geburt seines kleinen Bruders mehr Beachtung möchte. Sie fühlen sich zu Hause beim Abendessen durch seine Clownereien gestört, deshalb schimpfen Sie mit ihm. So erhält er genau das, was er erreichen will: Ihre Beachtung und Zuwendung. Ihr Sohn hat sein Ziel erreicht und wird sich weiterhin genau so verhalten. Stellen Sie Ihren Sohn bewusst in den Mittelpunkt, indem Sie zum Beispiel gemeinsam mit ihm ein Flugzeug bauen und es anschließend fliegen lassen. Wenn Sie Ihrem Sohn solche Zuwendung geben, hat er sein Clownverhalten bald nicht mehr nötig und wird es nicht mehr zeigen."*

Es gibt jedoch auch Situationen, in denen Sie Eltern eine begleitende Unterstützung durch eine spezielle Beratungsstelle oder eine Therapie anraten müssen. Es ist ein Zeichen Ihrer Professionalität, wenn Sie Ihre eigenen fachlichen Kompetenzen eingrenzen können und wissen, wann es angebracht ist, weitere fachliche Beratung anzunehmen. Wenn Sie bemerken, dass sich eine Störung bereits verfestigt hat oder eine Verhaltensweise das Kind in Gefahr bringt, ist es dringend erforderlich, eine begleitende Unterstützung oder Therapie anzuraten. Raten Sie beispielsweise bei einer Essstörung den Eltern sofort fachliche Begleitung an.

Gesprächshilfe: Wie Sie Eltern bei Verhaltensauffälligkeiten beraten können (2/2)

Einnässen und Einkoten	Abklären, ob medizinische Ursache vorliegt	Tadel und Strafe: *„Zur Strafe wäschst du deine Hose selbst."*
	Prüfen, ob das Kind an einer Belastungssituation leidet; eventuell begleitende Therapie	Belohnungen, die an das Nichteinnässen oder Nichteinkoten gekoppelt sind: *„Wenn die Hose 1 Woche trocken bleibt, gehen wir ins Kino."*
	Verlässliche Zuwendung und Gefühl der Sicherheit vermitteln: *„Wir bekommen das Problem zusammen in den Griff!"*	Direkte Vergleiche mit anderen Kindern: *„Andere Kinder machen schon lange nicht mehr ins Bett!"*
AD(H)S	Klar strukturierter Tagesablauf	Vorhaltungen: *„Das ist wieder einmal ganz typisch für dich!"*
	Feste Rituale und gleichbleibende Regeln: *„Ich bringe dich jeden Abend um 19 Uhr ins Bett. Danach darfst du noch 30 Minuten spielen, dann komme ich und mache das Licht aus."*	Strafe: *„Wenn du nicht in deinem Bett bleibst, bekommst du Hausarrest."*
	Medizinische Diagnostik	Ständiger Wechsel von Bezugspersonen und Erziehungsstilen
	Rascher Wechsel von Ruhe und Aktion; Möglichkeiten zum Ausleben des Bewegungsdrangs	Viele Regeln, Anweisungen, Verbote und Erklärungen: *„Hole die Tasche, richte dir vorher eine Brotzeit und denke an die Hausaufgaben von morgen."*
	Wenige und überschaubare Aufträge: *„Hole deine Tasche und packe diese Brotzeit hinein."*	Dauernde Reizüberflutung durch Fernsehen, elektronische Medien, Musik etc.
Essstörungen	Überprüfung des eigenen Vorbilds: *„Wie ist mein eigenes Essverhalten: Mache ich immer wieder Diäten und halte ich mich für zu dick?"*	Zwang zum Essen: *„Alles, was auf dem Teller ist, wird aufgegessen!"*
	Abklären, was das Kind als Belastung erlebt; eventuell durch begleitende Beratung oder Therapie	Überbesorgte Reaktionen und ausschließliches Augenmerk auf das Essverhalten: *„Wieder hast du deine Brotzeit nicht ganz aufgegessen!"*
	Anerkennung, Lob und Zuwendung: *„Du gefällst mir so, wie du bist."*	Verbale Reaktion: *„Du bist zu dünn!"*
	Gestaltung einer gemütlichen, anregenden Atmosphäre beim Essen	Verbale Reaktion: *„Du bist zu dick!"*

Gesprächshilfe: Wie Sie Eltern bei Verhaltensauffälligkeiten beraten können (2/2)

Einnässen und Einkoten	Abklären, ob medizinische Ursache vorliegt	Tadel und Strafe: *„Zur Strafe wäschst du deine Hose selbst.“*
	Prüfen, ob das Kind an einer Belastungssituation leidet; eventuell begleitende Therapie	Belohnungen, die an das Nichteinnässen oder Nichteinkoten gekoppelt sind: *„Wenn die Hose 1 Woche trocken bleibt, gehen wir ins Kino.“*
	Verlässliche Zuwendung und Gefühl der Sicherheit vermitteln: *„Wir bekommen das Problem zusammen in den Griff!“*	Direkte Vergleiche mit anderen Kindern: *„Andere Kinder machen schon lange nicht mehr ins Bett!“*
AD(H)S	Klar strukturierter Tagesablauf	Vorhaltungen: *„Das ist wieder einmal ganz typisch für dich!“*
	Feste Rituale und gleichbleibende Regeln: *„Ich bringe dich jeden Abend um 19 Uhr ins Bett. Danach darfst du noch 30 Minuten spielen, dann komme ich und mache das Licht aus.“*	Strafe: *„Wenn du nicht in deinem Bett bleibst, bekommst du Hausarrest.“*
	Medizinische Diagnostik	Ständiger Wechsel von Bezugspersonen und Erziehungsstilen
	Rascher Wechsel von Ruhe und Aktion; Möglichkeiten zum Ausleben des Bewegungsdrangs	Viele Regeln, Anweisungen, Verbote und Erklärungen: *„Hole die Tasche, richte dir vorher eine Brotzeit und denke an die Hausaufgaben von morgen.“*
	Wenige und überschaubare Aufträge: *„Hole deine Tasche und packe diese Brotzeit hinein.“*	Dauernde Reizüberflutung durch Fernsehen, elektronische Medien, Musik etc.
Essstörungen	Überprüfung des eigenen Vorbilds: *„Wie ist mein eigenes Essverhalten: Mache ich immer wieder Diäten und halte ich mich für zu dick?“*	Zwang zum Essen: *„Alles, was auf dem Teller ist, wird aufgegessen!“*
	Abklären, was das Kind als Belastung erlebt; eventuell durch begleitende Beratung oder Therapie	Überbesorgte Reaktionen und ausschließliches Augenmerk auf das Essverhalten: *„Wieder hast du deine Brotzeit nicht ganz aufgegessen!“*
	Anerkennung, Lob und Zuwendung: *„Du gefällst mir so, wie du bist.“*	Verbale Reaktion: *„Du bist zu dünn!“*
	Gestaltung einer gemütlichen, anregenden Atmosphäre beim Essen	Verbale Reaktion: *„Du bist zu dick!“*

Beratungsgespräche bei Familienproblemen

Sie bemerken es rasch am Verhalten des Kindes, wenn es familiären Belastungssituationen ausgesetzt ist. Das Kind zieht sich beispielsweise zurück und ist traurig, oder es zeigt sich ungewohnt aggressiv. Sprechen Sie die Eltern sehr bald an, nachdem Sie eine solche Verhaltensänderung bemerkt haben, und laden Sie sie zu einem Beratungsgespräch ein.

Familiäre Situationen, aus denen sich Belastungen ergeben können

- Suchterkrankung eines Elternteils
- Arbeitslosigkeit, Armut
- Trennung, Scheidung
- Wechsel von Bezugspersonen
- Krankheit, Tod eines Familienmitglieds

So begegnen Sie den Reaktionen der Eltern professionell

Erklären Sie den Eltern zu Gesprächsbeginn, dass es Ihnen nicht um ein Ausleuchten der familiären Verhältnisse geht, sondern um das Wohl des Kindes.

Sprechen Sie an, dass Sie das Gespräch absolut vertraulich behandeln werden. Rechnen Sie dennoch mit Reaktionen der Eltern wie zum Beispiel Verleugnung, Resignation oder Angriff.

❶ Verleugnung

Sie fragen nach, ob es innerhalb der Familie Veränderungen oder belastende Situationen gibt, die sich auch auf das Kind auswirken. Die Eltern leugnen das Problem, indem sie zum Beispiel behaupten, es hätte sich nichts geändert und alles wäre zum Besten bestellt.

Ihre Reaktion:

Geben Sie den Eltern Zeit und bedrängen Sie sie nicht. Sagen Sie, dass Sie wissen, wie schwer es ist, über familiäre Probleme zu sprechen. Bieten Sie den Eltern Ihre Gesprächsbereitschaft an, und geben Sie ihnen Zeit, um nochmals über die Situation nachzudenken. Suchen Sie einige Tage später erneut das Gespräch mit den Eltern. Führen Sie solche Gespräche nicht zwischen Tür und Angel, sondern immer in der ungestörten Atmosphäre Ihres Besprechungszimmers: *„Ich mache mir Sorgen um Ihr Kind. Es zeigte in den letzten beiden Wochen starke Stimmungsschwankungen und erzählte mir, dass der Papa ausgezogen ist. Sind Sie in der Lage, heute darüber zu sprechen, oder soll ich in einigen Tagen nochmals auf Sie zukommen?"*

❷ Resignation

Noch im Gespräch zeigen die Eltern ihre gesamte Hoffnungslosigkeit. Sie offenbaren, dass sie der problematischen Situation nicht gewachsen sind und dass sie keinen Ausweg mehr sehen.

Ihre Reaktion:

Das familiäre Problem scheint so groß, schwerwiegend oder neu zu sein, dass sich für die Eltern kein Ausweg zeigt. Wenn Eltern resignieren, befinden sie sich in einer Krise, und das Kind spielt bestenfalls eine Nebenrolle. Versuchen Sie, das Problem genau zu ergründen. Sehen Sie das Kindeswohl gefährdet, beispielsweise bei Suizidankündigungen oder wenn zum Beispiel der Eindruck entsteht, dass die Eltern ihre elterliche Sorge nicht mehr ausüben können, müssen Sie sofort reagieren und das Jugendamt informieren sowie die insoweit erfahrene Fachkraft bestellen.

Liegt keine Gefährdung vor, zeigen Sie den Eltern Hilfen auf. Verweisen Sie die Eltern bei schwerwiegenden Problemen, bei denen Sie nicht helfen können, an geeignete Beratungsstellen, Ärzte oder Therapeuten.

❸ Angriff

Sie wollen das Familienproblem im Gespräch mit den Eltern ergründen, und die Eltern reagieren aggressiv, indem sie Sie im Gespräch angreifen und Ihnen vorwerfen, Sie würden sich in Familienangelegenheiten und Probleme einmischen, die Sie nichts angehen.

Ihre Reaktion:

Beruhigen Sie die Eltern und erklären Sie, dass Sie sich Sorgen wegen des Kindes machen und gemeinsam mit den Eltern die belastende Situation für das Kind verringern wollen. Erzielen Sie Betroffenheit und Gesprächsbereitschaft der Eltern, indem Sie ihnen anhand eines Beispiels die Zusammenhänge zwischen Problemen in der Familie und dem Verhalten des Kindes erklären. Verdeutlichen Sie beispielsweise: *„Ihr Kind ist in letzter Zeit schnell frustriert und bricht in Tränen aus, wenn es beim Spiel verliert oder nicht als Erster an die Reihe kommt. Als ich es trösten wollte, sagte es bereits mehrfach, dass seine Eltern es nicht mehr lieb haben, weil sie sich immer anschreien und streiten. Deshalb möchte ich mit Ihnen zusammen überlegen, wie Ihr Kind wieder mehr Selbstvertrauen gewinnt und sich Ihrer Wertschätzung sicher sein kann."*

Wenn die Eltern dann noch nicht gesprächsbereit sind, sollten Sie ihnen vorschlagen, nach einigen Tagen nochmals ein gemeinsames Gespräch zu wagen. Wollen die Eltern auch dann nichts preisgeben, müssen Sie diese Entscheidung leider akzeptieren.

Gesprächsnachbereitung: Überprüfen Sie, wie gut Ihr Beratungsgespräch bei familiären Problemen gelungen ist

Kriterien	Eigene Einschätzung
❶→ Bedrängen Sie die Eltern nicht.	❑ sehr gut ❑ gut ❑ nicht gut
Bieten Sie den Eltern eine Bedenkzeit an, wenn sie zunächst kein Problem zugeben konnten.	❑ sehr gut ❑ gut ❑ nicht gut
Erklären Sie den Eltern, dass es Ihnen um das Verhalten des Kindes geht.	❑ sehr gut ❑ gut ❑ nicht gut
Sprechen Sie die Eltern nach einer Bedenkzeit wieder an.	❑ sehr gut ❑ gut ❑ nicht gut
❷→ Erkunden Sie so gründlich wie möglich das Problem, wenn Sie Anzeichen von Resignation bei den Eltern bemerken.	❑ sehr gut ❑ gut ❑ nicht gut
Stellen Sie fest, ob die Eltern in der Lage sind, das Kind zu versorgen.	❑ sehr gut ❑ gut ❑ nicht gut
Informieren Sie das Jugendamt, wenn Sie das Wohl des Kindes gefährdet sehen.	❑ sehr gut ❑ gut ❑ nicht gut
Schlagen Sie den Eltern die professionelle Begleitung einer Beratungsstelle oder eine therapeutische Behandlung vor.	❑ sehr gut ❑ gut ❑ nicht gut
❸→ Beruhigen Sie die Eltern, wenn sie Sie angreifen.	❑ sehr gut ❑ gut ❑ nicht gut
Betonen Sie das Wohlergehen des Kindes als gemeinsames Ziel.	❑ sehr gut ❑ gut ❑ nicht gut
Verdeutlichen Sie anhand von Beispielen, wie das Kind sich fühlt.	❑ sehr gut ❑ gut ❑ nicht gut
Erreichen Sie Betroffenheit bei den Eltern und den Willen, für das Kind zu handeln.	❑ sehr gut ❑ gut ❑ nicht gut

Kopiervorlage

Gesprächsnachbereitung: Überprüfen Sie, wie gut Ihr Beratungsgespräch bei familiären Problemen gelungen ist

Kriterien	**Eigene Einschätzung**
Bedrängen Sie die Eltern nicht.	❑ sehr gut ❑ gut ❑ nicht gut
Bieten Sie den Eltern eine Bedenkzeit an, wenn sie zunächst kein Problem zugeben konnten.	❑ sehr gut ❑ gut ❑ nicht gut
Erklären Sie den Eltern, dass es Ihnen um das Verhalten des Kindes geht.	❑ sehr gut ❑ gut ❑ nicht gut
Sprechen Sie die Eltern nach einer Bedenkzeit wieder an.	❑ sehr gut ❑ gut ❑ nicht gut
Erkunden Sie so gründlich wie möglich das Problem, wenn Sie Anzeichen von Resignation bei den Eltern bemerken.	❑ sehr gut ❑ gut ❑ nicht gut
Stellen Sie fest, ob die Eltern in der Lage sind, das Kind zu versorgen.	❑ sehr gut ❑ gut ❑ nicht gut
Informieren Sie das Jugendamt, wenn Sie das Wohl des Kindes gefährdet sehen.	❑ sehr gut ❑ gut ❑ nicht gut
Schlagen Sie den Eltern die professionelle Begleitung einer Beratungsstelle oder eine therapeutische Behandlung vor.	❑ sehr gut ❑ gut ❑ nicht gut
Beruhigen Sie die Eltern, wenn sie Sie angreifen.	❑ sehr gut ❑ gut ❑ nicht gut
Betonen Sie das Wohlergehen des Kindes als gemeinsames Ziel.	❑ sehr gut ❑ gut ❑ nicht gut
Verdeutlichen Sie anhand von Beispielen, wie das Kind sich fühlt.	❑ sehr gut ❑ gut ❑ nicht gut
Erreichen Sie Betroffenheit bei den Eltern und den Willen, für das Kind zu handeln.	❑ sehr gut ❑ gut ❑ nicht gut

Krisenintervention bei Verdacht auf Misshandlungen

In Ihrer Arbeit werden Sie manchmal auch mit Problemen wie Alkoholmissbrauch, häuslicher Gewalt gegenüber Kindern und sexuellem Missbrauch an Kindern konfrontiert. Oft äußern sich solche Probleme nur vage: Sie bemerken, dass das Verhalten des Kindes sich ändert, und ein unangenehmer Verdacht manifestiert sich bei Ihnen.

Misshandlungen, die Kindern widerfahren können:

- Seelische Misshandlungen an Kindern, beispielsweise durch verbale Demütigungen
- Körperliche Vernachlässigung, zum Beispiel unzureichende Versorgung mit Nahrung, Getränken, Kleidung, Hygienemaßnahmen und ärztlicher Betreuung
- Körperliche Misshandlung wie Schläge
- Sexueller Missbrauch

Einleitende Maßnahmen

Bei Kriseninterventionen spielt die Zeit gegen Sie. Deshalb müssen Sie schnell und besonnen reagieren, denn Sie müssen Ihren Verdacht durch fundierte Beobachtungen belegen können. Orientieren Sie sich an diesem Maßnahmenkatalog.

❶ Benachrichtigung der Leiterin

Ein Verdacht auf Misshandlung am Kind ist sehr schwerwiegend, und er kann weitreichende Konsequenzen für die Familie beinhalten. Deshalb sollten Sie trotz dieser Ausnahmesituation besonnen reagieren und niemals allein handeln. Unterrichten Sie die Leiterin von Ihrem Verdacht, und besprechen Sie mit ihr das gesamte weitere Vorgehen. Dokumentieren Sie jeden Vorfall und jeden Ihrer Schritte. Auch Träger und Fachberatung sollten informiert werden.

❷ Austausch im Team

Nehmen Sie eine Teambesprechung zum Anlass, Ihren Verdacht auszusprechen. Belegen Sie ihn mit Ihren Beobachtungen, und bitten Sie alle Kolleginnen um eine Einschätzung und darum, dass sie gemeinsam mit Ihnen den Blick auf das betroffene Kind richten und Ihnen ihre Wahrnehmungen mitteilen.

❸ Dokumentation aller Beobachtungen

Notieren und fotografieren Sie alle Anzeichen, die Sie im Verhalten des Kindes bemerken, und halten Sie alle äußeren Zeichen, die für eine Misshandlung sprechen könnten, stichpunktartig schriftlich fest. Belegen Sie jede Dokumentation mit einem Datum, und prüfen Sie, ob gewisse Anzeichen immer zu einer bestimmten Zeit auftreten, beispielsweise nach dem Wochenende.

❹ Unterstützung und Hilfe durch soziale Fachdienste

Suchen Sie gemeinsam mit Ihrer Leiterin die Hilfe von professionellen Fachdiensten, die sich häufiger als Sie beruflich mit Misshandlungen auseinandersetzen. Als Ansprechpartner kommen für Sie dabei infrage:

- Das Jugendamt, die insoweit erfahrene Fachkraft
- Der Allgemeine Soziale Dienst
- Der Kinderschutzbund
- Kinderärzte
- Beratungsstellen, zum Beispiel Erziehungs- oder Suchtberatungsstellen
- Organisationen wie beispielsweise Wildwasser oder Pro Familia

❺ Helferkonferenz

Gemeinsam mit der Leiterin und dem professionellen Fachdienst, den Sie als Kooperationspartner auswählen, berufen Sie eine sogenannte Helferkonferenz ein. Wenn Sie sich sehr unsicher sind, ob Ihr Verdacht haltbar ist, schildern Sie den Fall zunächst anonym, um einer strafrechtlichen Verfolgung der Familie aus dem Weg zu gehen. Der Fachdienst wird Sie entlasten, da er Sie fundiert berät, Ihnen hilft, die Beobachtungen zu betreiben, und er wird mit Ihnen alle weiteren Maßnahmen durchführen. Überlegen Sie auch gemeinsam mit dem Fachdienst, wann Sie die Familie einbeziehen wollen.

❻ Gespräch mit der betroffenen Familie

Auch bei dem Gespräch mit der betroffenen Familie wird der Fachdienst federführend mitwirken. Beziehen Sie in jedem Fall den Fachdienst in das Krisengespräch mit der Familie ein. Im Regelfall kann die Familie durch die Krisenintervention so weit gestützt werden, dass das Kind in der Familie bleiben kann. Die Eltern werden dabei durch familiäre Hilfen entlastet, beispielsweise eine sozialpädagogische Familienhilfe oder einen Erziehungsbeistand für das Kind.

❼ Festlegung weiterer Maßnahmen

Sollten weiterreichende Maßnahmen nötig sein, wie beispielsweise die Herausnahme des Kindes aus der Familie, sind Sie nicht mehr beteiligt. Diese Angelegenheit übernimmt das Jugendamt gemeinsam mit dem Allgemeinen Sozialdienst.

Checkliste: So intervenieren Sie im Krisenfall

	Zu beachten	Erledigt
	Stellen Sie fest, ob das Kind Zeichen von Misshandlungen aufweist.	❑
❶ →	Informieren Sie die Leiterin darüber.	❑
❷ →	Besprechen Sie den Fall mit dem gesamten Team.	❑
❸ →	Schreiben Sie alle Auffälligkeiten im Verhalten des Kindes stichpunktartig auf.	❑
	Notieren Sie alle Anzeichen von Misshandlung.	❑
	Wählen Sie gemeinsam mit der Leiterin einen geeigneten sozialen Fachdienst aus.	❑
❹ →	Vereinbaren Sie mit dem sozialen Fachdienst einen Termin.	❑
❺ →	Schildern Sie bei Unsicherheiten den Fall zunächst anonym.	❑
	Sprechen Sie das gesamte weitere Vorgehen mit dem Fachdienst ab.	❑
	Bereiten Sie das Gespräch zusammen mit der Familie und dem Fachdienst vor.	❑
❻ →	Schlagen Sie der Familie Hilfsmaßnahmen vor.	❑
❼ →	Begleiten Sie das Kind bei Heimunterbringung nach Möglichkeit dorthin.	❑

Kopiervorlage

Checkliste: So intervenieren Sie im Krisenfall

Zu beachten	Erledigt
Stellen Sie fest, ob das Kind Zeichen von Misshandlungen aufweist.	❑
Informieren Sie die Leiterin darüber.	❑
Besprechen Sie den Fall mit dem gesamten Team.	❑
Schreiben Sie alle Auffälligkeiten im Verhalten des Kindes stichpunktartig auf.	❑
Notieren Sie alle Anzeichen von Misshandlung.	❑
Wählen Sie gemeinsam mit der Leiterin einen geeigneten sozialen Fachdienst aus.	❑
Vereinbaren Sie mit dem sozialen Fachdienst einen Termin.	❑
Schildern Sie bei Unsicherheiten den Fall zunächst anonym.	❑
Sprechen Sie das gesamte weitere Vorgehen mit dem Fachdienst ab.	❑
Bereiten Sie das Gespräch zusammen mit der Familie und dem Fachdienst vor.	❑
Schlagen Sie der Familie Hilfsmaßnahmen vor.	❑
Begleiten Sie das Kind bei Heimunterbringung nach Möglichkeit dorthin.	❑

Grundlagen für Entwicklungsgespräche

Regelmäßig durchgeführte und dokumentierte Beobachtungen über die Kinder und kontinuierliche Entwicklungsgespräche sind Zeichen einer hohen Betreuungsqualität. Gleichzeitig wirken Sie mit Beobachtungsbogen erzieherischer Willkür und subjektiven Interpretationen entgegen. Eine gute Dokumentation lässt Sie zudem schon sehr früh eventuelle Entwicklungsverzögerungen feststellen und somit rechtzeitig die nötigen Maßnahmen ergreifen. Daher sind die Grundlage von Entwicklungsgesprächen auch die Beobachtung und deren Dokumentation über die Entwicklung der Kinder.

Definition

Entwicklungsgespräche basieren auf den Beobachtungen und Dokumentationen kindlichen Verhaltens und kindlicher Entwicklung. Solche Gespräche legen den Ist-Stand der kindlichen Entwicklung fest und zielen darauf ab, die Entwicklung des Kindes nachhaltig zu fördern.

Vorteile von Entwicklungsgesprächen

- Sie können die Entwicklung des Kindes nachhaltig fördern.
- Die Eltern sind über die Entwicklung ihres Kindes genau im Bilde.
- Sie können auf Stärken und Schwächen des Kindes angemessen reagieren.
- Sie können gemeinsam mit den Eltern individuelle Perspektiven für jedes Kind entwickeln.
- Sie leiten daraus pädagogische Konsequenzen für den Alltag ab.

5 Schritte zum professionellen Entwicklungsgespräch

In wenigen Schritten, die aufeinander aufbauen, gelangen Sie über gezielte Beobachtungen zum Entwicklungsgespräch.

Schaubild: Die 5 Schritte zum professionellen Entwicklungsgespräch

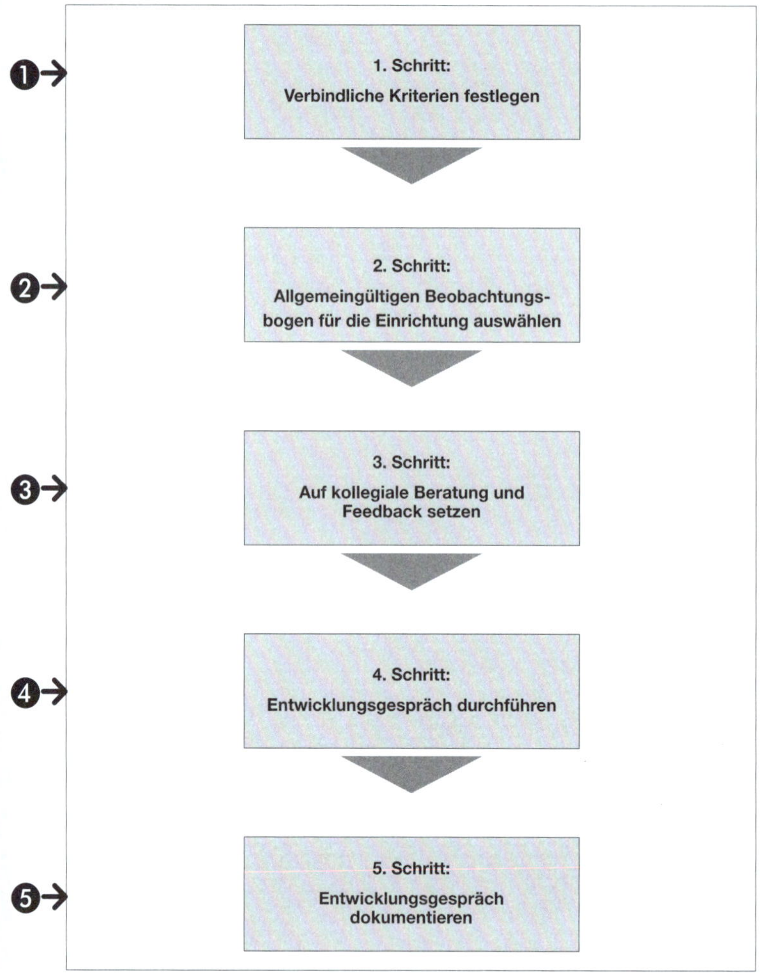

❶ Legen Sie verbindliche Kriterien fest

Im Teamgespräch vereinbaren Sie verbindlich, wie häufig die Beobachtungen über die einzelnen Kinder durchgeführt und dokumentiert werden. Legen Sie auch fest, wer für die Dokumentation zuständig ist. Beachten Sie dabei den Datenschutz, und halten Sie die Dokumentationen in der jeweiligen Akte des Kindes unter Verschluss; lassen Sie niemals ausgefüllte Beobachtungsbogen herumliegen.

❷ Entwickeln Sie einen allgemein gültigen Beobachtungsbogen

Sichten Sie mit Ihrem Team verschiedene Beobachtungsbögen. Vergleichen Sie dabei auch Beobachtungsbögen wie Sismik, Seldak, Perik, Kompik. und Selsa (Hortkinder). Aus allen Anschauungsmaterialien wählen Sie mit dem ganzen Team Ihren eigenen Bogen, der auf die Kinder Ihrer Kindertagesstätte zugeschnitten ist, als Formblatt dient und in jeder Gruppe gleich angewendet wird. Genauso gut können Sie den Beobachtungsbogen auf der Seite als Kopiervorlage für Ihre Einrichtung nutzen.

❸ Setzen Sie auf kollegiales Feedback

Besprechen Sie den Beobachtungsbogen jedes Kindes mit Ihrem Team. Besonders bei problematischen Beobachtungen oder Unsicherheiten und Zweifeln, beispielsweise über Stagnation in der sprachlichen Entwicklung, hilft Ihnen der kollegiale Austausch im Rahmen einer Teambesprechung. Sie sparen Zeit, wenn Sie nicht den gesamten Beobachtungsbogen mit Ihren Kolleginnen durchsprechen, sondern sich ausschließlich auf den Punkt konzentrieren, der Beratungsbedarf aufweist, zum Beispiel auf die Wutausbrüche des Kindes. Richten Sie sich in jeder Teambesprechung eine gewisse Zeit ein, um Ihre Beobachtungen auszutauschen.

❹ Führen Sie Entwicklungsgespräche durch

Der Beobachtungsbogen dient Ihnen als Basis für ein fundiertes Entwicklungsgespräch mit den Eltern des Kindes. Beim Entwicklungsgespräch könnten Sie beispielsweise folgendermaßen vorgehen:

1. Austausch der Beobachtungen der Einrichtung und der elterlichen Beobachtungen
2. Darstellung, auf welchem Entwicklungsstand das Kind derzeit ist
3. Überprüfung, wie das Kind sich entwickelt hat
   - 3.1. Fortschritte, Rückschritte oder Stagnation in der kindlichen Entwicklung
   - 3.2. Mögliche Ursachen dafür
4. Entwicklungs- oder Förderziele für das Kind
   - 4.1 Aufgabenverteilung: Wie unterstützen die Eltern das Kind?
   - 4.2 Aufgabenverteilung: Wie fördert die Einrichtung das Kind?

❺ Dokumentieren Sie das Entwicklungsgespräch

Nach der Durchführung des Entwicklungsgesprächs mit den Eltern halten Sie die wichtigsten Inhalte in Protokollform fest. Zentrale Inhalte aus den Entwicklungsgesprächen, die das Gesamtteam als Information benötigt, sollten in der nächsten Teamsitzung kurz angesprochen werden. Auch wenn der zeitliche Aufwand Ihnen anfänglich sehr hoch erscheint: Die positive Wirkung der Entwicklungsgespräche wird Sie nach kurzer Zeit überzeugen.

Schaubild: Die 5 Schritte zum professionellen Entwicklungsgespräch

1. Schritt:
Verbindliche Kriterien festlegen

↓

2. Schritt:
Allgemeingültigen Beobachtungsbogen für die Einrichtung auswählen

↓

3. Schritt:
Auf kollegiale Beratung und Feedback setzen

↓

4. Schritt:
Entwicklungsgespräch durchführen

↓

5. Schritt:
Entwicklungsgespräch dokumentieren

Beobachtungen als Grundlage von Entwicklungsgesprächen

Ihre Beobachtungen stellen die Grundlage für die Entwicklungsgespräche dar, die Sie mit den Eltern führen. Je differenzierter und genauer Sie das Kind beobachten, desto effektiver kann das anschließende Elterngespräch gestaltet werden.

Grundsätze kompetenter Beobachtungen

- Sie beobachten nur das, was Sie tatsächlich sehen.
- Sie achten auf Verhalten und Leistung des Kindes.
- Sie interpretieren und spekulieren nicht.
- Sie halten alle Beobachtungen schriftlich fest.
- Sie fragen: Wie tut ein Kind etwas? Wie verhält es sich genau?

Beispiele

So schreiben Sie Beobachtungen auf	Verwenden Sie keine Interpretationen
Das Kind schlägt und tritt andere Kinder.	Das Kind reagiert aggressiv.
Das Kind weint bei neuen oder unbekannten Situationen (Ausflüge, neue Erzieherin in der Gruppe etc.).	Das Kind ist überängstlich.
Das Kind schaut anderen Kindern beim Spielen zu und lehnt es ab, mit den Kindern gemeinsam zu spielen.	Das Kind ist introvertiert.
Das Kind malt einen Schmetterling mit Hut, Sonnenbrille und Sonnenschirm.	Das Kind ist kreativ.
Das Kind weint, wenn es beim Spielen verliert.	Das Kind hat eine geringe Frustrationstoleranz.
❶ Das Kind zählt die Augen des Würfels einzeln ab.	Das Kind hat Probleme bei der simultanen Mengenerfassung.
❷ Das Kind verläuft sich auf dem Weg zur Toilette.	Das Kind hat Defizite in der räumlichen Wahrnehmung.
❸ Das Kind rempelt im Vorbeigehen andere Kinder an, tritt einem Kind auf den Fuß und läuft gegen den Türrahmen.	Das Kind hat Schwierigkeiten mit der Körperwahrnehmung.

(Fortsetzung auf S. 78)

Vorlage: Weit gefasster Beobachtungsbogen für Krippe, Kindergarten oder Hort (1/2)

Kind: Sophia Müster, Alter 5 Jahre 2 Monate

Ausgefüllt am: 10.01.19

Ausgefüllt von: Regina Müstermann

Beobachtungskriterien	Ihre Beobachtung
Körperliche Entwicklung (Körpergröße, Gewicht, körperliche Reife etc.)	Normale Körpergröße Starkes Übergewicht
❸→ **Motorische Entwicklung** (Bewegungsabläufe, Grob-, Feinmotorik etc.)	Bewegung ist durch starkes Übergewicht erheblich eingeschränkt. Sophia wirkt tapsig und ungeschickt, vermeidet Rennen, Ballspiele, will nicht turnen
Kognitive Entwicklung (altersgemäßes Sachwissen, Allgemeinwissen, Erfassen von Zusammenhängen, Konzentrationsvermögen etc.)	Kann sich bei Spielen länger als 1 Stunde konzentrieren Begreift schnell, kann Zusammenhänge erkennen und einordnen
Sprache und Kommunikation (lautreine Wiedergabe von Wörtern, Versen, Grammatik, Erzählen von Erlebnissen, Sprachbarrieren durch Migrationshintergrund etc.)	Hat Freude an Reimen, Versen und kann diese schnell wiedergeben; Dichtet kleine Lieder mit sinnvollem Text selbst; Erzählt mit bildhafter Sprache und gutem Ausdruck von eigenen Erlebnissen
❶→ **Mathematisches Verständnis und Logik** (simultanes Erfassen von Mengen, Umgang mit Zahlen, Zuordnen, Wiedererkennen, Vergleichen etc.)	Erfasst Mengen simultan bis 6 Zählt bis 100 Kann Mengen zuordnen und einfache Rechenaufgaben selbst lösen
Selbstbild (Selbstbewusstsein, Stimmung, Selbstbild etc.)	Fröhliche und ausgeglichene Stimmungslage Kennt die eigenen Fähigkeiten Ist sich ihrer Schwächen bewusst, versucht zum Beispiel Turnen zu umgehen
❷→ **Wahrnehmung** (visuelle, auditive, taktile Wahrnehmung, Reaktion auf verschiedene Reize etc.)	Nimmt Reize gut auf und reagiert angemessen auf sie. Kann sich in einen ruhigen Spielbereich zurückziehen, wenn zu viele Reize auf sie einströmen

Kopiervorlage

Vorlage: Weit gefasster Beobachtungsbogen für Krippe, Kindergarten oder Hort (1/2)

Kind: ______________________, Alter ______________________
Ausgefüllt am: ______________________
Ausgefüllt von: ______________________

Beobachtungskriterien	Ihre Beobachtung
Körperliche Entwicklung (Körpergröße, Gewicht, körperliche Reife etc.)	
Motorische Entwicklung (Bewegungsabläufe, Grob-, Feinmotorik etc.)	
Kognitive Entwicklung (altersgemäßes Sachwissen, Allgemeinwissen, Erfassen von Zusammenhängen, Konzentrationsvermögen etc.)	
Sprache und Kommunikation (lautreine Wiedergabe von Wörtern, Versen, Grammatik, Erzählen von Erlebnissen, Sprachbarrieren durch Migrationshintergrund etc.)	
Mathematisches Verständnis und Logik (simultanes Erfassen von Mengen, Umgang mit Zahlen, Zuordnen, Wiedererkennen, Vergleichen etc.)	
Selbstbild (Selbstbewusstsein, Stimmung, Selbstbild etc.)	
Wahrnehmung (visuelle, auditive, taktile Wahrnehmung, Reaktion auf verschiedene Reize etc.)	

Legen Sie Beobachtungskriterien fest

Je nachdem, ob Sie in einer Krippe, einem Kindergarten oder Hort arbeiten, wird die Gewichtung Ihrer Kriterien etwas unterschiedlich ausfallen. In Krippe und Kindergarten werden Sie Ihr Augenmerk eher auf den Wahrnehmungsbereich und Entwicklungsgebiete wie Sprache, Sozialverhalten, Motorik legen. Bei Hortkindern zählen eher der Leistungs- und der Verhaltensbereich.

Diese Kriterien bieten sich für Ihre Beobachtung an:

Körperliche, motorische, kognitive, sprachliche Entwicklung	*3-jähriges Kind spricht 1-Wort-Sätze*
Wahrnehmung	*9-jähriges Kind kann Erzieherinnen nicht unterscheiden*
❹ Sozialverhalten	*6-Jähriger schlägt, wenn er Spielsachen abgeben soll*
Konfliktlösung	*8-Jährige bringt Kompromissvorschläge ein*
❺ Spielverhalten	*6-Jähriger spielt nur allein oder mit der Erzieherin*
❻ Motivation	*4-Jährige kommt immer fröhlich und lachend*
Arbeitshaltung	*6-Jähriger weint, wenn er das Spiel zu Ende bringen soll*
Leistungsverhalten	*10-Jährige will in der Hausaufgabenzeit zusätzliche Arbeitsblätter*
❼ Allgemeinwissen	*7-Jähriger kennt außer Grundfarben keine weiteren Farben*

Im Anhang finden Sie einen weiteren Beobachtungsbogen als Muster. Der Bogen ist eher für Krippen- und Kindergartenalter geeignet. Durch die Möglichkeit zum Ankreuzen kann er schneller ausgefüllt werden, und Sie erhalten rascher einen Überblick. Allerdings geht er weniger in die Tiefe, da er nur bedingt Ihre eigenen Anmerkungen zulässt.

Führen Sie mit den Eltern ein Gespräch

Im Gespräch mit den Eltern beschränken Sie sich auf diejenigen Bereiche der Beobachtungen, die Sie vorab im Team eingegrenzt haben. Wählen Sie dabei ganz besonnen solche Beobachtungskriterien aus, die sowohl Stärken als auch Schwächen des Kindes zeigen. Wenn Sie sich auf die schwachen Seiten konzentrieren, kann dies auf Eltern frustrierend wirken.

Nach dem Besprechen der Beobachtungskriterien fassen Sie die Stärken und Schwächen des Kindes zusammen und legen gemeinsam mit den Eltern den Entwicklungsbedarf fest. Sprechen Sie über Perspektiven und über Entwicklungsziele, die das Kind erreichen sollte: *„Ihr Kind muss lernen, Kontakte zu anderen Kindern zu knüpfen und mit den Kindern zu spielen."* Beraten Sie die Eltern auch, wie diese Entwicklungsschritte erreicht werden können und welche Unterstützung das Kind durch die Eltern benötigt: *„Bringen Sie Ihr Kind in viele Situationen, in denen es mit Kindern spielen kann. Gehen Sie auf öffentliche Spielplätze, laden Sie Kinder nach Hause ein. Ziehen Sie sich aus dem Spiel bewusst zurück, Ihr Kind muss lernen, eigene Spielideen zu entwickeln."*

Vorlage: Weit gefasster Beobachtungsbogen für Krippe, Kindergarten oder Hort (2/2)

Kind: Sophia Müster, Alter 5 Jahre 2 Monate
Ausgefüllt am: 10.01.19
Ausgefüllt von: Regina Mustermann

Beobachtungskriterien	
❻ → **Motivation und Arbeitshaltung** (Beteiligung an freiwilligen Angeboten, eigener Antrieb, Bereitschaft, etwas für die Gruppe zu tun, Wille, Angefangenes zu Ende zu bringen, etc.)	Beteiligt sich an allen freiwilligen Angeboten mit Ausnahme von Bewegungsangeboten Wirkt vermittelnd auf die Gruppe Zeigt immer Bereitschaft, etwas zu leisten, will auch für andere etwas zu Ende bringen oder ihnen dabei helfen
❼ → **Allgemeinwissen und Lebenspraxis** (Selbstständigkeit, Einschätzen von neuen Situationen, jemanden um Hilfe fragen können, Umgang mit Zeit, Regelbewusstsein etc.)	Fragt selbstständig um Rat und Hilfe Überlegt jedoch zuerst eigene Lösungsmuster Achtet auf eigene Regeleinhaltung und auch auf Einhaltung durch andere Kinder und Erzieherinnen
❹ → **Sozialverhalten** (Einordnen und Stellung in der Gruppe, Auftreten Erwachsenen gegenüber, Fähigkeit, Konflikte zu lösen, etc.)	Viele Freunde in der Gruppe – vor allem Gleichaltrige Greift beim Streit zwischen Kindern ein und will schlichten
❺ → **Spielverhalten** (bevorzugte Spielpartner und Spielinhalte, Kontaktaufnahme, Rolle in der Kindergruppe, Ausdauer im Spiel etc.)	Gleichaltrige Freunde: Philipp, Marisha, Gera, Jasmin, Ellen und Elisabeth Gehört mit zu den Führern der Gruppe Geht schnell auf andere zu und fordert sie zum Spielen auf Bezieht auch Kinder mit ein, die ohne Spielpartner sind
Resümee: Ziele, Förderbedarf, Perspektiven für das Kind	Gewichtsreduktion (wird als Ziel im Entwicklungsgespräch formuliert, mit Hilfen für die Eltern) Förderung der Grobmotorik (in der Kindertagesstätte in Kleingruppen mit spaßbetonten Übungen)

Kopiervorlage

Vorlage: Weit gefasster Beobachtungsbogen für Krippe, Kindergarten oder Hort (2/2)

Kind: ____________________, Alter ____________________ Ausgefüllt am: ____________________ Ausgefüllt von: ____________________	
Beobachtungskriterien	
Motivation und Arbeitshaltung (Beteiligung an freiwilligen Angebo- ten, eigener Antrieb, Bereitschaft, etwas für die Gruppe zu tun, Wille, Angefangenes zu Ende zu bringen, etc.)	
Allgemeinwissen und Lebenspraxis (Selbstständigkeit, Einschätzen von neuen Situationen, jemanden um Hilfe fragen können, Umgang mit Zeit, Re- gelbewusstsein etc.)	
Sozialverhalten (Einordnen und Stellung in der Gruppe, Auftreten Erwachsenen gegenüber, Fähigkeit, Konflikte zu lösen, etc.)	
Spielverhalten (bevorzugte Spielpartner und Spiel- inhalte, Kontaktaufnahme, Rolle in der Kindergruppe, Ausdauer im Spiel etc.)	
Resümee: Ziele, Förderbedarf, Perspektiven für das Kind	

Zielvereinbarungsgespräche

Wenn Sie mit den Eltern über die Entwicklung ihres Kindes sprechen, bieten sich Zielvereinbarungsgespräche an. Sie können Ziele mit den Eltern vereinbaren bei:

- Stärken des Kindes
- Entwicklungsdefiziten des Kindes
- Verhaltensauffälligkeiten
- Zusätzlichem Förderbedarf des Kindes
- Entwicklungszielen, die nur gemeinsam von Eltern und Kindertagesstätte erreicht werden können

Definition

Zielvereinbarungsgespräche orientieren sich am Ist-Stand der kindlichen Entwicklung und richten sich danach aus, gemeinsam mit den Eltern Ziele zu formulieren, die dazu dienen, die Entwicklung des Kindes zu fördern. Zielvereinbarungsgespräche werden im Gegensatz zu Entwicklungsgesprächen dann geführt, wenn das Defizit nur gemeinsam mit den Eltern behoben werden kann oder die Eltern stärker, als dies beim Entwicklungsgespräch der Fall ist, einbezogen werden sollen.

Tipps für Zielvereinbarungsgespräche

Wenden Sie die folgenden Tipps an, wenn Sie Zielvereinbarungsgespräche einführen möchten.

❶ Besprechen Sie den Ist-Stand

Anhand des aktuellen Beobachtungsbogens schildern Sie den Eltern den derzeitigen Stand des Verhaltens und der Leistungen ihres Kindes. Wenn Sie den Eindruck haben, dass die Eltern an Inhalten zweifeln, unterstützen Sie Ihre Dokumentationen mit Beispielen, und erfragen Sie, ob die Eltern zu Hause ähnliche Beobachtungen machen konnten. Achten Sie darauf, dass Ihre Beispiele aktuell sind, sonst verwirren Sie die Eltern: *„Die Defizite im Sozialverhalten äußern sich so, dass Ihr Kind beispielsweise nicht mit anderen Kindern spielt oder redet. Es ist immer in der Nähe der Erzieherinnen oder malt allein am Tisch."*

❷ Definieren Sie Ziele

Durch die Ermittlung des Ist-Stands erfahren die Eltern die Stärken und Schwächen ihres Kindes. Die Schwächen stellen Sie im Zielvereinbarungsgespräch als das Entwicklungspotenzial dar. Die Ziele, die Sie gemeinsam mit den Eltern aufstellen, sollten sich in 1. Linie nach der Entwicklung richten, die das Kind durchlaufen soll. Sie erreichen nur dann ein aktives Mitwirken der Eltern, wenn Sie die Ziele mit ihnen gemeinsam festlegen. Streichen Sie deshalb alle wohlwollend vorgedachten Ziele, die Sie für das Kind bereits im Hinterkopf haben. Vereinbaren Sie nur Ziele, die auch die Eltern und auch das Kind akzeptieren und die sie aus eigener Kraft erreichen können. Beschränken Sie sich bei der Formulierung auf wenige Ziele. Erarbeiten Sie mit den Eltern die Ziele gründlich und verständlich.

Betten Sie die Ziele in einen Zeitrahmen

Versehen Sie jedes Ziel mit einem zeitlichen Aspekt. Dieses Vorgehen hilft Ihnen dabei zu überprüfen, ob die Ziele wirklich erreicht werden konnten.

Beispiele:

Das Kind übt simultane Mengenerfassung und kann in 2 Monaten Mengen bis 5 auf einen Blick erfassen. Das Kind lernt in einem Zeitraum von 6 Wochen, bei Tischspielen zu verlieren, ohne zu weinen.

Vorlage: Zielvereinbarungsgespräche mit Eltern

Kopiervorlage

Zielvereinbarungsgespräch mit Eltern

Name des Kindes: ______________ Name der Eltern: ______________
Verantwortliche Erzieherin: ______________ Ort, Datum: ______________

❶ → **Analyse des Ist-Stands / Entwicklungspotenzial:**

____

❷ → **Ziel(e):**

____

❸ → **Maßnahmenkatalog**

Ziel	Maßnahme	Zeit	verantwortlich

❹ → **Zielüberprüfung** (nach Ablauf der vereinbarten Zeit ausfüllen)
Wurde das Ziel erreicht? ❏ Ja ❏ Nein
Wenn Nein: Warum nicht?

____

Korrekturmaßnahmen:

____

Unterschrift der Erzieherin ______________ **Unterschrift der Eltern** ______________

Entwerfen Sie einen Maßnahmenkatalog

Legen Sie gemeinsam mit den Eltern fest, auf welche Weise das Ziel erreicht werden soll. Achten Sie dabei auf ein ausgewogenes Verhältnis: Sowohl die Eltern als auch die Einrichtung sollten Anteile an der Verwirklichung des Ziels übernehmen. Je konkreter Sie die Maßnahme mit den Eltern formulieren, desto wahrscheinlicher ist es, dass das Ziel erreicht wird. Loben Sie das Kind, sobald es sein Ziel erreicht hat!

Beispiel: Ziel: Das Kind lernt in 3 Monaten Schwimmen.

Maßnahmen:

1. Die Eltern melden ihr Kind beim Kinderschwimmkurs an.
2. Die Eltern besuchen 2-mal wöchentlich das Schwimmbad mit ihrem Kind
3. Die Erzieherin betrachtet ein Bilderbuch über Kinderschwimmkurse.

❸ Dokumentieren Sie Ziele und Maßnahmen

Halten Sie Ziele und Maßnahmen schriftlich fest. Fragen Sie von Zeit zu Zeit bei den Eltern nach, ob sie die vereinbarten Maßnahmen bereits umsetzen konnten.

❹ Prüfen Sie die Zielerreichung

Legen Sie mit den Eltern fest, wann Sie überprüfen, ob die festgelegten Ziele erreicht wurden. Bei erreichten Zielen genügt manchmal ein kurzes Tür-und-Angel-Gespräch. Bei umfangreichen oder nicht erreichten Zielen sollten Sie einen Gesprächstermin vereinbaren und reflektieren, was förderlich oder hinderlich für die Zielerreichung war. Beispielsweise könnte das Ziel „Das Kind lernt in 3 Monaten Schwimmen" zeitlich zu kurz gefasst sein, wenn das Kind erkältungsbedingt dem Schwimmkurs 5-mal fernbleibt. Vielleicht müssen Sie die Maßnahmen nochmals prüfen und abändern, damit das Ziel durch ein anderes Vorgehen erreicht werden kann.

Vorlage: Zielvereinbarungsgespräche mit Eltern

Zielvereinbarungsgespräch mit Eltern

Name des Kindes: ______________________ Name der Eltern: ______________________
Verantwortliche Erzieherin: ______________________ Ort, Datum: ______________________

Analyse des Ist-Stands / Entwicklungspotenzial:

____
____
____
____
____

Ziel(e):

____
____
____
____

Maßnahmenkatalog

Ziel	Maßnahme	Zeit	verantwortlich

Zielüberprüfung (nach Ablauf der vereinbarten Zeit ausfüllen)
Wurde das Ziel erreicht? ❑ Ja ❑ Nein
Wenn Nein: Warum nicht?

____
____

Korrekturmaßnahmen:

____
____

Unterschrift der Erzieherin ______________________ **Unterschrift der Eltern** ______________________

Feedbackgespräche mit Eltern über die kindliche Entwicklung

In einem Feedbackgespräch fassen Sie Ihre Beobachtungen und die Entwicklungsziele für das Kind zusammen. Sie führen mit den Eltern ein Gespräch über die Entwicklung ihres Kindes, und Sie geben sich dabei ein gegenseitiges Feedback. Das Feedbackgespräch kann beim Übergang vom Kindergarten in die Schule oder auch zu jedem anderen Zeitpunkt stattfinden.

Das Kind sollte Ihre Einrichtung bereits einige Zeit besuchen, damit Sie ein Bild von seinem Entwicklungsstand haben.

Ziel des Feedbackgesprächs

Ziel des Feedbackgesprächs mit den Eltern ist die gemeinsame Auseinandersetzung mit der Entwicklung des Kindes. Sie wollen gemeinsam die Stärken des Kindes ausbauen und die Schwächen verringern.

Im Gegensatz zum Entwicklungsgespräch, das sich an den Defiziten des Kindes orientiert, kann ein Feedbackgespräch zum Ziel haben, die Stärken eines Kindes weiter auszubauen oder allen Beteiligten ein Lob für Entwicklungserfolge auszusprechen.

Das Feedbackgespräch über die kindliche Entwicklung

- Dauert zwischen 20 und 60 Minuten
- Ist ein freiwilliges Angebot an die Eltern
- Ist ein Informationsaustausch mit gegenseitiger Rückmeldung

❶ Eltern informieren

Klären Sie die Eltern über die Einführung von Feedbackgesprächen auf. Viele Eltern kennen noch keine Feedbackgespräche. Solche Eltern könnten ohne Ihre gründliche Vorabinformation in Sorge sein, dass mit der Entwicklung ihres Kindes etwas nicht stimmt.

Beugen Sie diesen Ängsten mit einem Elternbrief oder einem Infoabend über die Feedbackgespräche vor.

Sorgen Sie auch für die nötige Transparenz und unterstreichen Sie die Freiwilligkeit dieser Gespräche.

❷ Gespräch durchführen

Üben Sie im Feedbackgespräch keinen Druck auf die Eltern aus. Die Eltern nehmen freiwillig an einem solchen Gespräch teil und werden ganz bewusst nach den Defiziten ihres Kindes fragen.

- Sorgen Sie für eine angenehme Gesprächsatmosphäre.
- Führen Sie das Gespräch sachlich und offen.
- Legen Sie die Beobachtungen und den Entwicklungsbedarf oder die Stärken des Kindes zugrunde.
- Tauschen Sie sich mit den Eltern über folgende Aspekte aus:
- Welche Förderung oder Unterstützung ist den Eltern / der Kindertagesstätte besonders gut gelungen?
- Welche Unterstützungsmaßnahmen sind den Eltern / der Kindertagesstätte weniger gut gelungen?

Briefvorlage: Information und Einladung zum Feedbackgespräch

Liebe Eltern!

Wir laden Sie zum Feedbackgespräch ein.

Das ist eine neue Form des Gesprächs, die wir in unserer Einrichtung einführen möchten. Sie kommen zum Einzelgespräch über Ihr Kind, und wir geben uns ein gegenseitiges Feedback.

Das Feedbackgespräch knüpft an das Entwicklungsgespräch an, das Sie bereits kennen. Gemeinsam mit Ihnen geht es im Gespräch mehr um eine gegenseitige Rückmeldung und um Erfolge und nicht so sehr um die Ursachen von Entwicklungsdefiziten.

❶→ **Zusammen mit Ihnen wollen wir uns über folgende Aspekte austauschen:**

- Was haben Sie und wir Ihrer Meinung nach besonders gut gemacht?
- Welche Förderung oder Unterstützung des Kindes ist Ihnen oder uns besonders gut gelungen?
- Welche Unterstützungsmaßnahmen sind Ihnen oder uns weniger gut gelungen?
- Woran lag das genau?
- Welchen zukünftigen Handlungsbedarf sehen Sie und wir für die Entwicklung des Kindes?
- Gibt es Kritik, die Sie uns gegenüber aussprechen wollen?

❷→ Die Teilnahme an einem Feedbackgespräch ist absolut freiwillig. Wenn Sie das Feedbackgespräch für sich nutzen wollen und als Hilfe empfinden, freuen wir uns. Es ist Ihnen jedoch völ-lig freigestellt, ob Sie einen Termin für ein solches Gespräch wahrnehmen wollen.

Bitte geben Sie den folgenden Rückmeldeabschnitt wieder bei uns ab. Sie erleichtern unsere Planung dadurch erheblich.

✂- - - - - - - - - - - - - - - - - - - -

❑ Ich möchte einen Termin für ein Feedbackgespräch vereinbaren.

Ich möchte einen Termin am ____________ um ____________ Uhr vereinbaren.

Eine Terminalternative wäre am ____________ um ____________ Uhr.
(Ein Termin wird von der Einrichtung bestätigt. Falls kein Vorschlag passt, finden wir gemeinsam mit Ihnen einen neuen Termin.)

❑ Ich habe kein Interesse an einem Feedbackgespräch.

____
Unterschrift der Eltern

Kopiervorlage

- Woran lag das genau?
- Welche zukünftigen Ziele sehen die Eltern / die Kindertagesstätte für die Entwicklung des Kindes?
- Welche Ziele wollen die Eltern / die Kindertagesstätte verfolgen?
- Wie wollen die Eltern / die Einrichtung die Ziele erreichen?
- Gibt es Kritik, die die Eltern / die Kindertagesstätte aussprechen wollen?
- Welches Lob möchten die Eltern / die Kindertagesstätte aussprechen? (Was haben die Eltern / die Kindertagesstätte aus Sicht des Gegenübers besonders gut gemacht?)

Feedbackgespräch nachbereiten

Schließen Sie das Feedback immer mit positiven Worten und einem optimistischen Ausblick ab. Protokollieren Sie das Gespräch stichpunktartig. Verfolgen Sie die Umsetzung des Feedbackgesprächs, und fragen Sie in größeren zeitlichen Abständen bei den Eltern nach, wie Ihnen die Umsetzung der selbstbestimmten Entwicklungsmaßnahmen gelingt.

Dieses Nachfragen sollte erst nach einiger Zeit geschehen, damit die Eltern sich nicht von Ihnen kontrolliert oder unter Druck gesetzt fühlen. Feedbackgespräche sind eine ideale Möglichkeit, mit den Eltern ein positives Gespräch zu führen.

Briefvorlage: Information und Einladung zum Feedbackgespräch

Liebe Eltern!

Wir laden Sie zum Feedbackgespräch ein.

Das ist eine neue Form des Gesprächs, die wir in unserer Einrichtung einführen möchten. Sie kommen zum Einzelgespräch über Ihr Kind, und wir geben uns ein gegenseitiges Feedback.

Das Feedbackgespräch knüpft an das Entwicklungsgespräch an, das Sie bereits kennen. Gemeinsam mit Ihnen geht es im Gespräch mehr um eine gegenseitige Rückmeldung und um Erfolge und nicht so sehr um die Ursachen von Entwicklungsdefiziten.

Zusammen mit Ihnen wollen wir uns über folgende Aspekte austauschen:

- Was haben Sie und wir Ihrer Meinung nach besonders gut gemacht?
- Welche Förderung oder Unterstützung des Kindes ist Ihnen oder uns besonders gut gelungen?
- Welche Unterstützungsmaßnahmen sind Ihnen oder uns weniger gut gelungen?
- Woran lag das genau?
- Welchen zukünftigen Handlungsbedarf sehen Sie und wir für die Entwicklung des Kindes?
- Gibt es Kritik, die Sie uns gegenüber aussprechen wollen?

Die Teilnahme an einem Feedbackgespräch ist absolut freiwillig. Wenn Sie das Feedbackgespräch für sich nutzen wollen und als Hilfe empfinden, freuen wir uns. Es ist Ihnen jedoch völ-lig freigestellt, ob Sie einen Termin für ein solches Gespräch wahrnehmen wollen.

Bitte geben Sie den folgenden Rückmeldeabschnitt wieder bei uns ab. Sie erleichtern unsere Planung dadurch erheblich.

✂ ---

❑ Ich möchte einen Termin für ein Feedbackgespräch vereinbaren.

Ich möchte einen Termin am ____________ um ____________ Uhr vereinbaren.

Eine Terminalternative wäre am ____________ um ____________ Uhr.
(Ein Termin wird von der Einrichtung bestätigt. Falls kein Vorschlag passt, finden wir gemeinsam mit Ihnen einen neuen Termin.)

❑ Ich habe kein Interesse an einem Feedbackgespräch.

____

Unterschrift der Eltern

Übergabegespräch zum Übergang in die Schule

Mit dem Übergang in die Grundschule treten die Schulanfänger einen neuen und bedeutenden Lebensabschnitt an. Sie bemühen sich, die Kinder während der gesamten Kindergartenzeit auf das Allerbeste für ihre schulische Laufbahn vorzubereiten und ihnen damit optimale Startbedingungen für die Schule zu schaffen. Anhand eines Schulfähigkeitsprofils, das Sie von jedem Kind anfertigen, das in Kürze die Schule besuchen wird, geben Sie den Eltern einen detaillierten Einblick in das Leistungsvermögen und die Schulreife ihres Kindes.

Der Nutzen eines Übergabegesprächs

Wenn Kinder Ihren Kindergarten verlassen, um zur Schule zu gehen, sollten Sie die Gelegenheit nutzen, ein abschließendes Gespräch mit den Eltern zu führen. Das Übergabegespräch gliedert sich in 2 Teile. Sie nutzen das Gespräch zum einen, um mit den Eltern eine allgemeine Bilanz über die vergangenen Jahre zu ziehen. Daran anschließend besprechen Sie gemeinsam das Schulfähigkeitsprofil ihres Kindes.

Optimal für die Erstellung des Profils sind die Zeiträume ungefähr nach Ablauf der Hälfte des Kindergartenjahres und einige Wochen bis maximal 2 Monate vor den Sommerferien. Wenn Sie dabei einen besonderen Förderbedarf feststellen, sprechen Sie umgehend mit den Eltern. Warten Sie in einem solchen Fall nicht auf das Übergabegespräch, sondern suchen Sie im gemeinsamen Gespräch nach geeigneten Unterstützungsmöglichkeiten für das Kind, oder schlagen Sie den Eltern eine Zurückstellung des Kindes von der Schule vor.

Ziehen Sie mit den Eltern ein Resümee

Halten Sie mit den Eltern zunächst einen gemeinsamen Rückblick, der beispielsweise Folgendes beinhaltet:

- Fühlten sie sich angenommen?
- Glauben sie, dass ihr Kind optimal gefördert wurde?
- Verlassen die Eltern die Einrichtung zufrieden?
- Gibt es Anlässe für Lob oder Kritik?
- Würden sich die Eltern wieder für die Einrichtung entscheiden?
- Ermuntern Sie die Eltern, weiterhin Kontakt zu Ihrer Einrichtung zu halten.
- Teilen Sie den Eltern den Abschlussfragebogen aus.

Besprechen Sie die Schulfähigkeit des Kindes

Sie stellen die Schulfähigkeit des Kindes ins Zentrum. Versuchen Sie, ein solches Schulfähigkeitsprofil nicht erst am Ende des Kindergartenjahres aufzuzeichnen, sondern beginnen Sie bereits nach den Sommerferien damit, die künftigen Schulanfänger das 1. Mal anhand des Schulfähigkeitsprofils einzuschätzen. Wenn Ihre Zeit es erlaubt, sollten Sie das Schulfähigkeitsprofil 2- bis 3-mal während des letzten Kindergartenjahres ausfüllen.

Sie gehen mit den Eltern das von Ihnen für das Kind erstellte Schulfähigkeitsprofil durch. Dadurch belegen Sie fundiert alle Kompetenzbereiche, die nach heutigem wissenschaftlichen Stand als grundlegende Voraussetzung für schulisches Lernen gelten.

(Fortsetzung auf S. 86)

Vorlage: Schulfähigkeitsprofil für das Übergabegespräch zum Übertritt in die Schule (1/2)

Schulfähigkeitsprofil von *Tim Muster*, geboren am *30.06.2013*,
erstellt am *01.02.19* von *Magdalena Mustermann*

Kompetenzbereich	Einzelfähigkeiten	Entwicklungsstand des Kindes		
		gut	mittel	gering
Wahrnehmung	**Visuelles Wahrnehmen** Formen und Farben kennen, unterscheiden, benennen, sortieren; Zuordnen nach Merkmalen (rote Dreiecke, gelbe Kreise etc.)	☐	☐	☐
	Taktiles Wahrnehmen Erfühlen von Formen, Temperaturen, Materialien; Identifizierung von Berührungen am eigenen Körper	☐	☐	☐
	Auditives Wahrnehmen Tonunterscheidungen, Melodien erkennen und wiedergeben (hoch, tief, laut, leise, schnell), Umweltgeräusche erkennen, zuordnen, benennen; Richtungshören (Erkennen, aus welcher Richtung ein Geräusch einsetzt)	☐	☐	☐
	Räumliches Wahrnehmen Orientieren in der gewohnten Umgebung; Rechts-Links-Orientierung, Benennung, Zuordnung; Erkennen von Lage im Raum (oben, unten, dazwischen, hinter, vor, daneben)	☐	☐	☐
Selbstkompetenz	**Selbstständigkeit** Zutrauen in eigene Fähigkeiten, Einbringen eigener Empfindungen, Meinungen; Durchsetzen eigener Wünsche, Frustrationstoleranz (Ertragen von Kritik, Ablehnung, Verlieren etc.); offenes, interessiertes Erforschen neuer Gegebenheiten; selbstständige Beschäftigung (spielen, malen, basteln etc.)	☐	☐	☐
	Emotionale Entwicklung Positive Grundhaltung und Selbstvertrauen; Zeigen, Erkennen, Benennen, Imitieren von Gefühlen (Freude, Wut, Trauer, Angst etc.); Freude über Leistungsanforderungen	☐	☐	☐
	Spiel- und Lernverhalten, Arbeitshaltung Erfassen und eigenes Weiterentwickeln von Spielen und Regeln; Leistungsbereitschaft, neue Anforderungen zu lösen; zielgerichtetes Arbeiten, Durchhaltevermögen über ca. 20 Minuten	☐	☐	☐
Sozialkompetenz	**Kooperation** Hilfsbereitschaft Kindern und Erwachsenen gegenüber; Annehmen von Hilfe; Zurückstecken eigener Wünsche und Bedürfnisse; selbstständiges Lösen kleinerer Konflikte; Regelverständnis und Regeleinhaltung	☐	☐	☐

Kopiervorlage

Vorlage: Schulfähigkeitsprofil für das Übergabegespräch zum Übertritt in die Schule (1/2)

Schulfähigkeitsprofil von ____________, geboren am ____________,
erstellt am ____________ von ____________

Kompetenzbereich	Einzelfähigkeiten	Entwicklungsstand des Kindes: gut	mittel	gering
Wahrnehmung	**Visuelles Wahrnehmen** Formen und Farben kennen, unterscheiden, benennen, sortieren; Zuordnen nach Merkmalen (rote Dreiecke, gelbe Kreise etc.)	❑	❑	❑
	Taktiles Wahrnehmen Erfühlen von Formen, Temperaturen, Materialien; Identifizierung von Berührungen am eigenen Körper	❑	❑	❑
	Auditives Wahrnehmen Tonunterscheidungen, Melodien erkennen und wiedergeben (hoch, tief, laut, leise, schnell), Umweltgeräusche erkennen, zuordnen, benennen; Richtungshören (Erkennen, aus welcher Richtung ein Geräusch einsetzt)	❑	❑	❑
	Räumliches Wahrnehmen Orientieren in der gewohnten Umgebung; Rechts-Links-Orientierung, Benennung, Zuordnung; Erkennen von Lage im Raum (oben, unten, dazwischen, hinter, vor, daneben)	❑	❑	❑
Selbstkompetenz	**Selbstständigkeit** Zutrauen in eigene Fähigkeiten, Einbringen eigener Empfindungen, Meinungen; Durchsetzen eigener Wünsche, Frustrationstoleranz (Ertragen von Kritik, Ablehnung, Verlieren etc.); offenes, interessiertes Erforschen neuer Gegebenheiten; selbstständige Beschäftigung (spielen, malen, basteln etc.)	❑	❑	❑
	Emotionale Entwicklung Positive Grundhaltung und Selbstvertrauen; Zeigen, Erkennen, Benennen, Imitieren von Gefühlen (Freude, Wut, Trauer, Angst etc.); Freude über Leistungsanforderungen	❑	❑	❑
	Spiel- und Lernverhalten, Arbeitshaltung Erfassen und eigenes Weiterentwickeln von Spielen und Regeln; Leistungsbereitschaft, neue Anforderungen zu lösen; zielgerichtetes Arbeiten, Durchhaltevermögen über ca. 20 Minuten	❑	❑	❑
Sozialkompetenz	**Kooperation** Hilfsbereitschaft Kindern und Erwachsenen gegenüber; Annehmen von Hilfe; Zurückstecken eigener Wünsche und Bedürfnisse; selbstständiges Lösen kleinerer Konflikte; Regelverständnis und Regeleinhaltung	❑	❑	❑

Durch das Schulfähigkeitsprofil erhalten die Eltern des Kindes einen Einblick in das Leistungsvermögen und den Entwicklungsstand des Kindes.

Bereiche, in denen Sie das Kind in Ihrer Einrichtung fördern und auf die Schule vorbereiten:

- Wahrnehmung (zum Beispiel visuelle, taktile, auditive und räumliche Wahrnehmung)
- Selbstkompetenz (zum Beispiel Selbstständigkeit, emotionale Entwicklung, Spiel- und Lernverhalten)
- Sozialkompetenz (zum Beispiel Kooperation, Kommunikation)
- Fachkompetenz (zum Beispiel Sprache, mathematisches Verständnis, Lebensweltorientierung)
- Motorik (zum Beispiel Fein- und Grobmotorik)

Erklären Sie den Eltern, dass das Kind bis zum Erreichen des Schulalters Kompetenzen entwickelt haben sollte, die es ihm ermöglichen, schulische Lerninhalte zu verarbeiten, eine natürliche Lernfreude und Neugierde zu zeigen.

Das Schulfähigkeitsprofil dient Ihnen im Übergabegespräch als Hilfsinstrument, mit dem Sie die Stärken und auch den besonderen Förderbedarf jedes Kindes aufdecken. Die Eltern wissen durch das Übergabegespräch genau, wo ihr Kind steht und dass es optimal auf die Schule vorbereitet wurde.

Vorlage: Schulfähigkeitsprofil für das Übergabegespräch zum Übertritt in die Schule (2/2)

Schulfähigkeitsprofil von Tim Muster, geboren am 30.06.2013,
erstellt am 01.02.19 von Magdalena Mustermann

Kompetenzbereich	Einzelfähigkeiten	Entwicklungsstand des Kindes		
		gut	mittel	gering
	Kommunikation Zugehen auf Kinder und Erzieherinnen; Mitteilen eigener Empfindungen, Erkennen und Reagieren auf Empfindungen anderer; Annehmen von Kontaktaufforderungen anderer Kinder und Erzieherinnen	❑	❑	❑
Fachkompetenzen	**Sprache** Deutliche Artikulation, angemessenes Sprechtempo, Aneinanderreihung mehrerer Sätze; Sprechen vor Kindergruppen und Erwachsenen, Zuhören und Umsetzen von Gehörtem; Verwenden von grammatikalischen Grundregeln, Anwenden der Ich-Form, Einsetzen von differenziertem Wortschatz, eigene kurze Erzählungen; Erkennen von Silben in Wörtern, Silbenklatschen, Sprechen von Kinderreimen, eigenes Reimen, Interesse an Buchstaben, Symbolen und Bilderbüchern	❑	❑	❑
	Mathematisches Verständnis Einfache Vergleiche (größer, kleiner, gleich), Ordnen von Gegenständen nach Merkmalen (Form, Größe, Oberfläche etc.); Zahlenverständnis bis 10, Zählen bis 20, simultanes Erfassen von Mengen bis 5, Lösen von Additionen und Subtraktionen durch Abzählen mit Anschauungsmaterial bis 10	❑	❑	❑
	Lebensweltorientierung Wissen über Alltagsgegenstände, Einsetzen von Werkzeug; Interesse für einfache Experimente, Erkennen von Zusammenhängen und Gesetzmäßigkeiten; Interesse und Wissen über Tiere, Natur, Jahreszeiten, Ernährung, Haushalt etc.	❑	❑	❑
Motorik	**Feinmotorik** Sicheres Greifen, korrekte Stifthaltung und -führung, adäquater Schreibdruck; sichere Koordination von Auge und Hand (Linien nachzeichnen, Labyrinthe nachfahren, Schreiben des eigenen Namens, Schleife binden, Knöpfe und Reißverschlüsse schließen, Ausschneiden einfacher Formen etc.)	❑	❑	❑
	Grobmotorik Fahren von Roller und Fahrrad, sicheres Fangen und Werfen von Bällen; Treppensteigen im Wechselschritt, Balancieren	❑	❑	❑

Kopiervorlage

Vorlage: Schulfähigkeitsprofil für das Übergabegespräch zum Übertritt in die Schule (2/2)

Schulfähigkeitsprofil von ____________, geboren am ____________,
erstellt am ____________ von ____________

Kompetenzbereich	Einzelfähigkeiten	Entwicklungsstand des Kindes: gut	mittel	gering
	Kommunikation Zugehen auf Kinder und Erzieherinnen; Mitteilen eigener Empfindungen, Erkennen und Reagieren auf Empfindungen anderer; Annehmen von Kontaktaufforderungen anderer Kinder und Erzieherinnen	❑	❑	❑
Fachkompetenzen	**Sprache** Deutliche Artikulation, angemessenes Sprechtempo, Aneinanderreihung mehrerer Sätze; Sprechen vor Kindergruppen und Erwachsenen, Zuhören und Umsetzen von Gehörtem; Verwenden von grammatikalischen Grundregeln, Anwenden der Ich-Form, Einsetzen von differenziertem Wortschatz, eigene kurze Erzählungen; Erkennen von Silben in Wörtern, Silbenklatschen, Sprechen von Kinderreimen, eigenes Reimen, Interesse an Buchstaben, Symbolen und Bilderbüchern	❑	❑	❑
	Mathematisches Verständnis Einfache Vergleiche (größer, kleiner, gleich), Ordnen von Gegenständen nach Merkmalen (Form, Größe, Oberfläche etc.); Zahlenverständnis bis 10, Zählen bis 20, simultanes Erfassen von Mengen bis 5, Lösen von Additionen und Subtraktionen durch Abzählen mit Anschauungsmaterial bis 10	❑	❑	❑
	Lebensweltorientierung Wissen über Alltagsgegenstände, Einsetzen von Werkzeug; Interesse für einfache Experimente, Erkennen von Zusammenhängen und Gesetzmäßigkeiten; Interesse und Wissen über Tiere, Natur, Jahreszeiten, Ernährung, Haushalt etc.	❑	❑	❑
Motorik	**Feinmotorik** Sicheres Greifen, korrekte Stifthaltung und -führung, adäquater Schreibdruck; sichere Koordination von Auge und Hand (Linien nachzeichnen, Labyrinthe nachfahren, Schreiben des eigenen Namens, Schleife binden, Knöpfe und Reißverschlüsse schließen, Ausschneiden einfacher Formen etc.)	❑	❑	❑
	Grobmotorik Fahren von Roller und Fahrrad, sicheres Fangen und Werfen von Bällen; Treppensteigen im Wechselschritt, Balancieren	❑	❑	❑

Richtiger Umgang mit Beschwerden

Wenn sich die Eltern in Ihrer Einrichtung nicht oder kaum beschweren, heißt das nicht, dass die Eltern mit Ihrem Angebot zufrieden sind. Viele Einrichtungen verfügen über eine mangelhafte Beschwerdekultur. Die Folge ist, dass die Eltern nicht offen Kritik üben. Unterschwellig herrscht jedoch eine große Unzufriedenheit, die die Beziehung zwischen Ihnen und den Eltern belastet. Lassen Sie es nicht so weit kommen.

Positive Haltung entwickeln

Stehen Sie der Beschwerde positiv gegenüber, und nutzen Sie sie als Chance, Ihre Arbeit zu verbessern. Durch elterliche Rückmeldung haben Sie die Möglichkeit, auf die Betreuungswünsche der Eltern einzugehen und neue Ideen für Ihre Arbeit zu entwickeln.

Wenn Sie diese Möglichkeit nutzen, kann das dazu führen, dass

- sich die Zufriedenheit der Eltern erhöht,
- sich die Beziehung zwischen Ihnen und den Eltern verbessert,
- sich die Qualität Ihrer Betreuung erhöht,
- die Eltern aufgrund ihrer Zufriedenheit für Ihre Einrichtung werben,
- sich Ihre Freude an der Arbeit erhöht.

Danke sagen

In der Regel reagieren Firmen auf die Beschwerden unzufriedener Kunden, indem sie ihnen ihren Dank ausdrücken: *„Wir bedanken uns für Ihren Brief, in dem Sie uns mitgeteilt haben …"* Das sollten auch Sie tun! Bedanken Sie sich bei den Eltern für ihre Beschwerde.

Begründen Sie, warum diese elterliche Kritik einen hohen Wert für Sie hat, beispielsweise: *„Danke, dass Sie uns auf den beschädigten Zaun aufmerksam gemacht haben. So können wir verhindern, dass sich ein Kind am Zaun verletzt."* Drücken Sie den Eltern die Echtheit Ihrer Worte durch eine freundliche Mimik und Gestik und eine offene Körperhaltung aus.

Bedauern zeigen

Beschweren sich Eltern, sollten Sie ihnen vermitteln, dass Sie bedauern, was passiert ist: *„Es tut mir leid, dass Sie sich am Zaun verletzt haben."* Zeigen Sie Anteilnahme und Mitgefühl. Entschuldigen Sie sich aber nicht vorschnell.

Problemlösung zusichern

Zeigen Sie den Eltern, dass Sie ihre Situation ernst nehmen, indem Sie ihnen zusichern, dass Sie sich mit dem Problem auseinandersetzen. Sie brauchen den Eltern nicht sofort eine Lösung zu präsentieren. Beschäftigen Sie sich lieber intensiv mit dem Problem, um in aller Ruhe die bestmögliche Lösung auszuwählen.

Informationen und Hintergründe erfragen

Sie werden das Problem nur lösen können, wenn Sie genau wissen, worin es besteht. Fragen Sie die Eltern, was sie sich von Ihnen wünschen und welche Erwartungen sie an Sie stellen. Durch den intensiven Austausch werden Sie unter Umständen feststellen, dass die Beschwerde einen anderen Hintergrund hat, als Sie ursprünglich vermutet haben.

Vorlage: Aushang für die Eltern zur Einführung der „Zettelei"

Liebe Eltern,

als 1. Möglichkeit der Kommunikation steht Ihnen die „Zettelei" zur Verfügung.

Bitte beachten Sie die unten aufgeführten Hinweise zum Umgang mit der „Zettelei".
Auch die Erzieherinnen werden die „Zettelei" nutzen.

Anliegen:

In unserer Kindertagesstätte sind wir bemüht, die Möglichkeiten der Mitteilung und Kommunikation zu verbessern.

1. Es geht darum, den Wahrnehmungen von Eltern und Erzieherinnen Beachtung zu schenken und ein gutes Miteinander zu fördern.
2. An die „Zettelei" können Dinge geschrieben werden, die für das Zusammenleben in unserer Einrichtung wichtig sind.
3. Kritik soll nicht anonym geäußert werden. Jede Äußerung soll unterschrieben werden, damit nötigenfalls auch Rücksprache genommen werden kann.
4. Die „Zettelei" ersetzt natürlich nicht das persönliche Gespräch!

Wir freuen uns auf Ihre „Zettel".

Ihr Kindergartenteam

Ich finde gut	Ich finde schlecht	Ich wünsche mir
Unterschrift der Eltern		

Legen Sie einen Zettelblock und einen Stift bereit. Überlegen Sie, wie die Zettel angebracht werden können. Reagieren Sie möglichst schnell auf die negativen wie positiven Zettel. Entscheiden Sie, wie lange die einzelnen Zettel hängen bleiben sollen, damit auch andere Eltern sie lesen können. Stellen Sie die Möglichkeiten zur Rückmeldung auch auf Ihre Homepage.

Kopiervorlage

Beispielsweise beschwert sich eine Mutter über den schlechten Zustand Ihres Außengeländes. Sie will jedoch, dass Sie mit den Kindern häufiger draußen spielen.

Problem beseitigen

Beseitigen Sie, wenn möglich, das Problem unverzüglich. Eine halbherzige Problemlösung schafft bei den Eltern keine Zufriedenheit und verfehlt den Zweck Ihres Beschwerdemanagements. Prüfen Sie, ob die Eltern mit Ihrer Problemlösung tatsächlich zufrieden sind, indem Sie nachfragen oder bei komplexeren Problemen um ein Feedbackgespräch bitten.

Fehler vorbeugen

Durch eine gute Beschwerdekultur sollen Sie nicht nur gegenwärtige Probleme beseitigen, sondern zukünftige gar nicht erst entstehen lassen. Bauen Sie zu diesem Zweck Ihr Beschwerdemanagement aus:

- Unterstützen Sie den Dialog mit den Eltern.
- Prüfen Sie die Zufriedenheit der Eltern. Eine Möglichkeit ist eine „Zettelei" für Eltern, die Sie an Ihrer Informationswand anbringen.
- Werten Sie jede Beschwerde aus und kontrollieren Sie, ob der Beschwerdegrund Hinweise auf weitere elterliche Probleme und Unzufriedenheiten gibt. Wenn ja, beseitigen Sie diese Schwierigkeiten umgehend.
- Schulen Sie Ihre Mitarbeiterinnen im Umgang mit Beschwerden.

Vorlage: Aushang für die Eltern zur Einführung der „Zettelei“

Liebe Eltern,

als 1. Möglichkeit der Kommunikation steht Ihnen die „Zettelei“ zur Verfügung.

Bitte beachten Sie die unten aufgeführten Hinweise zum Umgang mit der „Zettelei“.
Auch die Erzieherinnen werden die „Zettelei“ nutzen.

Anliegen:

In unserer Kindertagesstätte sind wir bemüht, die Möglichkeiten der Mitteilung und Kommunikation zu verbessern.

1. Es geht darum, den Wahrnehmungen von Eltern und Erzieherinnen Beachtung zu schenken und ein gutes Miteinander zu fördern.
2. An die „Zettelei“ können Dinge geschrieben werden, die für das Zusammenleben in unserer Einrichtung wichtig sind.
3. Kritik soll nicht anonym geäußert werden. Jede Äußerung soll unterschrieben werden, damit nötigenfalls auch Rücksprache genommen werden kann.
4. Die „Zettelei“ ersetzt natürlich nicht das persönliche Gespräch!

Wir freuen uns auf Ihre „Zettel“.

Ihr Kindergartenteam

Ich finde gut	**Ich finde schlecht**	**Ich wünsche mir**
Unterschrift der Eltern		

Legen Sie einen Zettelblock und einen Stift bereit. Überlegen Sie, wie die Zettel angebracht werden können. Reagieren Sie möglichst schnell auf die negativen wie positiven Zettel. Entscheiden Sie, wie lange die einzelnen Zettel hängen bleiben sollen, damit auch andere Eltern sie lesen können. Stellen Sie die Möglichkeiten zur Rückmeldung auch auf Ihre Homepage.

Positive Beschwerdekultur

Bei Beschwerden geht es nicht darum, dass die Eltern recht bekommen. Viel wichtiger ist, wie Sie und Ihre Kolleginnen den Beschwerden der Eltern begegnen. Um die Zufriedenheit der Eltern zu erhöhen, sollten Sie 8 Grundsätze befolgen:

❶ Erreichbarkeit ermöglichen

Signalisieren Sie den Eltern, dass Sie stets offen für ihre Anliegen sind. Teilen Sie den Eltern Zeiten mit, an denen Sie sich immer für längere Gespräche bereithalten. Machen Sie den Eltern aber auch klar, dass es Zeiten gibt, die uneingeschränkt den Kindern zur Verfügung stehen müssen. Hier können nur kurze Terminabsprachen oder ein kurzer Informationsaustausch stattfinden.

❷ Verständnis zeigen

Eltern erwarten, dass Sie für ihre Probleme Interesse und Verständnis zeigen. Nehmen Sie die Perspektive der Eltern ein. Schenken Sie jeder Beschwerde Aufmerksamkeit und nehmen Sie sie ernst.

❸ Umgehend reagieren

Nur wenn Sie umgehend auf die elterlichen Beschwerden reagieren, vermeiden Sie, dass sich das ungeklärte Problem verschärft und die Beziehung zwischen Ihnen und den Eltern belastet. Das heißt nicht, dass Sie postwendend das Problem lösen müssen beziehungsweise können, sondern dass Sie sich sogleich und intensiv mit dem Problem beschäftigen. Ihr ehrliches Bemühen um eine Problemlösung werden die Eltern anerkennen. Wenn die Rahmenbedingungen es Ihnen nicht erlauben, ein intensives Gespräch mit den Eltern zu führen, vereinbaren Sie mit ihnen umgehend einen Termin für ein Beschwerdegespräch. Zieht sich die Bearbeitung des Problems über einen längeren Zeitraum hin, müssen Sie die Eltern über diese Verzögerung informieren.

❹ Freundlichkeit zeigen

Seien Sie zu den Eltern immer freundlich und höflich, selbst wenn die Eltern unhöflich und unverschämt sind oder ausfallend werden. Ihr freundlicher, unverbindlicher Ton ist ein Zeichen von Professionalität.

Reagieren Sie unfreundlich oder aufbrausend, verschärfen Sie die Situation.

❺ Fachkompetenz bieten

Als Erzieherin sollten Sie über eine gewisse Fachkompetenz verfügen, zum Beispiel über aktuelle Termine informiert sein. Sie müssen aber nicht über alles Bescheid wissen. Falls Sie keine Kenntnisse von der angesprochenen Sachlage besitzen, sollten Sie den Eltern das offen sagen und sich umgehend informieren:

„Leider bin ich darüber nicht informiert. Ich werde mich aber diesbezüglich erkundigen."

❻ Problem zügig lösen

Schieben Sie das Problem nicht auf die lange Bank in der Hoffnung, dass es sich von selbst löst. In der Regel werden Sie mit diesem Verhalten die Situation nur verschärfen und den Unwillen der Eltern auf sich ziehen.

Wie schnell das Problem gelöst wird, hängt jedoch nicht nur von Ihnen, sondern auch von den bürokratischen Strukturen Ihrer Einrichtung ab. Beispielsweise davon, über welche finanziellen Mittel Sie ohne die Zustimmung Ihres Trägers frei verfügen dürfen.

Selbsttest: Haben Sie die Grundvoraussetzungen für eine gute Beschwerdekultur geschaffen?

	Frage	Ja	Nein
❶ →	Blocken Sie Elternbeschwerden ab, weil die Eltern zu einem ungeeigneten Zeitpunkt auf Sie zukommen?	❑	❑
	Verweisen Sie die Eltern oft auf Ihre Nichtzuständigkeit, ohne ihnen den Adressaten für ihre Beschwerde zu nennen?	❑	❑
	Nehmen Sie elterliche Beschwerden nicht entgegen, wenn sich die Beschwerde an Ihre Kollegin richtet?	❑	❑
❷ →	Verharmlosen Sie die elterlichen Beschwerden häufig?	❑	❑
	Begegnen Sie den Eltern, die sich beschweren wollen, mit Desinteresse und Unverständnis?	❑	❑
❸ →	Reagieren Sie auf die elterlichen Beschwerden nur sehr verzögert?	❑	❑
	Leiten Sie Beschwerden, die Sie nicht betreffen, nicht weiter?	❑	❑
❹ →	Reagieren Sie unfreundlich, wenn die Eltern Beschwerden äußern?	❑	❑
❺ →	Lassen Sie sich mit der Problemlösung viel Zeit oder schieben Sie die Beschwerde so lange vor sich her, bis sie nicht mehr aktuell ist?	❑	❑
❻ →	Täuschen Sie den Eltern vor, dass Sie sich für ihre Beschwerde interessieren oder ihrer Beschwerde nachgehen, obwohl Sie das nicht tun?	❑	❑
	Vertuschen Sie häufig Fehler oder Pannen, die Sie machen?	❑	❑
❼ →	Bieten Sie den Eltern nur wenige Möglichkeiten, sich mit Ihnen auszutauschen?	❑	❑
	Zeigen Sie nur Interesse und Aufgeschlossenheit gegenüber den Eltern, die Ihre Meinung vertreten?	❑	❑
❽ →	Treten Sie Eltern, die sich beschweren wollen, mit Ablehnung entgegen?	❑	❑

Auswertung:

Je öfter Sie mit Ja geantwortet haben, desto schlechter sind Ihre Grundvoraussetzungen für das Beschwerdemanagement in Ihrer Einrichtung.

Kopiervorlage

Je stärker diese Strukturen sind und je weniger Freiraum und Kompetenzen Sie haben, desto länger müssen die Eltern auf eine Lösung warten. Sprechen Sie mit Ihren Kolleginnen und Ihrem Träger über den Abbau der Bürokratie in Ihrer Einrichtung.

❼ Ehrlich sein

Sie und Ihre Kolleginnen sollten den Fehler nicht nur bei den Eltern, sondern auch bei sich suchen. Erheben Sie nicht den Anspruch, fehlerlos zu sein, sonst verlieren Sie Ihre Glaubwürdigkeit. Bleiben Sie offen für Kritik. Falls die Eltern sich bei Ihnen beschweren, sollten Sie nicht vorschnell eine Schuld auf sich nehmen.

Sagen Sie den Eltern im Beschwerdegespräch nur Dinge zu, die Sie tatsächlich umsetzen. Sie sollten sie keinesfalls mit leeren Versprechungen beruhigen.

❽ Eltern willkommen heißen

Beschwerden bieten die Chance auf Veränderung und Verbesserung. Deshalb sollten Sie die Eltern, die sich beschweren, willkommen heißen. Nur dann werden die Eltern sich mit ihrer Kritik an Sie wenden.

Auswertung: Wenn Sie 2 oder mehr Fragen mit einem „Ja" beantwortet haben, bieten Sie den Eltern nicht die Voraussetzungen für eine optimale Beschwerdekultur. Haben Sie mehr als 3 Fragen bejaht, ist Ihre Beschwerdekultur mangelhaft. In diesem Fall sollten Sie umgehend Veränderungen einleiten. In der nächsten Teamsitzung sollten Sie und Ihre Kolleginnen zunächst das Thema „Beschwerdekultur" aufgreifen. Sammeln Sie gemeinsam Ideen, wie Sie die genannten 8 Merkmale einer beschwerdefreundlichen Einrichtung auch in Ihrem Kindergarten umsetzen können. Beispielsweise können Sie Beschwerden der Eltern willkommen heißen, indem Sie eine „Zettelei" einführen. Je mehr „Nein"-Antworten Sie haben, desto besser ist es.

Selbsttest: Haben Sie die Grundvoraussetzungen für eine gute Beschwerdekultur geschaffen?

Frage	Ja	Nein
Blocken Sie Elternbeschwerden ab, weil die Eltern zu einem ungeeigneten Zeitpunkt auf Sie zukommen?	❏	❏
Verweisen Sie die Eltern oft auf Ihre Nichtzuständigkeit, ohne ihnen den Adressaten für ihre Beschwerde zu nennen?	❏	❏
Nehmen Sie elterliche Beschwerden nicht entgegen, wenn sich die Beschwerde an Ihre Kollegin richtet?	❏	❏
Verharmlosen Sie die elterlichen Beschwerden häufig?	❏	❏
Begegnen Sie den Eltern, die sich beschweren wollen, mit Desinteresse und Unverständnis?	❏	❏
Reagieren Sie auf die elterlichen Beschwerden nur sehr verzögert?	❏	❏
Leiten Sie Beschwerden, die Sie nicht betreffen, nicht weiter?	❏	❏
Reagieren Sie unfreundlich, wenn die Eltern Beschwerden äußern?	❏	❏
Lassen Sie sich mit der Problemlösung viel Zeit oder schieben Sie die Beschwerde so lange vor sich her, bis sie nicht mehr aktuell ist?	❏	❏
Täuschen Sie den Eltern vor, dass Sie sich für ihre Beschwerde interessieren oder ihrer Beschwerde nachgehen, obwohl Sie das nicht tun?	❏	❏
Vertuschen Sie häufig Fehler oder Pannen, die Sie machen?	❏	❏
Bieten Sie den Eltern nur wenige Möglichkeiten, sich mit Ihnen auszutauschen?	❏	❏
Zeigen Sie nur Interesse und Aufgeschlossenheit gegenüber den Eltern, die Ihre Meinung vertreten?	❏	❏
Treten Sie Eltern, die sich beschweren wollen, mit Ablehnung entgegen?	❏	❏

Auswertung:

Je öfter Sie mit Ja geantwortet haben, desto schlechter sind Ihre Grundvoraussetzungen für das Beschwerdemanagement in Ihrer Einrichtung.

Beschwerden über Kleinigkeiten

Oft sind es Kleinigkeiten, wie die verschmutzte Hose oder das fehlende Muttertagsgeschenk, über die sich die Eltern beschweren. Folgende Tipps helfen Ihnen, auf diese Art der Beschwerde richtig zu reagieren.

❶ Ernst nehmen

Nehmen Sie die Eltern ernst, indem Sie ihre Beschwerde aufnehmen und zeigen, dass Sie an einer Problemlösung arbeiten. Auf keinen Fall sollten Sie ihr Problem belächeln, selbst wenn es sich für Sie um eine Banalität handelt.

❷ Verhalten spiegeln

Wenn es um Kleinigkeiten geht, sind viele Eltern „genervt". Versetzen Sie sich in die Eltern hinein. Indem Sie sich ihrem Gemütszustand angleichen, fühlen die Eltern sich verstanden. Beispielsweise sollten Sie nicht lachen, sondern Betroffenheit zeigen, wenn die Eltern verärgert sind, weil sie zum Beispiel die Pantoffeln ihres Kindes nicht finden.

❸ Menschlichkeit zeigen

Eltern wollen nicht wie eine Nummer behandelt werden. Seien Sie nicht sachlich und distanziert. Zeigen Sie Emotionen wie Mitgefühl und Verständnis, und gehen Sie auf sie ein. Schenken Sie ihnen Ihre persönliche Aufmerksamkeit, und vermitteln Sie ihnen, dass Sie ihre Sicht verstehen: *„Ich verstehe, dass Sie, wenn Sie unter Zeitdruck stehen, nicht noch die Pantoffeln Ihres Kindes suchen möchten."*

Zeigen Sie den Eltern, dass Sie ebenfalls keine Maschine, sondern ein Mensch mit Gefühlen sind. Signalisieren Sie ihnen Ihre Gefühle. Beispielsweise, wenn Sie gekränkt wurden: *„Ich fühle mich durch Ihre Äußerung verletzt."* Oder wenn Sie überfordert sind: *„Ich bin zurzeit hilflos …"*

❹ Positive Formulierungen wählen

Eignen Sie sich einen positiven Wortschatz an. Vermeiden Sie Negativwörter wie *„Nein"* oder *„Das geht nicht"*. Nicht Ihre aufgeführten Erklärungen, sondern Ihre negativen Formulierungen werden den Eltern im Gedächtnis bleiben. Statt *„Wir können nicht verhindern, dass sich die Kinder schmutzig machen"* besser *„Wir überlegen, welche Möglichkeiten es gibt, damit Ihr Kind nicht in verschmutzter Kleidung nach Hause kommt".*

Reagieren Sie keinesfalls auf Beschwerden, indem Sie die Schuld von sich weisen und Beschuldigungen, Drohungen, vorwurfsvolle Ratschläge oder Anweisungen äußern: *„Die Pantoffeln wären auffindbar, wenn Sie in die Hausschuhe einen Namen geschrieben hätten."*

❺ Bitten formulieren

Eignen Sie sich eine Bandbreite an Positivformulierungen an, mit denen Sie den Eltern Ihre Erwartungen vermitteln können, um das Problem zu lösen: *„Ich benötige Eltern, die unser neues Regal für die Pantoffeln zusammenbauen. Könnten Sie bitte helfen?"* Derartige Formulierungen stoßen auf mehr Offenheit als Forderungen. Gleichzeitig verdeutlichen Sie den Eltern, dass Sie an einer Problemlösung arbeiten.

❻ Verbindlichkeit zeigen

Legen Sie sich fest. Sichern Sie den Eltern unmittelbar zu, was Sie unternehmen werden. Vermeiden Sie diffuse und vage Aussagen, die die Eltern nur beruhigen sollen und letztlich im Sande verlaufen. Statt *„Ich werde mal schauen, was man machen kann"* besser *„Ich werde mit den Kindern das ordentliche Hinstellen der Pantoffeln üben".*

❼ Partnerschaftlich zusammenarbeiten

Eltern sind Ihre Erziehungspartner. Betrachten Sie sie als solche und verhalten Sie sich entsprechend. Wenn Sie keine Lösung kennen, haben vielleicht die Eltern eine Lösung, um das vorgetragene Problem aus der Welt zu schaffen. Ausdruck Ihrer partnerschaftlichen Einstellung ist unter anderem Ihr Sprachstil:

„Wenn Sie die Eltern motivieren, beim Aufbau des Pantoffelregals zu helfen, werde ich mich um das Werkzeug kümmern!"

❽ Negative Gefühle verringern

Beschwerden sind nicht immer, aber häufig mit elterlicher Wut verbunden. Geben Sie den Eltern zunächst die Möglichkeit, „Dampf abzulassen", vorher ist an eine sachliche Problemlösung nicht zu denken. Seien Sie höflich, freundlich, und hören Sie ihnen aktiv zu. Verteidigen Sie sich nicht.

❾ Fragen stellen

Stellen Sie ihnen Fragen. Fragen richten sich an den elterlichen Verstand und nicht an die Emotionen und helfen den Eltern, sich zu beruhigen. Durch Fragen ziehen Sie das Gespräch auf eine sachliche Ebene, gleichzeitig signalisieren Sie den Eltern: *„Ich arbeite an dem Problem."*

❿ Zuschauer meiden

Optimalerweise teilen die Eltern Ihnen ihre Beschwerde unter 4 Augen mit. Dadurch vermeiden Sie, dass sie sich vor Zuschauern bloßstellen und andere Eltern sich einmischen oder aufgehetzt werden.

Selbsttest: Reagieren Sie auf kleine Beschwerden angemessen und sinnvoll?

	Frage	Ja	Nein
❶→	Nehmen Sie jede Beschwerde ernst, selbst wenn es sich um eine scheinbare Banalität handelt?	❑	❑
❷→	Spiegeln Sie den Eltern ihren Gemütszustand?	❑	❑
❸→	Schenken Sie den Eltern Ihre persönliche Aufmerksamkeit?	❑	❑
	Vermitteln Sie ihnen, dass Sie sie verstehen?	❑	❑
	Zeigen Sie ihnen, wenn sie Sie verletzt haben?	❑	❑
❹→	Vermeiden Sie Verneinungen? Wählen Sie in der Regel positive Formulierungen?	❑	❑
❺→	Formulieren Sie Bitten statt Forderungen?	❑	❑
	Reagieren Sie auf Beschwerden selten mit Ratschlägen, Vorwürfen oder Drohungen?	❑	❑
❻→	Legen Sie sich fest und formulieren Sie konkret, was Sie gegen das Problem unternehmen werden?	❑	❑
❼→	Gehen Sie mit den Eltern partnerschaftlich um?	❑	❑
❽→	Ermöglichen Sie den Eltern, erst einmal ihren „Dampf abzulassen", bevor Sie sich zusammen sachlich mit dem Problem auseinandersetzen?	❑	❑
❾→	Stellen Sie den Eltern Fragen, um das Gespräch auf eine sachliche Ebene zu heben?	❑	❑
❿→	Meiden Sie Zuschauer, während die Eltern eine Beschwerde vorbringen?	❑	❑

Auswertung:

Haben Sie mehr als 3 Fragen verneint, reagieren Sie unangemessen auf kleinere Beschwerden der Eltern. In diesem Fall sollten Sie sich bewusst machen, welche der genannten Aspekte Sie nicht befolgen. Beachten Sie diese beim nächsten Beschwerdegespräch.

Selbsttest: Reagieren Sie auf kleine Beschwerden angemessen und sinnvoll?

Frage	Ja	Nein
Nehmen Sie jede Beschwerde ernst, selbst wenn es sich um eine scheinbare Banalität handelt?	❑	❑
Spiegeln Sie den Eltern ihren Gemütszustand?	❑	❑
Schenken Sie den Eltern Ihre persönliche Aufmerksamkeit?	❑	❑
Vermitteln Sie ihnen, dass Sie sie verstehen?	❑	❑
Zeigen Sie ihnen, wenn sie Sie verletzt haben?	❑	❑
Vermeiden Sie Verneinungen? Wählen Sie in der Regel positive Formulierungen?	❑	❑
Formulieren Sie Bitten statt Forderungen?	❑	❑
Reagieren Sie auf Beschwerden selten mit Ratschlägen, Vorwürfen oder Drohungen?	❑	❑
Legen Sie sich fest und formulieren Sie konkret, was Sie gegen das Problem unternehmen werden?	❑	❑
Gehen Sie mit den Eltern partnerschaftlich um?	❑	❑
Ermöglichen Sie den Eltern, erst einmal ihren „Dampf abzulassen“, bevor Sie sich zusammen sachlich mit dem Problem auseinandersetzen?	❑	❑
Stellen Sie den Eltern Fragen, um das Gespräch auf eine sachliche Ebene zu heben?	❑	❑
Meiden Sie Zuschauer, während die Eltern eine Beschwerde vorbringen?	❑	❑

Auswertung:

Haben Sie mehr als 3 Fragen verneint, reagieren Sie unangemessen auf kleinere Beschwerden der Eltern. In diesem Fall sollten Sie sich bewusst machen, welche der genannten Aspekte Sie nicht befolgen. Beachten Sie diese beim nächsten Beschwerdegespräch.

Beschwerden über Kolleginnen

Häufig beschweren sich die Eltern nicht direkt bei der Erzieherin, die für diese Beschwerde verantwortlich ist, sondern wenden sich an Sie, die Leitung.

Beschwerdegrund erkennen

Wenn sich die Eltern über eine Kollegin beschweren, ist das für Sie als Leitung eine sehr unangenehme Situation. Die Gründe, warum sich Eltern bei Ihnen und nicht bei Ihrer Kollegin beschweren, sind sehr unterschiedlich:

- Die Eltern kommen mit der Kollegin nicht zurecht oder umgekehrt.
- Die Eltern sind streitsüchtig und äußern häufig Beschwerden.
- Die Eltern sind konfliktscheu und möchten erreichen, dass Sie alle weiteren Maßnahmen in die Wege leiten.

❶ Beschwerde annehmen

Keinesfalls sollten Sie die Eltern abweisen: *„Wenden Sie sich bitte an die jeweilige Kollegin, ich habe damit nichts zu tun …"* Dadurch fühlen sich viele Eltern vor den Kopf gestoßen und kritisiert. An Ihre Kollegin werden sie sich vermutlich dennoch nicht wenden.

Als Leitung sollten Sie die Beschwerde nicht einfach nur aufnehmen. Versuchen Sie, den gesamten Sachverhalt mit allen Fakten zu erfassen. Gegebenenfalls müssen Sie die Eltern ermuntern, die betreffende Situation zu schildern. Hören Sie aktiv zu, und fragen Sie auf jeden Fall nach, wenn Sie etwas nicht verstanden haben oder wenn Ihnen Informationen fehlen. Erfassen Sie den Grund für die Beschwerde.

Neutral bleiben

Viele Eltern versuchen, Sie auf ihre Seite zu ziehen:

„Ich kann mir nicht vorstellen, dass Sie das Verhalten Ihrer Kollegin gutheißen." Deshalb sollten Sie die Äußerungen der Eltern auf gar keinen Fall bewerten oder kommentieren. Bleiben Sie neutral. Bestätigen Sie weder das Verhalten der Eltern noch das Verhalten Ihrer Kollegin. Lassen Sie sich nicht zu Äußerungen hinreißen, die Sie später zurücknehmen müssen.

Damit der Inhalt der Beschwerde nicht vergessen wird, sollten Sie sich die wichtigsten Fakten während des Gesprächs oder direkt danach notieren. Dies ist eine Grundvoraussetzung für eine erfolgreiche Weiterverarbeitung der Beschwerde.

❷ Sachverhalt objektiv erfassen

Besprechen Sie anschließend mit der betroffenen Kollegin das Problem. Geben Sie Ihrer Mitarbeiterin die Möglichkeit, ihre Sichtweise ausführlich zu schildern. Nur wenn Sie auch die andere Seite hören, können Sie den Sachverhalt objektiv erfassen.

Beraten Sie mit Ihrer Kollegin das weitere Vorgehen.

❸ Beschwerdegespräch führen

Wenn die Eltern sich bei Ihnen über eine Kollegin beschwert haben, ist ein Beschwerdegespräch zwischen der betroffenen Kollegin und den Eltern unumgänglich. Gegebenenfalls sollten Sie am Gespräch teilnehmen, beispielsweise, wenn Ihre Kollegin mit der Führung dieses Beschwerdegesprächs überfordert ist.

Beim Verlauf des Gesprächs können Sie sich an dem allgemeinen Gesprächsleitfaden orientieren. Informieren Sie die Eltern bereits beim Anmeldegespräch über Ihr Beschwerdesystem in der Kita. Die Eltern können sich zunächst direkt bei der Erzieherin beschweren.

Als Leitung müssen Sie für sich und mit allen Anwesenden klären, welche Rolle Sie im Beschwerdegespräch einnehmen:

- Falls sich die elterliche Beschwerde auch an Sie richtet oder die Eltern eine Entscheidung von Ihnen verlangen, sind Sie am Konflikt beteiligt. In diesem Fall müssen Sie eine deutliche Position einnehmen und Ihre Sichtweise vertreten.
- Wenn Sie nicht am Konflikt beteiligt sind, können Sie die Rolle der Moderatorin übernehmen. Folglich besitzen Sie eine neutrale Position und ergreifen für keine Seite Partei. Ihre Aufgabe ist die Gesprächsführung und die Vermittlung zwischen Ihrer Kollegin und den Eltern.

Vorlage: Notizformular zur schnellen schriftlichen Aufnahme von Elternbeschwerden

Elternbeschwerde von: Frau Mustermann (Mutter von Max Mustermann)

Datum: 06.05.2019

Beschwerdegrund: Ablehnung von Max Mustermann durch Frau Müller

Erläuterungen Hintergrund / Zusammenhang: Nach Aussagen von Frau Mustermann wird ihr Sohn Max von seiner Gruppenleiterin Frau Müller vernachlässigt und abgelehnt. ❶→ Anlass für Frau Mustermanns Beschwerde ist, dass ihr Sohn in der letzten Zeit von anderen Kindern vermehrt geärgert wurde, ohne dass Frau Müller eingriff. Hinzu kommt, dass die Hose ihres Sohnes vollkommen durchnässt war, als sie ihn heute, gegen 12.15 Uhr, abholen wollte. ❷→ Frau Mustermann wies Frau Müller freundlich auf die durchnässte Hose hin. Diese reagierte auf die Äußerung von Frau Mustermann nur mit einem Schulterzucken. Frau Mustermann hat bisher nicht mit Frau Müller über die Ablehnung ihres Sohnes gesprochen. Sie befürchtet, dass ihr Sohn sonst noch stärker von Frau Müller abgelehnt wird.

Beschwerde-Adressatin: Frau Müller (Gruppenleitung von Max Mustermann)

Missstimmung der Eltern:			Beschwerde-Häufigkeit:		
	sehr gering	❑		1-malig	❑
	gering	❑		2- / 3-malig	❑
	mäßig	❑		häufiger	❑
	hoch	❑			
	sehr hoch	❑			

Sofort umgesetzte Beschwerde-Lösung: Ich händigte Frau Mustermann trockene Wäsche für ihren Sohn aus, um ihn umziehen.

Zusagen gegenüber den Eltern: Ich sicherte Frau Mustermann zu, dass ich mich mit Frau Müller noch heute über das Thema „Ablehnung von Max durch Frau Müller" austausche. Frau Mustermann und ich vereinbarten gemeinsam einen Gesprächstermin, an dem dieses Thema aufgearbeitet wird.

❸→ Vereinbarter Gesprächstermin: Datum: 13.06.2019, Zeit: 14.15 – 15.00 Ort: Kindergarten

Teilnehmer: Frau Müller, Frau Mustermann, Frau Schmidt

Zuständig für weitere Bearbeitung: Frau Müller, Frau Schmidt

Kopiervorlage

Vorlage: Notizformular zur schnellen schriftlichen Aufnahme von Elternbeschwerden

Elternbeschwerde von: ______________________________

Datum: __________

Beschwerdegrund: ______________________________

____

____

Erläuterter Hintergrund / Zusammenhang: ______________________________

____

____

____

____

____

____

____

____

____

____

Beschwerde-Adressatin: ______________________________

Missstimmung der Eltern:			Beschwerde-Häufigkeit:		
	sehr gering	❏		1-malig	❏
	gering	❏		2- / 3-malig	❏
	mäßig	❏		häufiger	❏
	hoch	❏			
	sehr hoch	❏			

Sofort umgesetzte Beschwerde-Lösung: ______________________________

____

Zusagen gegenüber den Eltern: ______________________________

____

____

____

____

____

Vereinbarter Gesprächstermin: Datum: __________ Zeit: __________ Ort: __________

Teilnehmer: ______________________________

Zuständig für weitere Bearbeitung: ______________________________

Erkennen von Konflikten

Konflikte gehören zum Alltag. Sie entwickeln sich da, wo Menschen miteinander in Beziehung treten. Sie kennen Konflikte auch aus Ihrem Berufsleben. Denn gelegentlich gestaltet sich ein Elterngespräch sehr schwierig, vor allem dann, wenn unterschiedliche Meinungen und Positionen aufeinandertreffen.

Definition eines Konflikts

Konflikte sind Spannungssituationen,

- in denen mindestens 2 Parteien,
- die voneinander unabhängig sind,
- nach ihren eigenen Zielen und Interessen handeln
- und mit Nachdruck versuchen,
- scheinbar unvereinbare Ziele und Interessen durchzusetzen.

Konflikte bewegen sich auf unterschiedlichen Ebenen. Stellen Sie zunächst fest, auf welcher Ebene sie liegen.

❶ Organisationsebene

Die Anlässe für solche Konflikte liegen innerhalb Ihrer Kindertageseinrichtung. Der Anlass kann in äußeren Bedingungen liegen, Ihrer einrichtungsinternen Koordination oder die Arbeitsabläufe betreffen.

Angenommen, in Ihrer Einrichtung gibt es eine Kinderkrippe und einen Kindergarten. Der Kindergarten hat eine wesentlich längere Öffnungszeit, weil er über mehr Personal verfügt. Bei den Krippeneltern kann diese Wahrnehmung zu Konflikten führen, denn sie fragen sich, warum der Kindergarten seinen Eltern längere Öffnungszeiten bietet, als Sie es in der Krippe tun.

❷ Aufgabenebene

Die Konflikte, die sich auf die Aufgabenebene beziehen, richten sich ganz konkret danach aus, wie Sie den Eltern gegenüber die Aufgaben in Ihrer Einrichtung wahrnehmen und erfüllen. Wie Ihre Zuständigkeiten oder wie die Arbeit und die Verantwortung nach außen und innen verteilt sind, sind wichtige Fragen der Aufgabenebene.

Konflikte sind dann vorprogrammiert, wenn die Eltern sehen, dass die Leiterin alleinige Anlaufstelle für Elternbeschwerden ist und die Erzieherin, um die es geht, beim Klärungsgespräch nicht mit einbezogen wird. Die Eltern achten sehr genau darauf, wie Sie Ihre Aufgaben in der Einrichtung wahrnehmen, da sie einen Anspruch darauf haben, dass ihr Kind gut betreut wird.

❸ Rollenebene

Ursachen für viele Konflikte sind unklar verteilte Rollen oder nicht ausgesprochene Zuweisungen. Auch erlerntem Verhalten und der Ausprägung, wie jeder seine Rolle wahrnimmt, kommt hier eine ganz wesentliche Bedeutung zu.

Nehmen Sie beispielsweise an, eine Mutter schreibt Ihnen als Horterzieherin unausgesprochen die Funktion der Nachhilfelehrkraft für ihr Kind zu. Diese Mutter wird bei gleichbleibenden oder schlechteren Zensuren ihres Kindes mehr und mehr von Ihnen enttäuscht sein, da Sie sich nicht entsprechend der Rolle verhalten, die sie Ihnen zugewiesen hat.

Schaubild: Die Diagnose von Konfliktebenen

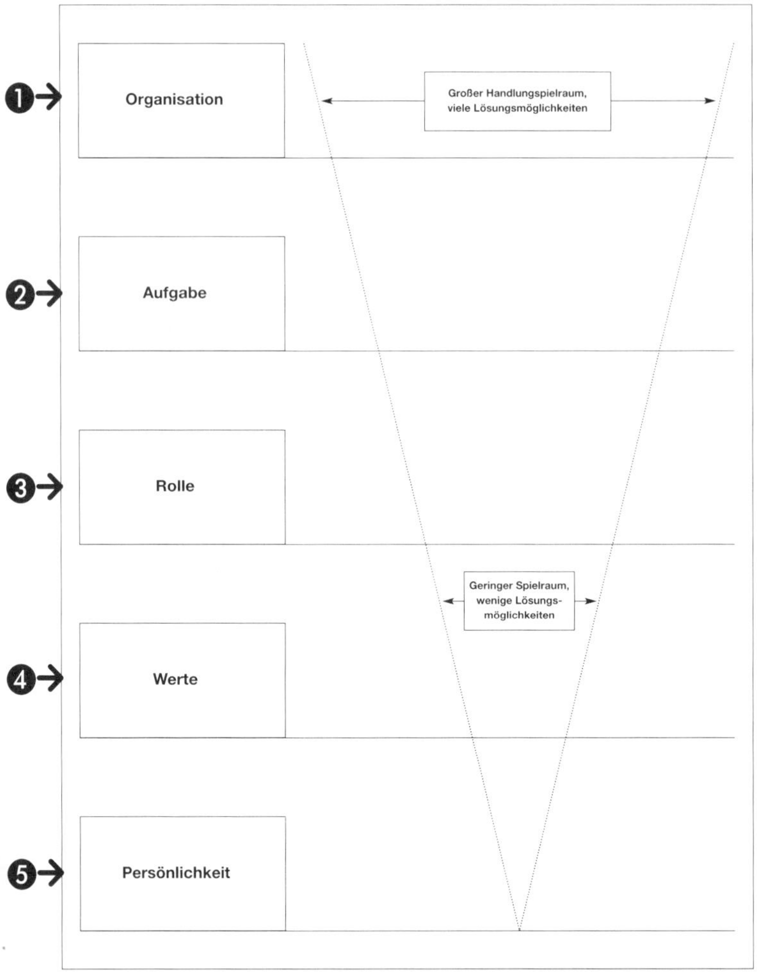

❹ Werteebene

Konflikte auf der Werteebene können nicht mehr ohne Mühe geklärt werden. Wertekonflikte beziehen sich auf gänzlich unterschiedliche Einstellungen, Identitäten, Wertvorstellungen oder Leitbilder. Auch kultur- oder religionsbedingte Konflikte sind auf dieser Ebene anzusiedeln. Eltern, die in einem konfessionellen Kindergarten die religiöse Ausprägung und Wertvorstellungen nicht tolerieren, haben einen Wertekonflikt. Dieser Punkt wird in unserer Gesellschaft immer Konfliktpotenzial bieten, da es keine allgemein gültigen Wertevorstellungen gibt und auch keine verbindlichen Erziehungsmodelle.

❺ Persönlichkeitsebene

Konflikte auf der Persönlichkeitsebene lassen sich nur ganz schwer oder gar nicht lösen. Bei Konflikten dieser Art geht es um die ganze Person, um Stärken und Schwächen, persönliche Vorlieben, die individuelle Lebensgeschichte und die Art und Weise, mit Problemen umzugehen.

Wenn ein Kind beispielsweise wiederholt erzählt, dass eine Mutter zu Hause unter Alkoholeinfluss steht, liegt dieser Konflikt auf der Persönlichkeitsebene. Er kann von Ihnen und der Mutter nicht allein gelöst werden. Bei Konflikten auf der Persönlichkeitsebene kommt es oft zu großen Schwierigkeiten, da es um die Persönlichkeit oder den Charakter von Personen geht und nicht mehr um Ihre Arbeit. Die gegenüberliegende Grafik zeigt Ihnen die Konfliktebenen. Je höher sie liegen, desto schneller und leichter sind sie im Gespräch zu klären. Die Lösung von Konflikten verläuft wie in der Grafik trichterförmig. Nach unten hin werden Ihr Handlungsspielraum und die Lösungsmöglichkeiten von Konflikten immer geringer und eingeschränkter, weil immer mehr persönliche Faktoren mitspielen. Ab der Werteebene ist sehr viel Erfahrung und Sensibilität bei der Lösung des Konflikts von Ihnen gefordert, um adäquat auf die Eltern einzugehen.

Kopiervorlage

Schaubild: Die Diagnose von Konfliktebenen

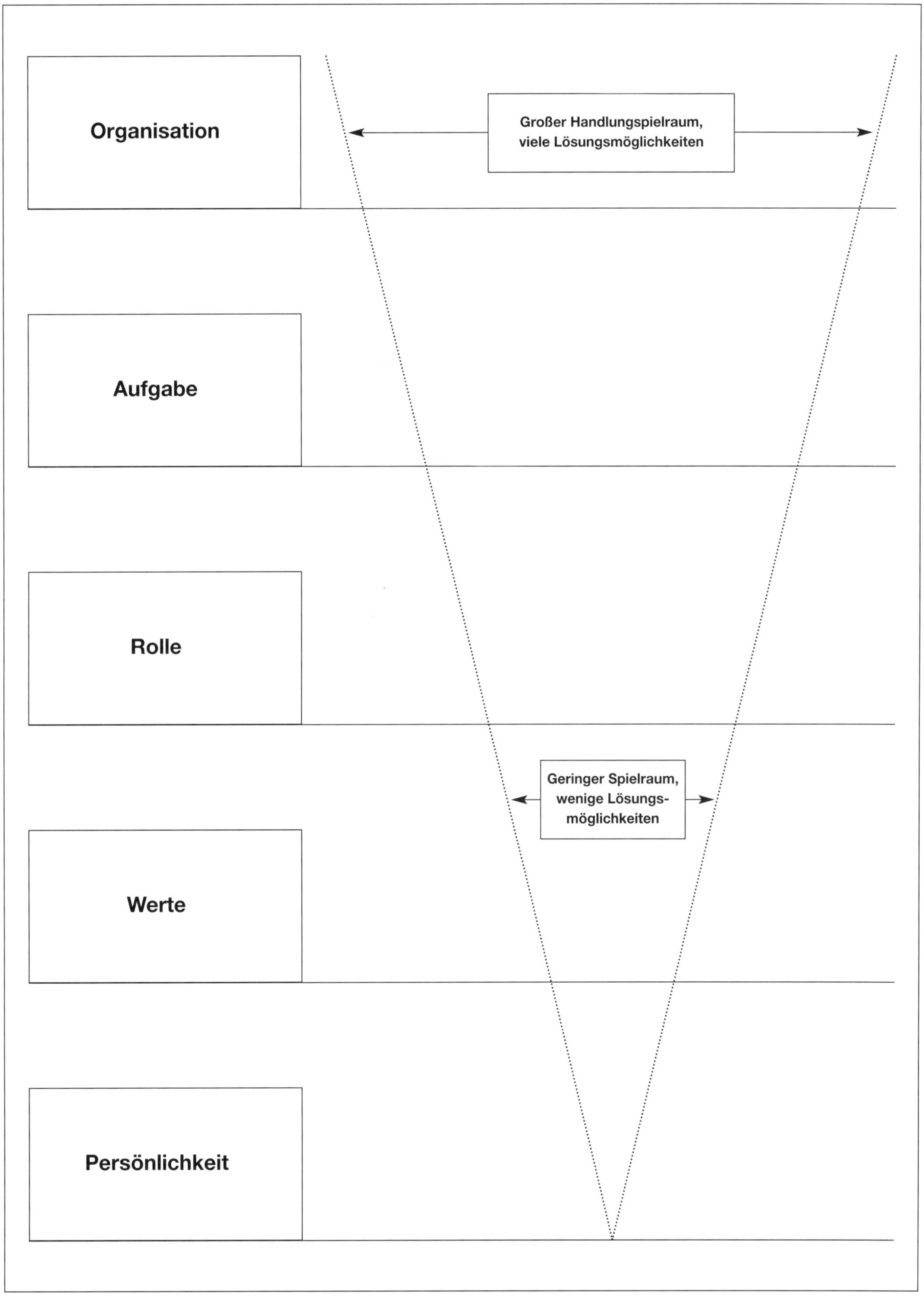

Analyse von Konflikttypen

Wenn Sie Konflikte mit Eltern lösen wollen, beginnen Sie am besten noch vor dem Gespräch mit Ihrer Analyse. Um eine geeignete Lösung für den Konflikt zu entwickeln, müssen Sie zunächst herausfinden, welche Konflikttypen beteiligt sind beziehungsweise zu welchen Konflikttypen sie gehören.

Lernen Sie die Konflikttypen kennen

Das Konflikttypenmodell unterscheidet 5 verschiedene Kategorien. Je nachdem, in welche Kategorie Sie die Eltern einordnen, die am Konflikt beteiligt sind, werden die Lösungen unterschiedlich sein.

❶ Die Jasager

Diese Elterntypen geben ihren eigenen Standpunkt schnell auf, passen sich an Stärkere an und wechseln die eigene Meinung rasch. Sie streben nach Harmonie und spielen in Konflikten meist nur Nebenrollen. Wenn beispielsweise stärkere Eltern eine Position der Einrichtung gegenüber vertreten, schließen sich die Jasager an. Typisches Verhalten der Jasager im Konfliktfall ist Anpassung oder Unterordnung. Sie äußern nur selten ihre Meinung, weil sie nicht anecken wollen und lieber nachgeben oder leiden, anstatt aufzufallen, indem sie Kritik äußern.

Anmerkung:

Mit Jasagern werden Sie kein Konfliktgespräch führen müssen, es sei denn, andere Eltern übernehmen die Führungsrolle. Die Jasager-Eltern lenken im Konfliktfall ein, noch bevor das Gespräch zustande kommt. Prüfen Sie deshalb gründlich, ob der Konflikt bei diesen Eltern wirklich beigelegt ist.

❷ Die Passiven

Passive Eltern gehen jeglicher Auseinandersetzung aus dem Weg. Oft stecken Ängste und Unsicherheit hinter ihrem Verhalten: Angst vor Kritik oder Furcht, im Konfliktgespräch zu unterliegen, sind Motive der Vermeidung beim passiven Elterntyp. Wenn passive Konflikttypen einer Konfliktsituation nicht entfliehen können, werden sie zum Jasager.

Anmerkung:

Passive Konflikttypen sind meist nicht in Konflikte verwickelt, da sie sich der klärenden Situation entziehen, bevor es zur Aussprache kommt. Solche Eltern schließen sich auch nicht der Meinung starker Eltern an, solange sie dies vermeiden können.

❸ Die Unsicheren

Unsichere Konflikttypen sind immer wieder in Konflikte verwickelt, obwohl ihnen die Situation sehr unangenehm ist. Solche Eltern können den Druck von Konfliktgesprächen nicht aushalten. Wenn im Konfliktgespräch eine Lösung gefunden werden muss, schließen die unsicheren Eltern vorschnell Kompromisse, nur damit der Konflikt schnell geklärt ist.

Anmerkung:

Achten Sie bei Eltern, die so reagieren, im Konfliktgespräch besonders darauf, dass Kompromisse gründlich ausgehandelt und nicht vorschnell geschlossen werden. Sonst besteht die Gefahr, dass die Kompromisse nicht tragfähig und realisierbar sind und deshalb in neuen Konfliktsituationen enden.

❹ Die Fairen

Diese Eltern verfügen über eine hohe Sozialkompetenz. Sie kennen auch im Konfliktfall ihre eigenen Bedürfnisse und Vorstellungen, legen jedoch auch Wert auf Ihre Meinung und Ihre Sichtweise. Eltern, die die Fairen sind, wissen ganz genau, dass zur Lösung eines Konfliktgesprächs oft ein Kompromiss dient. Sie suchen daher mit Ihnen zusammen nach tragfähigen und praktikablen Kompromissen und versuchen, faule oder vorschnelle Lösungen zu vermeiden.

Anmerkung:

Konfliktgespräche mit fairen Eltern verlaufen meist als partnerschaftlicher Dialog, an dessen Ende ein Kompromiss steht, mit dem Sie selbst und die Eltern zufrieden sind. Sie sind in Konfliktsituationen meist die unkompliziertesten Eltern.

❺ Die Starken

Starke Konflikttypen handeln sehr selbstbewusst; sie wissen, dass sie sich durchsetzen können, und schätzen ihre eigene Stärke ganz realistisch ein. Bei den starken Eltern stehen das Durchsetzen ihrer Position und das Erreichen der selbst gesetzten Ziele im Vordergrund. Starke Konflikttypen wollen ihre Ziele oft um jeden Preis erreichen, deshalb arbeiten sie manchmal mit Tricks. Sie ziehen beispielsweise andere Eltern auf ihre Seite, binden Unbeteiligte mit in die Konflikte ein, bilden Allianzen oder schmieden Intrigen, mit dem Ziel, den Konflikt zu gewinnen.

Anmerkung:

Gespräche mit Eltern dieses Konflikttyps sind besonders anstrengend. Bereiten Sie sich daher sehr gründlich darauf vor. Rechnen Sie mit Tricks und seien Sie auf der Hut: Bevor starke Typen unterliegen, suchen sie eventuell die Unterstützung der anderen Eltern, besonders der Jasager. Vermitteln Sie den Starken nie das Gefühl, dass sie unterlegen sind. Handeln Sie mit ihnen solche Kompromisse aus, die ihnen den Eindruck vermitteln, dass Sie und die Eltern zusammen als Gewinner aus dem Konfliktgespräch hervorgehen.

Test: Mit welchen Konflikttypen haben Sie es zu tun?

Kriterien	Ja	Nein
❶➔ **Die Jasager**		
Wechseln die Eltern ihre Meinung oft unvermittelt?	❑	❑
Können die Eltern im Gespräch mit Ihnen den eigenen Standpunkt nicht beibehalten?	❑	❑
Machen die Eltern den Eindruck, es Ihnen recht machen zu wollen, und stimmen sie Ihnen rasch zu?	❑	❑
❷➔ **Die Passiven**		
Gehen die Eltern Auseinandersetzungen und Konflikten generell aus dem Weg?	❑	❑
Wirken die Eltern unsicher und haben sie Angst vor Ihrer Kritik?	❑	❑
Entziehen die Eltern sich Konfliktgesprächen durch Einlenken oder Nichterscheinen?	❑	❑
❸➔ **Die Unsicheren**		
Empfinden die Eltern das Konfliktgespräch als unangenehm?	❑	❑
Wollen die Eltern schnellstmöglich dem Gespräch entkommen?	❑	❑
Stimmen die Eltern sofort einem Kompromiss zu oder schlagen sie überstürzt einen solchen vor?	❑	❑
❹➔ **Die Fairen**		
Kennen die Eltern die eigene Position ganz genau?	❑	❑
Interessieren die Eltern sich auch für Ihren Standpunkt?	❑	❑
Streben die Eltern gemeinsam mit Ihnen eine einvernehmliche Lösung an?	❑	❑
❺➔ **Die Starken**		
Sind die Eltern sehr selbstbewusst und können sie ihre Meinung äußern?	❑	❑
Sind die Eltern nicht an Kompromissen interessiert, sondern wollen nur ihre eigene Meinung durchsetzen und in ihrer dominanten Art agieren?	❑	❑
Arbeiten die Eltern hinter Ihrem Rücken mit Tricks und bilden sie Allianzen mit anderen Eltern, um ihre eigenen Ziele zu erreichen?	❑	❑

Auswertung:
Wenn ein Konfliktgespräch ansteht, stellen Sie fest, mit welchem Konflikttyp Sie es zu tun haben. Eltern, bei denen Sie in einer Rubrik 2-mal und mehr mit „Ja“ antworten, können diesem Konflikttyp zugeordnet werden.

Kopiervorlage

Test: Mit welchen Konflikttypen haben Sie es zu tun?

Kriterien	Ja	Nein
Die Jasager		
Wechseln die Eltern ihre Meinung oft unvermittelt?	❏	❏
Können die Eltern im Gespräch mit Ihnen den eigenen Standpunkt nicht beibehalten?	❏	❏
Machen die Eltern den Eindruck, es Ihnen recht machen zu wollen, und stimmen sie Ihnen rasch zu?	❏	❏
Die Passiven		
Gehen die Eltern Auseinandersetzungen und Konflikten generell aus dem Weg?	❏	❏
Wirken die Eltern unsicher und haben sie Angst vor Ihrer Kritik?	❏	❏
Entziehen die Eltern sich Konfliktgesprächen durch Einlenken oder Nichterscheinen?	❏	❏
Die Unsicheren		
Empfinden die Eltern das Konfliktgespräch als unangenehm?	❏	❏
Wollen die Eltern schnellstmöglich dem Gespräch entkommen?	❏	❏
Stimmen die Eltern sofort einem Kompromiss zu oder schlagen sie überstürzt einen solchen vor?	❏	❏
Die Fairen		
Kennen die Eltern die eigene Position ganz genau?	❏	❏
Interessieren die Eltern sich auch für Ihren Standpunkt?	❏	❏
Streben die Eltern gemeinsam mit Ihnen eine einvernehmliche Lösung an?	❏	❏
Die Starken		
Sind die Eltern sehr selbstbewusst und können sie ihre Meinung äußern?	❏	❏
Sind die Eltern nicht an Kompromissen interessiert, sondern wollen nur ihre eigene Meinung durchsetzen und in ihrer dominanten Art agieren?	❏	❏
Arbeiten die Eltern hinter Ihrem Rücken mit Tricks und bilden sie Allianzen mit anderen Eltern, um ihre eigenen Ziele zu erreichen?	❏	❏

Auswertung:

Wenn ein Konfliktgespräch ansteht, stellen Sie fest, mit welchem Konflikttyp Sie es zu tun haben. Eltern, bei denen Sie in einer Rubrik 2-mal und mehr mit „Ja“ antworten, können diesem Konflikttyp zugeordnet werden.

Durchführung von Konfliktgesprächen

Konfliktgespräche stehen häufig dann an, wenn es um Entwicklungsrückstände des Kindes und daraus resultierenden besonderen Förderbedarf geht. Auch erzieherische Probleme und Verhaltensauffälligkeiten beim Kind können Ursachen für Konflikte sein. Manche Eltern verschließen sich, wollen dies nicht wahrhaben und erheben Vorwürfe gegen Sie als Erzieherin, die ihr Kind ihrer Meinung nach nicht ausreichend fördert oder das Kind benachteiligt. Oftmals wird von Eltern eine Beschwerde vorgeschoben, die den eigentlichen Konflikt überdeckt, deshalb ist es so schwer, Konflikte zu identifizieren und ihre Ursachen zu ergründen.

Fehler bei Konfliktgesprächen vermeiden

Gehen Sie im Konfliktgespräch mit Eltern sensibel vor und vermeiden Sie die folgenden Fehler:

Vorwürfe und Schuldzuweisungen

Vorschnelle Ratschläge oder Beschuldigungen bringen Sie in einem Konfliktgespräch nicht weiter. Eltern fühlen sich angegriffen, sie werden sich verschließen und keinen Rat mehr von Ihnen annehmen. Vorwürfe verbauen den Weg für eine gemeinsame Lösungssuche mit Eltern: *„Wenn Sie von Anfang an meinen Rat konsequent befolgt hätten, dann stünden wir heute nicht vor einem solchen Problem!"*

Überrumpeln und Überreden

„Sicherlich haben Sie nichts dagegen, Ihr Kind bei unserer Ergotherapeutin anzumelden. Zufällig ist die Ergotherapeutin gerade hier und wird gleich mit Ihnen sprechen!" Durch ein solches Vorgehen verlieren die Eltern das Vertrauen zu Ihnen. Sie werden Ihnen fortan mit Skepsis und Misstrauen begegnen. Eltern werden Ihnen gegenüber versuchen, Probleme zu vertuschen. Offenes Ansprechen von Problemen und Lösen von Konflikten sind so nicht mehr möglich.

Falsche Versprechungen

Sie riskieren das Vertrauen, das Eltern in Sie als Fachfrau setzen, wenn sich Ihre Versprechungen nicht bewahrheiten. Versprechen Sie nur das, was Sie tatsächlich halten können, und sagen Sie den Eltern offen und ehrlich Ihre Meinung: *„Wenn Sie das Kind in unserem Hort anmelden, kommen die schulischen Probleme mit Ihrem Kind sofort wieder ins Lot!"*

So regulieren Sie Konflikte

Die folgenden Schritte können Sie einsetzen, wenn es sich im Elterngespräch um die Aufarbeitung eines Konflikts dreht.

❶ Gehen Sie das Problem offensiv an

Manche Konflikte können nicht von Ihnen allein gelöst werden. Bringen Sie deshalb die Familie an einen Tisch, um mit allen, die an der Erziehung des Kindes beteiligt sind, die Problematik anzusprechen. Schildern Sie dabei ehrlich und verständlich das Problem, wie es sich für Sie in der Einrichtung darstellt. Sie helfen den Eltern, wenn Sie Ihre Schilderungen anhand von aktuellen Beispielen und Beobachtungen untermauern.

❷ Kontrollieren Sie den Dialog

Eltern neigen manchmal zur selektiven Wahrnehmung und zur spontanen Verleugnung oder Verharmlosung des Konflikts. Um Missverständnisse und Streit zu vermeiden, sollten Sie den Dialog kontrollieren. Gehen Sie dabei so vor, dass Sie mit Fragen durch das Gespräch führen und immer wieder die Stellungnahme und Sichtweise der Eltern einholen. Fassen Sie zentrale Inhalte der elterlichen Meinung zusammen. Dies gibt Eltern die Chance, ihren Blickwinkel aus einer anderen Perspektive zu betrachten, zu spiegeln und zu reflektieren.

❸ Legen Sie die Emotionen offen

Konfliktgespräche sind für Eltern immer mit Emotionen verbunden: Gefühle wie Enttäuschung, Angst, Schock und Kränkung können auftreten, wenn Eltern sich nach einer Phase der Verleugnung den gravierenden Entwicklungsrückstand ihres Kindes eingestehen. Erst wenn Eltern ihre Gefühle offen ansprechen oder ihre Verzweiflung und Angst offenbaren, können Sie im nächsten Schritt die Lösung des Konflikts anstreben.

❹ Handeln Sie eine tragfähige Lösung aus

Im Konfliktgespräch darf keine Partei die andere Seite als Schuldigen ansehen.

Dies gelingt Ihnen, wenn Sie im Gespräch immer wieder die Weiterentwicklung des Kindes als gemeinsames Ziel in den Mittelpunkt Ihrer Besprechung stellen. Streben Sie eine dauerhafte, tragfähige Lösung im Sinne des Kindes an, und halten Sie fest, was beide Seiten – also die Eltern und die Einrichtung – leisten können, um die Weiterentwicklung des Kindes zu gewährleisten.

Streichen Sie „vorgedachte Lösungen" wie beispielsweise *„Die Eltern sollen ihr Kind bei einer Erziehungsberatung vorstellen"* aus Ihrem Gedankenrepertoire. Vorbereitete Gesprächsergebnisse werden von Eltern nur zum Schein angenommen. Lang anhaltende Problemlösungen können nur durch ehrlichen Austausch und Abstimmung im gemeinsamen Gespräch entwickelt werden.

Argumentationshilfe: So regulieren Sie Konflikte

Schritt	So reagieren Sie richtig	Vermeiden Sie solche Formulierungen
❶ Gehen Sie das Problem offensiv an	*„Vielen Dank, dass Sie alle an diesem Gespräch teilnehmen. Das ist sehr wichtig für Ihr Kind, denn es steht die Frage im Raum, ob Ihr Kind eine Förderschule besuchen soll."*	*„Wie Sie bereits wissen, tut sich Ihr Kind im Lernen schwer. Sie können das nicht so gut beurteilen, aber wir stellen die Lernschwäche bei unserer Schulvorbereitung immer wieder fest."*
❷ Kontrollieren Sie den Dialog	*„Wie verhält sich Ihr Kind zu Hause, wenn es im Spiel Farben zuordnen oder Mengen erfassen soll?"* *„Sie sind der Ansicht, dass Ihr Kind noch verspielt ist und die Farben und Zahlen sicher bald lernen wird?"*	*„Alle Kinder können in diesem Alter schon zählen und kennen die Farben, nur Ihr Kind nicht."*
❸ Legen Sie Emotionen offen	*„Sie fühlen sich jetzt hilflos und sind mitgenommen, weil Ihnen der Rückstand in der Entwicklung Ihres Kindes bewusst geworden ist."* *„Welche Befürchtungen haben Sie in diesem Moment?"*	*„Ihrem Kind geht es an der Förderschule sicherlich gut."* *„Das ist kein Weltuntergang und auch kein Grund zum Weinen."*
❹ Handeln Sie eine tragfähige Lösung aus	*„Sie möchten zunächst einen Eindruck von der Schule gewinnen, das verstehe ich gut."* *„Ich besorge gerne für Sie die Telefonnummer des zuständigen Beratungslehrers der Förderschule."* *„Sie wollen sich die Schule zunächst genau anschauen und danach mit dem Beratungslehrer sprechen."* *„Wenn Sie möchten, dass ich beim Gespräch dabei bin, werde ich dies gerne tun."*	*„Ich habe Ihnen schon vor dem Gespräch alle wichtigen Unterlagen herausgesucht."* *„Sie gehen also an die Schule und melden Ihr Kind an."*

Kopiervorlage

Argumentationshilfe: So regulieren Sie Konflikte

Schritt	So reagieren Sie richtig	Vermeiden Sie solche Formulierungen
Gehen Sie das Problem offensiv an	*„Vielen Dank, dass Sie alle an diesem Gespräch teilnehmen. Das ist sehr wichtig für Ihr Kind, denn es steht die Frage im Raum, ob Ihr Kind eine Förderschule besuchen soll."*	*„Wie Sie bereits wissen, tut sich Ihr Kind im Lernen schwer. Sie können das nicht so gut beurteilen, aber wir stellen die Lernschwäche bei unserer Schulvorbereitung immer wieder fest."*
Kontrollieren Sie den Dialog	*„Wie verhält sich Ihr Kind zu Hause, wenn es im Spiel Farben zuordnen oder Mengen erfassen soll?"* *„Sie sind der Ansicht, dass Ihr Kind noch verspielt ist und die Farben und Zahlen sicher bald lernen wird?"*	*„Alle Kinder können in diesem Alter schon zählen und kennen die Farben, nur Ihr Kind nicht."*
Legen Sie Emotionen offen	*„Sie fühlen sich jetzt hilflos und sind mitgenommen, weil Ihnen der Rückstand in der Entwicklung Ihres Kindes bewusst geworden ist."* *„Welche Befürchtungen haben Sie in diesem Moment?"*	*„Ihrem Kind geht es an der Förderschule sicherlich gut."* *„Das ist kein Weltuntergang und auch kein Grund zum Weinen."*
Handeln Sie eine tragfähige Lösung aus	*„Sie möchten zunächst einen Eindruck von der Schule gewinnen, das verstehe ich gut."* *„Ich besorge gerne für Sie die Telefonnummer des zuständigen Beratungslehrers der Förderschule."* *„Sie wollen sich die Schule zunächst genau anschauen und danach mit dem Beratungslehrer sprechen."* *„Wenn Sie möchten, dass ich beim Gespräch dabei bin, werde ich dies gerne tun."*	*„Ich habe Ihnen schon vor dem Gespräch alle wichtigen Unterlagen herausgesucht."* *„Sie gehen also an die Schule und melden Ihr Kind an."*

Konfliktgespräche gekonnt und sicher führen

Mit Eltern können Sie „einfache" Konflikte im Regelfall allein lösen. Wenn sich der Konflikt auf einer der oberen Ebenen abspielt, es sich also um einen Organisations-, Aufgaben- oder Rollenkonflikt handelt, bereiten Sie sich auf ein 4-Augen-Gespräch mit den Eltern vor.

Grundregeln für eine schnelle Konfliktlösung

Die folgenden 6 Regeln geben Ihnen Sicherheit im Gespräch mit den Eltern.

❶ Schnell reagieren

Sobald Sie Konflikte wahrnehmen, Störungen oder Spannungen bei den Eltern bemerken, müssen Sie handeln. Merken Sie beispielsweise, dass eine Mutter, die Ihnen gegenüber bislang aufgeschlossen reagierte, Ihnen aus dem Weg geht und Sie kaum noch grüßt, sprechen Sie die Situation an. Sicherlich können Sie im gemeinsamen Gespräch ergründen, dass es sich um ein Missverständnis handelt. Wenn Sie zeitig reagieren, klären Sie die Ungereimtheiten, ohne dass daraus ein Konflikt entstehen muss. Schlagen Sie beispielsweise einer unsicheren Mutter vor, zum Gespräch ihren Mann mitzubringen. Dadurch erhält sie zusätzliche Sicherheit. In einer solchen Atmosphäre öffnen sich die betroffenen Eltern in der Regel schneller und geben ihr eigenes Urteil zur Ursache und Entstehung des Konflikts ab.

❷ Behutsam heranführen

Laden Sie beide Elternteile zum Gespräch ein. Mit dieser Einleitung wird die Mutter behutsam an das heikle Thema herangeführt. Nachdem Sie das Problem benannt haben, besprechen Sie mit der Mutter einige Beispiele und Beobachtungen, die Sie zu Ihrem Eindruck führten: *„Frau Schneider, Sie wissen, dass ich Sie sehr schätze. Allerdings wirken Sie mir gegenüber in der letzten Zeit abweisend. Ich glaube, Ihr Verhalten hat mit Ihrer Beschwerde zu tun, dass Sie glauben, ich würde mit Ihrem Kind mehr schimpfen als mit den anderen Kindern. Ich würde dies gerne klären und zunächst über Ihre Eindrücke sprechen wollen."*

❸ Klare und knappe Aussagen machen

Auch wenn es Ihnen schwerfällt: Reden Sie nicht lange um den heißen Brei herum. Machen Sie keine Andeutungen, sondern kommen Sie direkt auf den Punkt: *„Ich erlebe Sie im Umgang mit Ihrem Kind oft sehr gereizt und laut. Andere Kinder haben dies bereits bemerkt und fragen Ihr Kind, warum Sie so laut schimpfen."* Mit dieser klaren Aussage stellen Sie den Grund Ihres Gesprächs transparent dar.

❹ Keine Vorwürfe erheben

Vorwürfe an die Eltern dienen nicht der Lösung eines Konflikts. Sie sind wenig konstruktiv und verstärken die ohnehin schon gereizte Stimmung. Versuchen Sie, behutsam im Einzelgespräch zu erforschen, was den Konflikt auslöste und welche tiefer liegenden Ursachen er hat. Fragen Sie die Mutter beispielsweise, warum sie in der letzten Zeit ihrem Kind gegenüber so gereizt reagiert. Forschen Sie mit der Mutter gemeinsam nach den Umständen und den Ursachen. Stellen Sie gezielte Fragen, und lassen Sie die Mutter das Problem aus ihrer Sicht schildern und beschreiben. Überprüfen Sie dabei auch Ihre eigene Einstellung. Haben Sie Zusammenhänge übersehen oder waren Ihnen Fakten nicht bekannt?

Selbsttest: Sind Sie in der Lage, Konflikte im Elterngespräch zu lösen?

	Fragen	Ja	Nein
❶→	Überlegen Sie vor dem Gespräch, wer alles am Konflikt beteiligt ist?	❑	❑
	Betrachten Sie die Beteiligten gründlich und prüfen Sie, zu welchen Konflikttypen sie gehören?	❑	❑
	Geben Sie Eltern die Möglichkeit, den Partner am Gespräch zu beteiligen?	❑	❑
❷→	Versetzen Sie sich in die Eltern, um ihre Sichtweise besser zu verstehen?	❑	❑
	Leiten Sie das Konfliktgespräch sensibel und ohne Vorwurf ein?	❑	❑
	Belegen Sie Ihr Gespräch mit anschaulichen Beispielen?	❑	❑
❸→	Gelingt es Ihnen, unbequeme Inhalte deutlich und klar zu formulieren?	❑	❑
	Können Sie unbequeme Inhalte schnell und zielgerichtet im Gespräch anbringen, ohne lange um den heißen Brei herumzureden?	❑	❑
❹→	Machen Sie sich Ihre eigenen Emotionen bewusst, um negative Gedanken auszuschalten?	❑	❑
	Argumentieren Sie den Eltern gegenüber ohne Schuldzuweisung und Vorwurf?	❑	❑
❺→	Besprechen Sie mit den Eltern den Konflikt, ohne auf vorschnelle Lösungen zu drängen?	❑	❑
	Stehen Sie zu Ihren Versprechungen und Vereinbarungen?	❑	❑
	Suchen Sie mit den Eltern zusammen nach geeigneter Hilfe und Unterstützung?	❑	❑
❻→	Vereinbaren Sie mit den Eltern gemeinsam Ziele, um den Konflikt dauerhaft zu bereinigen?	❑	❑

Auswertung:
Falls Sie alle Fragen mit „Ja" ankreuzen konnten, ist es um Ihre Konfliktlösefähigkeit im Elterngespräch bestens bestellt.
Wenn Sie mehr als 2-mal mit „Nein" geantwortet haben, unterlaufen Ihnen unnötige Fehler im Gespräch mit den Eltern. Sie sollten Ihre Fähigkeit optimieren, mit Eltern Konflikte zu thematisieren und zu tragfähigen Lösungen zu gelangen, indem Sie dieses Kapitel aufmerksam durcharbeiten.

Kopiervorlage

❺ Gemeinsame Lösungen entwickeln

Vorgefertigte Lösungen nutzen Ihnen nur wenig: Streichen Sie Patentlösungen aus Ihrem Kopf. Vorbestimmte Lösungen haben nur wenig mit der eigentlichen Ursache des Konflikts zu tun und werden von den Eltern bemerkt sowie als Bevormundung empfunden. Lösungen müssen aus den gemeinsamen Gesprächen erwachsen.

Wenn Sie beispielsweise im Gespräch von der Mutter erfahren, dass ihr Mann sich von ihr getrennt hat und sie sich stark belastet fühlt, weil sie den Lebensunterhalt für sich und ihr Kind bestreiten muss, kann keine vorher erdachte Lösung hilfreich sein. Sie überlegen im gemeinsamen Gespräch, was entlastende und hilfreiche Faktoren für die Mutter in ihrer derzeitigen Lage sind.

Sie geben den betroffenen Eltern die Chance, über den belastenden Konflikt zu sprechen. Das Besprechen und Ihr Hinterfragen spiegeln für die Eltern den Sachverhalt wider. Damit betrachten sie den Konflikt aus einer gewissen Distanz heraus. Manchmal reicht dieses Beleuchten zur Konfliktlösung bereits aus. Bei größeren oder vielschichtigeren Konflikten sind oft mehrere Gespräche nötig, um gemeinsam eine passende Lösung zu finden

❻ Realistische Ziele vereinbaren

Formulieren Sie im Gespräch eine oder mehrere Zielvereinbarungen, die helfen, den Konflikt dauerhaft beizulegen.

Exemplarische Zielvereinbarungen:

- Unzufriedenheit künftig sofort aussprechen und beim direkt Beteiligten melden
- Regelmäßiger Austausch zwischen Eltern und der Erzieherin
- Gespräche, die zukünftig miteinander und nicht mehr übereinander geführt werden

Selbsttest: Sind Sie in der Lage, Konflikte im Elterngespräch zu lösen?

Fragen	Ja	Nein
Überlegen Sie vor dem Gespräch, wer alles am Konflikt beteiligt ist?	❏	❏
Betrachten Sie die Beteiligten gründlich und prüfen Sie, zu welchen Konflikttypen sie gehören?	❏	❏
Geben Sie Eltern die Möglichkeit, den Partner am Gespräch zu beteiligen?	❏	❏
Versetzen Sie sich in die Eltern, um ihre Sichtweise besser zu verstehen?	❏	❏
Leiten Sie das Konfliktgespräch sensibel und ohne Vorwurf ein?	❏	❏
Belegen Sie Ihr Gespräch mit anschaulichen Beispielen?	❏	❏
Gelingt es Ihnen, unbequeme Inhalte deutlich und klar zu formulieren?	❏	❏
Können Sie unbequeme Inhalte schnell und zielgerichtet im Gespräch anbringen, ohne lange um den heißen Brei herumzureden?	❏	❏
Machen Sie sich Ihre eigenen Emotionen bewusst, um negative Gedanken auszuschalten?	❏	❏
Argumentieren Sie den Eltern gegenüber ohne Schuldzuweisung und Vorwurf?	❏	❏
Besprechen Sie mit den Eltern den Konflikt, ohne auf vorschnelle Lösungen zu drängen?	❏	❏
Stehen Sie zu Ihren Versprechungen und Vereinbarungen?	❏	❏
Suchen Sie mit den Eltern zusammen nach geeigneter Hilfe und Unterstützung?	❏	❏
Vereinbaren Sie mit den Eltern gemeinsam Ziele, um den Konflikt dauerhaft zu bereinigen?	❏	❏

Auswertung:
Falls Sie alle Fragen mit „Ja“ ankreuzen konnten, ist es um Ihre Konfliktlösefähigkeit im Elterngespräch bestens bestellt.
Wenn Sie mehr als 2-mal mit „Nein“ geantwortet haben, unterlaufen Ihnen unnötige Fehler im Gespräch mit den Eltern. Sie sollten Ihre Fähigkeit optimieren, mit Eltern Konflikte zu thematisieren und zu tragfähigen Lösungen zu gelangen, indem Sie dieses Kapitel aufmerksam durcharbeiten.

Konfliktgespräche mit Leiterin, Erzieherin und Eltern

Handelt es sich um einen verschärften Konflikt zwischen Erzieherin und Eltern, müssen Sie als Leiterin helfend und begleitend eingreifen. Übernehmen Sie Verantwortung für das Konfliktmanagement.

Wann Sie als Leiterin den Konflikt begleiten müssen

Ihre Pflicht als Leiterin ist es, der Erzieherin und den Eltern bei verhärteten Konflikten beizustehen. In den folgenden Fällen sollten Sie auf jeden Fall die Begleitung übernehmen:

- Bei Vorwürfen der Eltern an eine bestimmte Erzieherin
- Bei Vorwürfen, die verletzend und entwürdigend von Eltern erhoben werden
- Bei Konflikten, an denen Erzieherinnen mit wenig Berufserfahrung und Eltern beteiligt sind
- Bei Konflikten, die bereits längere Zeit schwelen
- Bei Konflikten zwischen den Eltern und der Erzieherin, die scheinbar gelöst sind, jedoch immer wieder aufbrechen
- Bei Konflikten der Werteebene oder der Persönlichkeitsebene

7 Regeln für Ihr Konfliktmanagement als Leiterin

❶ Sorgfältige Prüfung vornehmen

Machen Sie sich sofort, nachdem Sie vom Konflikt erfahren haben, ein eigenes Bild von seinem Ausmaß. Erkunden Sie die Hintergründe und die Zusammenhänge des Konflikts. Stellen Sie fest, wer alles an der Entstehung des Konflikts und am weiteren Verlauf beteiligt ist. Prüfen Sie die Konflikttypen und die Ebene, auf der der Konflikt sich befindet.

❷ Handlungsentwurf entwickeln

Arbeiten Sie einen Entwurf aus, in dem Sie detailliert die Ergebnisse aus Ihrer Konfliktprüfung notieren und festhalten, wie Sie ihn angehen wollen. Wenn Sie sich sehr unsicher über Ihr Handlungskonzept sind, holen Sie sich die Unterstützung eines Coaches. Dies könnte beispielsweise kurzfristig ein professioneller Coach, eine erfahrene Leitungskollegin oder Ihre Fachberaterin sein.

❸ Beide Seiten ernst nehmen

Denken Sie sich in beide Konfliktparteien hinein. Versuchen Sie, die Motive der Eltern und der Erzieherin zu verstehen. Nur wenn Sie beide Seiten ernst nehmen, kann die Konfliktlösung gelingen. Manchmal ist es dazu nötig, dass Sie vor einem gemeinsamen Gespräch mit den Eltern und der Erzieherin einzeln sprechen, um Hintergründe und Motive zu erfahren.

❹ Gemeinsame Kommunikation ermöglichen

Der Grundstein ist gelegt, wenn die Eltern und die Erzieherin gemeinsam an einem Tisch über den Konflikt sprechen können. Im Erstgespräch ist es oft noch nicht möglich, dass beide Seiten miteinander kommunizieren, indem sie sich beispielsweise aussprechen lassen und einander nicht ins Wort fallen. Regen Sie dann an, dass jede Partei ihre eigene Sicht schildert und die andere Seite einfach nur zuhört. Dies ist bei tief sitzenden Konflikten bereits ein 1. großer Erfolg.

Checkliste: Erweiterte Konfliktgespräche mit Leiterin, Erzieherin und Eltern

	Zu erledigen	Erledigt
❶→	Beschaffen Sie sich möglichst viele Informationen über den Konflikt.	❑
	Notieren Sie: ■ seit wann es den Konflikt gibt und ob er schon lange in der Kita schwelt, ■ wer an ihm beteiligt ist, ■ warum er aufgetreten ist, ■ wie er sich entwickelt hat, ■ womit er genau zusammenhängt, ■ wie sich Lösungen gestalten könnten.	 ❑ ❑ ❑ ❑ ❑ ❑
❷→	Entwerfen Sie einen Plan, wie Sie vorgehen wollen. Schreiben Sie alle geplanten Schritte auf.	❑
	Suchen Sie die Unterstützung eines Coaches, wenn der Konflikt sehr vielschichtig ist.	❑
❸→	Versetzen Sie sich in die Eltern und die Erzieherin hinein.	❑
❹→	Verurteilen Sie keine der beiden Seiten.	❑
	Sprechen Sie beide Parteien einzeln auf den Konflikt und deren Sichtweise an.	❑
	Legen Sie einen gemeinsamen Gesprächstermin mit den Eltern und der Erzieherin fest.	❑
	Gewähren Sie beiden Seiten ein Rederecht.	❑
	Wachen Sie darüber, dass keine Partei der anderen ins Wort fällt.	❑
❺→	Halten Sie es aus, wenn Gefühle im Konfliktgespräch aufbrechen.	❑
❻→	Ergreifen Sie nicht für eine Seite Partei.	❑
	Wenn Sie sich nicht neutral verhalten können, weil Sie die Erzieherin schützen müssen, beziehen Sie eine unabhängige Konfliktmoderation ein.	❑
❼→	Behandeln Sie beide Seiten gleich, sowohl im Einzelgespräch als auch im gemeinsamen Dialog.	❑
	Freuen Sie sich über kleine Fortschritte.	❑
	Erinnern Sie sich: Alle Parteien sind für die Lösung verantwortlich, nicht nur Sie selbst.	❑

Kopiervorlage

❺ Emotionen zulassen

Versuchen Sie nicht, Gefühle im Konfliktgespräch zu unterbinden, indem Sie das Gespräch versachlichen. Emotionen sind erlaubt und treten bei der Konfliktlösung auf. Die Ursache dafür ist, dass Konflikte immer gefühlsgeladen sind. Die am Konflikt beteiligten Parteien müssen die Gefühle ihres Gegenübers kennenlernen.

❻ Parteilos bleiben

Neutralität ist das oberste Gebot bei Ihrem Konfliktmanagement zwischen den Eltern und der Erzieherin. Ergreifen Sie nicht Partei für eine Seite, oder lassen Sie sich nicht vereinnahmen. Setzen Sie sich das Ziel, während der gesamten Konfliktmoderation unabhängig und unbefangen zu sein. Achten Sie auf Ihre nonverbalen Signale während des Konfliktgesprächs. Wenn Sie sich im Gespräch der Erzieherin mit einer offenen Körperhaltung zuwenden und immer bestätigend nicken, bekommen die Eltern den Eindruck, dass Sie auf der Seite der Erzieherin stehen. Dies kann eine Konfliktlösung zunichtemachen. Sind Sie befangen, etwa weil die Eltern schwere Vorwürfe gegen die Erzieherin erheben und Sie Ihre Mitarbeiterin schützen müssen, sollten Sie dies im Gespräch deutlich machen. Bitten Sie in einem solchen Fall eine geschulte außenstehende Person um die Konfliktmoderation. Fragen Sie zum Beispiel bei Ihrer Fachberatung oder bei einem unabhängigen Supervisor an.

❼ Fair und geduldig sein

Handeln Sie während der gesamten Zeit des Konfliktmanagements fair und bleiben Sie ehrlich. Freuen Sie sich über kleine Schritte in die richtige Richtung, etwa wenn ein 1. gemeinsames Gespräch möglich erscheint. Bleiben Sie bescheiden: Nicht nur Sie sind für die Lösung des Konflikts verantwortlich, sondern auch die Erzieherin und die Eltern. Sind diese beiden Seiten nicht bereit, den Konflikt beizulegen, dann bleibt er bestehen.

Checkliste: Erweiterte Konfliktgespräche mit Leiterin, Erzieherin und Eltern

Zu erledigen	Erledigt
Beschaffen Sie sich möglichst viele Informationen über den Konflikt.	❏
Notieren Sie:	
■ seit wann es den Konflikt gibt und ob er schon lange in der Kita schwelt,	❏
■ wer an ihm beteiligt ist,	❏
■ warum er aufgetreten ist,	❏
■ wie er sich entwickelt hat,	❏
■ womit er genau zusammenhängt,	❏
■ wie sich Lösungen gestalten könnten.	❏
Entwerfen Sie einen Plan, wie Sie vorgehen wollen. Schreiben Sie alle geplanten Schritte auf.	❏
Suchen Sie die Unterstützung eines Coaches, wenn der Konflikt sehr vielschichtig ist.	❏
Versetzen Sie sich in die Eltern und die Erzieherin hinein.	❏
Verurteilen Sie keine der beiden Seiten.	❏
Sprechen Sie beide Parteien einzeln auf den Konflikt und deren Sichtweise an.	❏
Legen Sie einen gemeinsamen Gesprächstermin mit den Eltern und der Erzieherin fest.	❏
Gewähren Sie beiden Seiten ein Rederecht.	❏
Wachen Sie darüber, dass keine Partei der anderen ins Wort fällt.	❏
Halten Sie es aus, wenn Gefühle im Konfliktgespräch aufbrechen.	❏
Ergreifen Sie nicht für eine Seite Partei.	❏
Wenn Sie sich nicht neutral verhalten können, weil Sie die Erzieherin schützen müssen, beziehen Sie eine unabhängige Konfliktmoderation ein.	❏
Behandeln Sie beide Seiten gleich, sowohl im Einzelgespräch als auch im gemeinsamen Dialog.	❏
Freuen Sie sich über kleine Fortschritte.	❏
Erinnern Sie sich: Alle Parteien sind für die Lösung verantwortlich, nicht nur Sie selbst.	❏

Konflikte mit kulturellem Hintergrund

Ein muslimisches Mädchen hat für Ihr Sommerfest mit einer Gruppe von Kindern einen modernen Tanz eingeübt. Bei einer Probe schaut die Mutter des Mädchens zu. Am nächsten Tag kommt der Vater zu Ihnen und verlangt, dass seine Tochter nicht mehr an modernen Tänzen teilnimmt.

Konflikte mit kulturellem Hintergrund liegen auf der Werteebene. Sie werden nicht alle kultur- oder religionsbedingten Konflikte mit Eltern lösen können, manchmal sind die Auffassungen so konträr, dass keine Annäherung möglich ist. Das Moderieren von Konflikten ist eine Führungsaufgabe, deshalb sollten Sie als Leiterin bei solchen Konflikten immer informiert werden.

Durch ein ausführliches Informationsgespräch bei der Anmeldung des Kindes in der Einrichtung können Sie bereits Konfliktpotenzial vorwegnehmen, wenn Sie hier detailliert Auskunft darüber geben, welchen Hintergrund Sie der Erziehung zugrunde legen. Ziehen Sie bei Bedarf einen Dolmetscher hinzu.

Grafik: Arbeitshilfe für Konflikte mit kulturellem Hintergrund

So stellen Sie die unterschiedlichen Sichtweisen gegenüber	
❶→ **Polarisieren** **Elternmeinung:** *„Unsere Tochter soll nicht am Projekt ‚Aufklärung' teilnehmen. Bei ihr werden Wünsche geweckt, die sie nicht verstehen kann und die mit unserem Glauben nicht zu vereinbaren sind."* **Ihre Meinung:** *„Das Projekt ‚Aufklärung' orientiert sich an den Fragen der Kinder. Es werden nur solche Themen bearbeitet, die die Kinder interessieren."*	**Harmonisieren** **Gemeinsamkeiten:** ■ Tochter soll weiterhin Kontakt zu anderen Kindern der Einrichtung haben. ■ Kind soll nicht ausgegrenzt werden.
❷→ **Spezifizieren** **Elternbefürchtung:** ■ Aufklärung verstößt gegen muslimischen Glauben. ■ Kind wird in sexueller Hinsicht freizügig erzogen.	**Generalisieren** ■ Eltern erklären ihre eigenen Wertvorstellungen und religiösen Glaubensgrundsätze. ■ Sie beschreiben die geplanten Projektinhalte und sprechen über mögliche Fragen der Kinder.
❸→ **Identifizieren** **Ihr Standpunkt:** *„Ich möchte Ihr Kind in das Projekt mit einbeziehen. Darf Ihre Tochter nicht teilnehmen, erlebt sie dies als Ausgrenzung. Ihr Interesse an Aufklärung und Sexualität wird zunehmen, gerade weil sie glaubt, dass sie vieles verpasst.* *Ich verstehe Ihre Befürchtungen jetzt viel besser, und ich werde Ihnen immer wieder von unserem Projekt und den Kinderfragen berichten, damit Sie genau wissen, was Ihre Tochter dabei lernt."*	**Abstand schaffen** **Wechsel der Sichtweise** **Eltern:** Die Erzieherinnen wollen die Tochter gleich behandeln und sich den Fragen stellen, die die Kinder in diesem Alter haben. **Erzieherinnen:** Die Eltern sind unsicher, wie sie mit den Inhalten, die im Aufklärungsprojekt vermittelt werden, in religiöser Hinsicht umgehen sollen.

Beispiele für kulturelle oder religiöse Konflikte

- Ein Kind der Zeugen Jehovas darf aus religiösen Gründen nicht an Festen Ihrer Einrichtung teilnehmen.
- Ein Mädchen aus streng muslimischer Kultur darf ab dem 10. Lebensjahr nicht mehr an sportlichen Aktivitäten oder beim Schwimmen teilnehmen.
- Ein türkischer Junge kann das Urteil von Erzieherinnen nicht annehmen.
- Ein libanesisches Kind darf nicht am Aufklärungsprojekt teilnehmen.

Regeln helfen Ihnen

Beide Seiten müssen die Sichtweise und Argumentation des Gegenübers verstehen. Legen Sie Wert auf folgende Regeln:

- Entscheidungsträger der Familie kommen zum Gespräch.
- Sie stellen Gesprächsregeln auf und achten penibel auf deren Einhaltung.
- Beide Seiten schildern und erklären ihre Sicht.
- Sie wiederholen dies und fassen es in eigenen Worten zusammen.
- Sie erarbeiten Gemeinsamkeiten, auch wenn diese anfänglich ganz gering sind.

So moderieren Sie Konflikte mit kulturellem Hintergrund

Halten Sie sich bei kulturbedingten Konflikten an folgendes Vorgehen. Bei Bedarf ziehen Sie einen Dolmetscher hinzu.

❶ Harmonisieren und Polarisieren

Polarisieren: Kulturelle oder religiöse Konflikte sind von Werthaltungen durchdrungen, die die andere Seite nur schwer nachvollziehen kann. Sorgen Sie dafür, dass die Standpunkte der Familie und der Erzieherin ganz klar und verständlich herausgearbeitet werden. Ergründen Sie die Tiefen des Konflikts: Welche Überzeugungen, Werte und Ängste schüren ihn? Warum sind die Meinungen so unterschiedlich?

Harmonisieren: Nachdem die Gegensätzlichkeiten benannt und verstanden sind, finden Sie mit der Familie und der Erzieherin die Gemeinsamkeiten, die zwischen den beiden Parteien bestehen. Keine Angst, auch kulturelle Konflikte haben verbindende Seiten.

❷ Spezifizieren und Generalisieren

Spezifizieren: Klären Sie mit der Familie und der Erzieherin zusammen die einzelnen Konfliktpunkte. Oftmals verfestigen sich im Laufe des Konflikts Vorurteile oder pauschale Verurteilungen. Diese müssen Sie zunächst beseitigen, indem Sie alle Streitpunkte erfragen und diese mit den Parteien analysieren. Viele der pauschalen Verurteilungen erledigen sich so von selbst.

Generalisieren: Beim Generalisieren geht es darum, die grundsätzlichen Haltungen und kulturellen oder religiösen Wertvorstellungen zu sichten, zu verstehen und zu klären, durch die der Konflikt zustande kam.

❸ Identifizieren und Abstand schaffen

Identifizieren: Im kultur- und religionsbedingten Konflikt werden oftmals pauschale Beschuldigungen an die Gegenseite gerichtet. Unterbinden Sie solche Schuldzuweisungen, und fordern Sie die Familie und die Erzieherin dazu auf, ihren Standpunkt und die Absichten ganz persönlich ohne Vorwurf an die andere Seite zu formulieren. Ich-Botschaften helfen bei dieser Art, Stellung zu beziehen.

Abstand schaffen: Jede Partei ist nach einiger Zeit so weit, die eigenen Standpunkte zu benennen. Sie können den Eltern eine visuelle Hilfe geben, indem Sie ein Schaubild aufzeichnen und bei unterschiedlichen Ansichten diese stichpunktartig notieren. Versuchen Sie nun, diese Standpunkte mit den beiden Seiten aus einer anderen Perspektive zu betrachten. Treten Sie einige Schritte zurück. Ermutigen Sie die Eltern und die Erzieherin, sich vorzustellen, wie andere das Problem betrachten würden. Regen Sie zum Rollentausch an: Die Erzieherin soll die Standpunkte der Familie vertreten und umgekehrt.

Grafik: Arbeitshilfe für Konflikte mit kulturellem Hintergrund

So stellen Sie die unterschiedlichen Sichtweisen gegenüber	
Polarisieren **Elternmeinung:** *„Unsere Tochter soll nicht am Projekt ‚Aufklärung' teilnehmen. Bei ihr werden Wünsche geweckt, die sie nicht verstehen kann und die mit unserem Glauben nicht zu vereinbaren sind."* **Ihre Meinung:** *„Das Projekt ‚Aufklärung' orientiert sich an den Fragen der Kinder. Es werden nur solche Themen bearbeitet, die die Kinder interessieren."*	**Harmonisieren** **Gemeinsamkeiten:** ■ Tochter soll weiterhin Kontakt zu anderen Kindern der Einrichtung haben. ■ Kind soll nicht ausgegrenzt werden.
Spezifizieren **Elternbefürchtung:** ■ Aufklärung verstößt gegen muslimischen Glauben. ■ Kind wird in sexueller Hinsicht freizügig erzogen.	**Generalisieren** ■ Eltern erklären ihre eigenen Wertvorstellungen und religiösen Glaubensgrundsätze. ■ Sie beschreiben die geplanten Projektinhalte und sprechen über mögliche Fragen der Kinder.
Identifizieren **Ihr Standpunkt:** *„Ich möchte Ihr Kind in das Projekt mit einbeziehen. Darf Ihre Tochter nicht teilnehmen, erlebt sie dies als Ausgrenzung. Ihr Interesse an Aufklärung und Sexualität wird zunehmen, gerade weil sie glaubt, dass sie vieles verpasst.* *Ich verstehe Ihre Befürchtungen jetzt viel besser, und ich werde Ihnen immer wieder von unserem Projekt und den Kinderfragen berichten, damit Sie genau wissen, was Ihre Tochter dabei lernt."*	**Abstand schaffen** **Wechsel der Sichtweise** **Eltern:** Die Erzieherinnen wollen die Tochter gleich behandeln und sich den Fragen stellen, die die Kinder in diesem Alter haben. **Erzieherinnen:** Die Eltern sind unsicher, wie sie mit den Inhalten, die im Aufklärungsprojekt vermittelt werden, in religiöser Hinsicht umgehen sollen.

Konflikte durch Erwartungen und Ansprüche

Eine Mutter kommt auf Sie zu und beschwert sich:

„Ich muss schon sagen, was die Kindertagesstätte des Kindes meiner Freundin alles tut, das lässt mich staunen. Ich weiß jetzt, wie Kinder optimal gefördert werden sollten. Die Kinder dort können täglich aus 2 verschiedenen warmen Menüs auswählen. Dienstags und donnerstags findet ein Computerkurs statt, und an 2 Nachmittagen in der Woche steht Englisch auf dem Programm. Derzeit überlegen die Eltern, ob auch ein Schwimmkurs angeboten werden sollte. Da können Sie nicht mithalten. Wieso bieten Sie eigentlich so wenig für die Kinder?"

Die meisten Eltern sind mit Ihrem Angebot in der Kindertagesstätte sehr zufrieden. Doch einige Eltern neigen gelegentlich dazu, sehr hohe Anforderungen an Sie zu stellen. Das Motiv solcher Eltern ist meist die Befürchtung, das eigene Kind werde nicht ausreichend gefördert, zu wenig beachtet oder es hätte in seinem Alter noch nicht genügend gelernt. Eltern, die so hohe Erwartungen an Sie stellen, vergleichen permanent Ihre Leistungen mit denen der anderen Gruppenerzieherinnen oder mit denen anderer Kindertageseinrichtungen.

Setzen Sie auf konstruktive Konfliktbearbeitung

Wenden Sie bei anspruchsbedingten Konflikten die konstruktive Konfliktbearbeitung an. Diese besteht aus einer umfangreichen Konfliktdiagnose und dem Konfliktgespräch. Wenn der Konflikt noch nicht sehr lange besteht, können Sie ihn vermutlich gemeinsam mit den Eltern bereinigen. Hat sich ein latenter Konflikt entwickelt, bitten Sie Ihre Leiterin um die Moderation des Konflikts.

❶ Konfliktdiagnose

Finden Sie zunächst heraus, um welche Ansprüche es im Konflikt genau geht, wie diese Ansprüche sich entwickelt haben und wer daran beteiligt ist.

Worum geht es? Klären Sie, worum es im Konflikt geht. Warum sehen die Eltern ihre Ansprüche nicht befriedigt? Fragen Sie unter Umständen auch die betroffenen Eltern danach. Fragen Sie auch genau danach, was die Eltern überhaupt möchten, was ihr Ziel ist.

Was ist passiert? Ergründen Sie, ob der Konflikt neu ist oder ob die Ansprüche bereits einige Zeit bestehen. War der Konflikt bereits scheinbar gelöst und treten wieder neue Anforderungen auf?

Wer ist daran beteiligt? Finden Sie heraus, ob wirklich nur das eine Elternpaar in den Konflikt involviert ist oder ob eine ganze Gruppe von Eltern ihre Ansprüche nicht befriedigt sieht. Fragen Sie sich, welche Interessen die Eltern mit dem Konflikt verfolgen.

❷ Konfliktgespräch

Vorbereitung:

Planen Sie Ihr Vorgehen für das Gespräch mit den Eltern gründlich. Denken Sie auch an gesetzliche Grundlagen, wie z. B. Chancengleichheit. Eltern mit hoher Anspruchshaltung können vom Konflikttyp her sowohl zu den Fairen als auch zu den Starken gehören. Lassen Sie sich keinesfalls auf Konkurrenzsituationen ein, und bereiten Sie Ihre sachliche Stellungnahme gut vor. Ermutigen Sie sich, selbstbewusst aufzutreten und klar die eigene Meinung zu vertreten.

Vorlage: Ihre eigenen Notizen bei anspruchsvollen Konflikten

Name der Eltern: Hans und Eva Meier Datum: 30.04.19 Erzieherin: Frau Schulze

❶→ **Konfliktdiagnose**

Worum geht es?
Elternbeschwerde von Familie Meier. Das Kind wird nicht genügend gefördert. Familie Meier wünscht sich Englischkurs, weil die Nachbareinrichtung dies auch anbietet.

Was ist passiert?
Familie Meier hat Kontakt zu anderen Familie aus der Nachbarschaft, deren Kinder den Nachbarkindergarten besuchen. Leistungen der Einrichtungen werden häufig im Gespräch verglichen. Dadurch sind bei der Familie der Eindruck und die Angst entstanden, ihr Kind würde bei uns nicht genügend auf die Schule vorbereitet.

❷→ **Konfliktgespräch**

Vorbereitung
- Ergründen der Ursachen und der Ängste, die hinter dem Konflikt stehen
- Elternsicht über Leistungsstand des eigenen Kindes erfragen

Gesprächsführung (stichpunktartig)
- Eigene Sichtweise der Stärken des Kindes
- Eigene Sicht eines möglichen Förderbedarfes des Kindes: Kind hat
- Entwicklungsbedarf im motorischen Bereich und in der Körperkoordination
- Sichtweise der Eltern erfragen

Lösungsideen
- Kind besucht mit den Eltern einen Schwimmkurs
- Einrichtung bietet verstärkt Förderung der Körperkoordination für das Kind (Ballspiele, Kinderturnen mit speziellen Übungen, Anschaffen eines Rollers etc.)

Ausgewählte Lösung
Einrichtung bietet verstärkt Förderung der Körperkoordination für das Kind

Nachbereitung / Verbesserung / Korrekturmaßnahmen
Nächstes Entwicklungsgespräch mit den Eltern in 3 Monaten

Gesprächsführung:

Die Eltern und Sie selbst sollten die eigene Sichtweise und Position eingängig schildern. Gehen Sie mit gutem Beispiel voran und kommunizieren Sie mit Ich-Botschaften. Sagen Sie beispielsweise: *„Ich will Ihrem Kind optimale Bedingungen zukommen lassen."* Vorwürfe an die Gegenseite, Unterstellungen und Beschuldigungen bringen Sie nicht weiter. Versuchen Sie, sich in die Sichtweise der Eltern hineinzuversetzen, und bieten Sie den Eltern an, diesen Versuch auch im umgekehrten Fall zu unternehmen.

Gemeinsame Lösung:

Sammeln Sie mit den Eltern gemeinsam einige Lösungen. Bewerten Sie hinterher zusammen deren Vor- und Nachteile, und einigen Sie sich auf eine gemeinsame Lösung. Dabei könnten Sie betonen, dass es eine beachtliche Leistung ist, im 1. Gespräch so weit zu kommen. Formulieren Sie es als Aufgabe, dass für die Lösung ein Kompromiss geschlossen werden muss. Jede Seite sollte überlegen, zu welchen Zugeständnissen sie bereit ist. Sie könnten den Eltern ein Entwicklungsgespräch anbieten, bei dem Sie detailliert und auf Grundlage Ihrer Beobachtungen den Entwicklungsstand des Kindes schildern. Gemeinsam mit den Eltern könnten Sie daran anschließend überlegen, welche Förderung das Kind wirklich benötigt und wie die Unterstützung genau aussehen sollte.

Auswertung:

Auch die Auswertung sollte mit allen Beteiligten stattfinden. Sprechen Sie darüber, ob der Konflikt wirklich auf Dauer beigelegt ist. Prüfen Sie auch die Wirksamkeit der Lösung und der vereinbarten Maßnahmen. Gelegentlich besteht der Bedarf, ein weiteres Gespräch zu führen oder die Maßnahmen, die zur Lösung führen sollen, etwas zu verändern.

Vorlage: Ihre eigenen Notizen bei anspruchsvollen Konflikten

Name der Eltern: ______________ Datum: __________ Erzieherin: ______________

Konfliktdiagnose

Worum geht es?

Was ist passiert?

Konfliktgespräch

Vorbereitung

Gesprächsführung (stichpunktartig)

Lösungsideen

Ausgewählte Lösung

Nachbereitung / Verbesserung / Korrekturmaßnahmen

Konflikte mit sozial schwachen Eltern

Besonders fordernd sind Konfliktgespräche mit sozial schwachen Eltern, denn sie können das Bedürfnis des eigenen Kindes manchmal nicht ausreichend wahrnehmen oder berücksichtigen. Der Umgang mit sozial schwachen Eltern muss kein Potenzial für Konflikte in sich tragen. Sollte sich dennoch ein Konflikt anbahnen, ist es erforderlich, dass Sie möglichst schnell, direkt und entschlossen das Konfliktgespräch suchen. Situationen, aus denen sich ein Konfliktpotenzial ergeben kann, sind:

- Lange unentschuldigte Fehlzeiten des Kindes
- Zu spätes Bringen oder Abholen des Kindes
- Keine witterungsentsprechende Kleidung
- Säumige Beiträge
- Keine Versorgung mit Brotzeit und Getränken
- Unterstützungsbedarf in der Erziehung des Kindes
- Verhaltensauffälligkeiten, Entwicklungsdefizite
- Verdacht auf körperliche oder seelische Vernachlässigung

Wenn aus solchen Gründen ein Konfliktgespräch nötig sein sollte, ergründen Sie zunächst, ob es sinnvoll ist, das Gespräch allein mit den Eltern zu führen. Je nach Problematik und Ihrer eigenen Einschätzung ist es gelegentlich angebracht, die Leiterin oder den Allgemeinen Sozialdienst hinzuzuziehen. Ziehen Sie auch bei Bedarf einen Dolmetscher hinzu.

Strategien für Ihr Gespräch

Sprechen Sie die Eltern an und benennen Sie den Grund für den Gesprächsbedarf. Machen Sie mit den Eltern in diesem kurzen Orientierungsgespräch den Ort und die Zeit fest, wo und wann die Besprechung stattfinden soll. Wenn Sie die Leiterin oder eine Mitarbeiterin sozialer Dienste am Gespräch beteiligen wollen, ist es den Eltern gegenüber fair, wenn Sie ihnen dies an dieser Stelle mitteilen. Verhalten Sie sich den Eltern gegenüber höflich und empathisch. Setzen Sie folgende Gesprächsstrategien ein:

❶ Wahrnehmung aussprechen

Teilen Sie den Eltern im Gespräch Ihre eigene Wahrnehmung mit. Verwenden Sie dazu klare, einfache und direkte Aussagen. Reden Sie nicht verschlüsselt und kommen Sie schnell zum Punkt: *„Ihr Kind kommt in der letzten Zeit nicht regelmäßig in den Kindergarten. Es fehlt im Durchschnitt an 3 Tagen in der Woche."*

❷ Befürchtungen formulieren

Drücken Sie Ihre Vermutungen, Befürchtungen und die Folgen für das Kind aus, die Sie ahnen oder voraussehen. Erläutern Sie, welche Probleme für das Kind sich aus der Wahrnehmung ergeben können: *„Ihrem Kind geht dadurch der Kontakt zu den anderen Kindern verloren, die bereits untereinander Freundschaften geschlossen haben. Außerdem verpasst es wichtige Angebote, bei denen es auch auf die Schule vorbereitet wird."*

❸ Forderung schildern

Bringen Sie Ihr eigenes Anliegen und Ihre Forderung zum Ausdruck. Je konkreter Sie dies tun, desto schneller kommt Ihre Forderung bei den Eltern an: *„Ich möchte, dass Sie Ihr Kind wieder täglich in den Kindergarten bringen."*

❹ Stellungnahme einholen und Ansichten prüfen

Bitten Sie die Eltern, selbst Stellung zu den Wahrnehmungen oder zum Hilfebedarf zu nehmen und ihre eigene Sichtweise des Problems zu schildern. Wenn Ihre Ansichten und die der Eltern sich wesentlich unterscheiden, versuchen Sie, das Problembewusstsein zu schärfen. Diese Maßnahmen helfen Ihnen dabei:

- Beschreiben Sie das Problem nochmals mit anderen Worten.
- Bieten Sie eine Interpretation des Problems oder eine Identifikation an.
- Fordern Sie zum Handeln auf.
- Zeigen Sie realistische Konsequenzen auf.
- Brechen Sie das Gespräch ab, wenn die Positionen zu unterschiedlich und festgefahren sind.

❺ Weiteres Vorgehen festlegen

Treffen Sie mit den Eltern verlässliche Absprachen über das weitere Vorgehen. Sie können auch Konsequenzen einleiten oder Hilfs- und Unterstützungsangebote für die Familie oder das Kind anbahnen. Äußern Sie in diesem Schritt ganz klar Ihre Erwartungen, und stellen Sie – wenn dies nötig ist – Ihre Forderungen: *„Bitte versuchen Sie in den nächsten 2 Wochen, Ihr Kind täglich zu bringen. Wir werden nach dieser Zeit nochmals miteinander sprechen."*

❻ Gespräch zusammenfassen

Am Ende des Konfliktgesprächs angekommen, wiederholen Sie in kurzen Sätzen die zentralen Inhalte des Gesprächs. Achten Sie darauf, dass Sie besonders die Aufgaben, die die Eltern übernehmen müssen, nochmals zusammenfassen. Überprüfen Sie, ob die Aufgaben von den Eltern wirklich verstanden wurden. Dies gelingt Ihnen, wenn Sie die Eltern in die Zusammenfassung einbeziehen: *„Sie bemühen sich, Ihr Kind in den kommenden beiden Wochen täglich zu uns zu schicken. Ich beobachte jeden Tag, ob Sie sich an die Verabredung halten konnten. Nach den 2 Wochen sprechen wir darüber, wie es geklappt hat."*

Arbeitshilfe zur Gesprächsvorbereitung bei Konflikten mit sozial schwachen Eltern

Gesprächsvorbereitung

Gespräch mit Familie Günther und Maria Heinz
Thema Unregelmäßiger Besuch des Kindergartens
Ort, Datum an dem das Gespräch stattfindet im Kiga, 12.09.19

Strategien für Ihr Gespräch

❶ → **1. Ihre Wahrnehmungen**

❷ → **2. Ihre Befürchtungen**

❸ → **3. Ihre Forderung(en)**

❹ → **4. Stellungnahme und Ansichten der Eltern**

❺ → **5. Weiteres Vorgehen festlegen**

❻ → **6. Gespräch zusammenfassen**

Kopiervorlage

Arbeitshilfe zur Gesprächsvorbereitung bei Konflikten mit sozial schwachen Eltern

Gesprächsvorbereitung

Gespräch mit Familie ________________________________

Thema ________________________________

Ort, Datum, an dem das Gespräch stattfindet ________________

Strategien für Ihr Gespräch

1. Ihre Wahrnehmungen

____
____
____
____

2. Ihre Befürchtungen

____
____
____
____

3. Ihre Forderung(en)

____
____
____
____

4. Stellungnahme und Ansichten der Eltern

____
____
____
____

5. Weiteres Vorgehen festlegen

____
____
____
____

6. Gespräch zusammenfassen

____
____
____
____

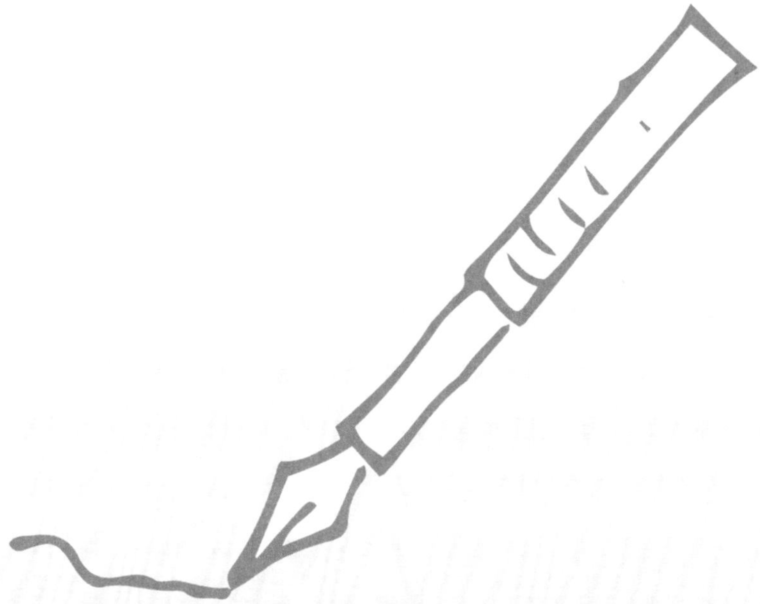

3. Teil: Schriftliche Kommunikation

Texterstellung

In der Elternarbeit informieren Sie immer wieder durch schriftliche Mitteilungen. Die Bandbreite der schriftlichen Kommunikation mit Eltern ist groß: Elternbriefe, Aushänge, Kurzkonzepte, Einrichtungsflyer, Plakate, Befragungen, Website ... Wichtig ist, dass es Ihnen gelingt, Ihre Texte lesefreundlich und verständlich zu formulieren. Achten Sie beim Erstellen von Texten für Eltern auf folgende Grundregeln:

❶ Ziele bestimmen

Bevor Sie zu schreiben anfangen, sollten Sie sich Gedanken darüber machen, was Sie mit Ihrer Broschüre oder Ihrem Brief verfolgen möchten:

- Wollen Sie die Eltern zu etwas motivieren, beispielsweise zu einer Festteilnahme?
- Worüber möchten Sie die Väter und Mütter informieren, zum Beispiel über einen Termin?
- Welches Image von Ihrer Einrichtung möchten Sie dem Leser vermitteln?

Wählen Sie aus den vielen Möglichkeiten der schriftlichen Kommunikation die Methode aus, die am besten sowohl für Ihre Zielgruppe als auch für die Botschaften, die Sie vermitteln wollen, geeignet ist.

❷ Texte kurz fassen

Nachdem Sie das Ziel bestimmt und die Inhalte zusammengetragen haben, legen Sie den Umfang Ihres Textes fest. Beschränken Sie Ihre Aussagen auf das Wesentliche. Kurze, prägnante Texte sind verständlicher und bleiben dem Leser stärker in Erinnerung.

❸ Inhalt strukturieren

Strukturieren Sie den Inhalt. Ein roter Faden und ein logischer Aufbau des Inhalts sind Voraussetzungen für eine gute Lesbarkeit des Textes. Ihr geschriebener Text sollte eine deutliche Gliederung besitzen. Verwenden Sie Überschriften, Zwischenüberschriften oder Fettungen im Text, die auf die Hauptaussagen hinweisen. Das erhöht die Verständlichkeit und gibt den Lesern Orientierung.

❹ Zielgruppe ansprechen

Versuchen Sie nicht, alle Menschen mit Ihrem Text zu erreichen. Wählen Sie eine Zielgruppe aus, die Sie direkt ansprechen, wie Väter, neue Eltern oder Großeltern. Jede Ihrer Zielgruppen hat einen ganz besonderen Sprachcode.

Beispielsweise schreiben Sie *„Liebe Großeltern!"* statt *„Hallo, Omas und Opas!"*.

❺ Verständliche Sprache verwenden

Formulieren Sie kurze und leicht verständliche Sätze. Die Satzlänge sollte 20 Wörter nicht überschreiten. Komplizierte Satzstrukturen wie Schachtelsätze, Bandwurmsätze, Einschübe oder Klammern sind leserfeindlich.

Benutzen Sie keine Fremdwörter, Fachausdrücke oder Abkürzungen. Verwenden Sie eine einfache Sprache, die Ihre Zielgruppe versteht. Falls Sie dennoch gezwungen sind, Abkürzungen und Fachausdrücke zu gebrauchen, sollten Sie diese erläutern, beispielsweise: *„Nach dem Kinder- und Jugendhilfegesetz (KJHG) sind ..."*

Achten Sie darauf, dass Ihr Text absolut fehlerlos ist, bevor Sie ihn an die Eltern oder andere Personen verteilen. Sicherheitshalber sollte mindestens eine Ihrer Kolleginnen Korrektur lesen.

(Fortsetzung auf S. 116)

Selbsttest: Beherrschen Sie die wichtigsten Grundregeln für die Erstellung eines Textes? (1/2)

	Fragen	Ja	Nein
❶→	Verfolgen Sie mit dem Text eine konkrete Absicht?	❏	❏
❷→	Erstellen Sie kurze, prägnante Texte?	❏	❏
❸→	Besitzt Ihr Text eine klare Struktur und einen roten Faden?	❏	❏
❹→	Legen Sie sich auf eine besondere Zielgruppe fest?	❏	❏
	Benutzen Sie den Sprachcode der ausgewählten Zielgruppe?	❏	❏
❺→	Verwenden Sie einfache, leicht verständliche Satzstrukturen?	❏	❏
	Sind Ihre Sätze kurz, prägnant und bündig?	❏	❏
	Benutzen Sie sehr selten Fachausdrücke oder Fremdwörter, und wenn doch, erklären Sie diese?	❏	❏

Kopiervorlage

Selbsttest: Beherrschen Sie die wichtigsten Grundregeln für die Erstellung eines Textes? (1/2)

Fragen	Ja	Nein
Verfolgen Sie mit dem Text eine konkrete Absicht?	❏	❏
Erstellen Sie kurze, prägnante Texte?	❏	❏
Besitzt Ihr Text eine klare Struktur und einen roten Faden?	❏	❏
Legen Sie sich auf eine besondere Zielgruppe fest?	❏	❏
Benutzen Sie den Sprachcode der ausgewählten Zielgruppe?	❏	❏
Verwenden Sie einfache, leicht verständliche Satzstrukturen?	❏	❏
Sind Ihre Sätze kurz, prägnant und bündig?	❏	❏
Benutzen Sie sehr selten Fachausdrücke oder Fremdwörter, und wenn doch, erklären Sie diese?	❏	❏

❻ Lebendige Sprache einsetzen

Verben erhöhen die Lebendigkeit und Anschaulichkeit eines Textes. Wichtig ist, dass Sie die Verben nicht in der Passiv-Form verwenden, sondern Aktiv-Wörter benutzen. Statt *„Bei offenen Fragen können wir jederzeit angesprochen werden"* besser: *„Bitte sprechen Sie uns bei offenen Fragen jederzeit an."* Vermeiden Sie eine Anhäufung von Hauptwörtern (Substantiven), überflüssigen Adjektiven und Füllwörtern.

Statt: *„Aber beachten Sie darüber hinaus auch sehr intensiv unser wunderbares, ansprechendes und kinderfreundliches Außengelände",*

besser: *„Beachten Sie unser kinderfreundliches Außengelände!"*

Verwenden Sie eine aktive, lesernahe Sprache statt einer kalten, sachlichen Amtssprache. So bauen Sie eine Beziehung zu dem Leser auf, was ihn zum Weiterlesen animiert.

Statt: *„Es wäre schön, wenn wir Sie zum Großelternnachmittag begrüßen dürfen",*

besser: *„Wir möchten Sie herzlich zu unserem gemütlichen Großelternnachmittag einladen."*

Sie können die Aufmerksamkeit der Eltern erhöhen, wenn Sie

- Metaphern (bildhafte Vergleiche) einsetzen, beispielsweise: *„Lisa strahlt wie die Sonne am Himmel",*
- Verse und Reime benutzen oder den Text eines Liedes einfügen,
- ausdrucksstarke Adjektive verwenden, beispielsweise *„Ein Regenspaziergang ist ein ziemlich nasses Vergnügen".*

❼ Fundierte Informationen vermitteln

Wenn Sie Texte verfassen, sollten Sie sich zuvor sehr gut über den Sachverhalt informieren. Viele Eltern sind in manchen Bereichen ebenso sachkundig wie Sie.

Greifen Sie nur Inhalte auf, mit denen Sie sich gut auskennen. Begründen Sie jedes Argument und jede Meinung, die Sie äußern. Nur so ist der Inhalt für den Leser nachvollziehbar. Keinesfalls sollten Sie Situationen verzerren. Machen Sie nur objektive Aussagen, sonst verlieren Sie Ihre Glaubwürdigkeit.

Statt: *„Wir bieten die beste Betreuung im ganzen Umkreis an!",*

besser: *„Wir haben längere Öffnungszeiten als die meisten Kindergärten!"*

❽ Quellen angeben

Wenn Sie einzelne Sätze oder Ausdrücke aus anderen Schriftstücken wörtlich oder sinngemäß zitieren, müssen Sie die jeweiligen Quellen angeben. Hier eine Möglichkeit der Quellenangabe:

- Quellenangabe bei Büchern: Nachname des Autors, Vorname des Autors, Buchtitel, Auflage, Erscheinungsjahr.
- Quellenangabe bei Zeitschriftenartikeln: Nachname des Autors, Vorname des Autors, Titel des Artikels, in: Zeitschriftentitel, Jahrgang, Erscheinungsjahr, Heftnummer, Seite.

Setzen Sie, wie im Beispiel oben zwischen die einzelnen Daten ein Komma und nach der Quellenangabe einen Punkt. Fügen Sie hinter die Auflage die Abkürzung „Aufl.", hinter den Jahrgang „Jg.", vor die Heftnummer „Nr." und vor die Seitenzahl „S." ein. Falls Sie ganze Textpassagen, Lieder oder Bilder aus Zeitschriften oder Büchern übernehmen, müssen Sie die Urheberrechte abklären.

Auswertung: Haben Sie mehr als 3 Fragen mit „Nein" beantwortet, zeigen die Texte, die Sie verfassen, schwerwiegende Schwachstellen. Bestehende Texte sollten Sie in diesem Fall überarbeiten und auf die erläuterten Grundregeln überprüfen.

Selbsttest: Beherrschen Sie die wichtigsten Grundregeln für die Erstellung eines Textes? (2/2)

Fragen	Ja	Nein
Sind Sie im Bereich der Grammatik und der Rechtschreibung „sattelfest"?	❑	❑
❻➔ Verwenden Sie viele Verben und meiden Sie Substantive?	❑	❑
Gebrauchen Sie eine aktive, lesernahe Sprache?	❑	❑
❼➔ Begründen Sie Ihre Meinung stets?	❑	❑
Schreiben Sie nur über Inhalte, in denen Sie sachkundig sind?	❑	❑
Halten Sie sich immer an die Wahrheit, und stellen Sie die Informationen niemals interessanter oder vorteilhafter für Ihre Einrichtung dar, als sie sind?	❑	❑
❽➔ Geben Sie, wenn Sie Bilder oder Textpassagen aus Büchern oder Zeitschriften verwenden, die Quelle an?	❑	❑
Klären Sie vor der Übernahme von Texten, Bildern oder Liedern von Autoren die Urheberrechte ab?	❑	❑

Kopiervorlage

Selbsttest: Beherrschen Sie die wichtigsten Grundregeln für die Erstellung eines Textes? (2/2)

Fragen	Ja	Nein
Sind Sie im Bereich der Grammatik und der Rechtschreibung „sattelfest“?	❏	❏
Verwenden Sie viele Verben und meiden Sie Substantive?	❏	❏
Gebrauchen Sie eine aktive, lesernahe Sprache?	❏	❏
Begründen Sie Ihre Meinung stets?	❏	❏
Schreiben Sie nur über Inhalte, in denen Sie sachkundig sind?	❏	❏
Halten Sie sich immer an die Wahrheit, und stellen Sie die Informationen niemals interessanter oder vorteilhafter für Ihre Einrichtung dar, als sie sind?	❏	❏
Geben Sie, wenn Sie Bilder oder Textpassagen aus Büchern oder Zeitschriften verwenden, die Quelle an?	❏	❏
Klären Sie vor der Übernahme von Texten, Bildern oder Liedern von Autoren die Urheberrechte ab?	❏	❏

Layout

Je ansprechender das Layout ist, desto eher wird Ihr Text gelesen, und desto besser können Sie die Eltern informieren und beraten. Deshalb sollten Sie Ihr Layout genau überdenken und entsprechend einladend gestalten.

❶ 3 Gestaltungselemente einsetzen

Ihnen stehen bei der Gestaltung eines Layouts 3 Gestaltungselemente zur Verfügung:

1. Texte und Textfelder
2. Zeichnungen, Bilder und Fotos
3. Diagramme und Tabellen

Je öfter Sie alle 3 Elemente verwenden, desto abwechslungsreicher wird Ihr Layout.

Optimalerweise besitzt jede Seite Ihrer Informationsschrift einen Blickfang, beispielsweise eine originelle Überschrift oder ein witziges Foto. Arbeiten Sie mit Kontrasten, sie ziehen die Blicke auf sich. Beispielsweise sollten Sie gegenüberliegende Seiten nicht identisch gestalten. Setzen Sie Fettungen ein; sie erzeugen Aufmerksamkeit beim Leser.

❷ Blatt sinnvoll aufteilen

Damit diese 3 Gestaltungselemente ein klares und harmonisches Bild ergeben, sollten Sie sich zunächst mit der Blattaufteilung auseinandersetzen. Hilfreich ist, wenn Sie jede Seite entweder gedanklich oder anhand einer Skizze dritteln oder halbieren. Danach legen Sie die einzelnen Gestaltungselemente fest.

Achten Sie darauf, dass Sie oben rechts die wichtigste Aussage setzen. Das kann in Form eines kurzen Textes oder Bildes geschehen. An diese Stelle blickt der Leser zuerst. Führen Sie den Leser im Zickzack über die Seite, von oben links nach unten rechts.

Gehen Sie bei der Gestaltung stets nach dem Prinzip „Weniger ist mehr!" vor. Bei der Blattaufteilung sollten Sie nur 2/3 der Blattfläche bedrucken, 1/3 der Fläche sollten Sie unbedruckt lassen. Probieren Sie anhand eines Modells, wie viel Rand Sie links, rechts, oben und unten einplanen sollten.

Drucken Sie Ihre Texte in einzelnen Blöcken ab, und lassen Sie zwischen jedem Block ausreichend Platz. Optimalerweise bilden Sie Ihren Fließtext in 2 oder 3 Spalten ab. Das fordert etwas mehr Platz, erhöht aber die Lesbarkeit.

❸ Schrifttyp auswählen

Auf keinen Fall sollten Sie Ihre Mitteilungen in Schreibschrift veröffentlichen, das wirkt unprofessionell. Benutzen Sie stets Druckschrift. Keinesfalls sollten Sie mehr als 3 Schrifttypen verwenden.

Entscheiden Sie sich lieber für einen Schrifttyp und eine Schriftgröße, die Sie vorrangig gebrauchen. „Times New Roman" und „Arial" sind gängige Schrifttypen und sind leicht zu lesen. Mit der kursiven Form von „Times New Roman" können Sie einzelne Wörter gut hervorheben. Sie sorgen für eine gute Lesbarkeit, wenn Sie die Schriftgröße „12" wählen.

❹ Formalien beachten

Es gibt formale Standards, die selbstverständlich sein sollten, aber oft nicht umgesetzt werden:

- Achten Sie auf einwandfreie Kopien, die gut lesbar sind. Klare und deutliche Kopien sind eine Grundvoraussetzung für die Ansprechbarkeit. Falls Ihr einrichtungsinterner Kopierer nur mit einer niedrigen Qualität kopiert, sollten Sie Ihr Original in einem der professionellen Kopiergeschäfte kopieren lassen.
- Heftung und Faltung sollten bei schriftlichen Mitteilungen stets einwandfrei und sauber sein. Finden Sie Eselsohren am oder Flecken auf dem Papier, sollten Sie es keinesfalls an die Eltern verteilen oder aushängen.
- Achten Sie darauf, dass die Kopien in der richtigen Reihenfolge zusammengestellt werden. Wenn Sie Papiere beidseitig bedrucken, schleichen sich bei der Heftung schnell Fehler ein. Setzen Sie Seitenzahlen auf jedes Blatt. Sie dienen den Eltern als Orientierung und helfen Ihnen bei der richtigen Heftung.

Checkliste: So gestalten Sie Ihr Layout

	Fragen	Erledigt
❶→	Lockern Sie den Text durch Bilder, Zeichnungen und Diagramme auf.	❑
	Setzen Sie auf jede Seite 1 Blickfang.	❑
	Arbeiten Sie mit Kontrasten.	❑
	Verwenden Sie Fettungen, um Satzteile hervorzuheben.	❑
❷→	Achten Sie auf eine harmonische Blattaufteilung.	❑
	Setzen Sie rechts oben die wichtigste Aussage.	❑
	Führen Sie den Leser im Zickzack über die Seite.	❑
	Bedrucken Sie nur 2/3 des Blattes.	❑
	Gliedern Sie den Text in mehrere Textblöcke.	❑
	Drucken Sie den Text in Spalten ab.	❑
	Lassen Sie ausreichend Platz am Rand und zwischen den einzelnen Textblöcken.	❑
❸→	Verwenden Sie Druck- statt Schreibschrift.	❑
	Benutzen Sie einen einheitlichen Schrifttyp.	❑
	Wählen Sie einen Schrifttyp, der leicht zu lesen ist.	❑
	Benutzen Sie eine Schriftgröße, die gut erkennbar ist.	❑
❹→	Verwenden Sie nur klare, deutliche Kopien.	❑
	Verteilen Sie nur Mitteilungen, die sauber und ordentlich sind.	❑
	Achten Sie auf eine sachgerechte Heftung.	❑
	Sorgen Sie dafür, dass die Kopien in der richtigen Reihenfolge zusammengestellt werden.	❑
	Verwenden Sie für jedes Blatt eine Seitenzahl.	❑

Kopiervorlage

Checkliste: So gestalten Sie Ihr Layout

Fragen	Erledigt
Lockern Sie den Text durch Bilder, Zeichnungen und Diagramme auf.	❏
Setzen Sie auf jede Seite 1 Blickfang.	❏
Arbeiten Sie mit Kontrasten.	❏
Verwenden Sie Fettungen, um Satzteile hervorzuheben.	❏
Achten Sie auf eine harmonische Blattaufteilung.	❏
Setzen Sie rechts oben die wichtigste Aussage.	❏
Führen Sie den Leser im Zickzack über die Seite.	❏
Bedrucken Sie nur 2/3 des Blattes.	❏
Gliedern Sie den Text in mehrere Textblöcke.	❏
Drucken Sie den Text in Spalten ab.	❏
Lassen Sie ausreichend Platz am Rand und zwischen den einzelnen Textblöcken.	❏
Verwenden Sie Druck- statt Schreibschrift.	❏
Benutzen Sie einen einheitlichen Schrifttyp.	❏
Wählen Sie einen Schrifttyp, der leicht zu lesen ist.	❏
Benutzen Sie eine Schriftgröße, die gut erkennbar ist.	❏
Verwenden Sie nur klare, deutliche Kopien.	❏
Verteilen Sie nur Mitteilungen, die sauber und ordentlich sind.	❏
Achten Sie auf eine sachgerechte Heftung.	❏
Sorgen Sie dafür, dass die Kopien in der richtigen Reihenfolge zusammengestellt werden.	❏
Verwenden Sie für jedes Blatt eine Seitenzahl.	❏

Pädagogische Kurzkonzeption

Ihre pädagogische Kurzkonzeption ist eine Informationsschrift ausschließlich für Eltern. Entsprechend der Zielgruppe ist sie leicht verständlich geschrieben und anschaulich gestaltet, beispielsweise durch Fotos.

Die Kurzkonzeption greift nur die wichtigsten Inhalte Ihrer Gesamtkonzeption auf. Mit ihr geben Sie den Eltern einen Überblick über Ihre pädagogische Arbeit und stellen Ihr Profil dar. Ihre Kurzkonzeption bietet damit eine wertvolle Basis für eine gute Zusammenarbeit. Sie sollte über 6 bis 10 Seiten verfügen.

Das sollten Sie bei der Entwicklung Ihrer Kurzkonzeption beachten:

- Spiegeln Sie die Realität Ihrer Einrichtung wider, und formulieren Sie keine Absichten. Sonst wecken Sie bei den Eltern falsche Erwartungen. Statt *„Folgendes streben wir an"* besser *„Folgende Aktivitäten unternehmen wir".*
- Ihre Konzeption muss verbindlich sein. Wenn Inhalte der Konzeption nicht mehr der Realität entsprechen, müssen Sie Ihre Konzeption überarbeiten.
- Gestalten Sie die Konzeption praxisnah mit vielen Beispielen. Nur so erhalten die Eltern eine genaue Vorstellung von Ihrer Einstellung, Ihren Arbeitsansätzen und Ihrer Arbeitsweise. Beispielsweise *„Wir schulen die Sprachfähigkeit des Kindes durch Gespräche, das Vorlesen von Geschichten, das Singen von Liedern etc.".*
- Achten Sie auf eine gute Lesbarkeit. Vermeiden Sie fachliche Ausführungen. Greifen Sie auf einen leicht verständlichen Sprachstil und ein ansprechendes Layout zurück. Statt *„auditive Förderung"* besser *„Förderung des Hörsinns".*

So verschieden wie die Einrichtungen sind auch die Konzeptionen. Es gibt Leitgedanken, die Sie in Ihrer Konzeption thematisieren sollten. In welcher Tiefe und Breite Sie die einzelnen Aspekte bearbeiten, ist von Ihrer Einrichtungssituation abhängig, zum Beispiel von dem Informationsbedürfnis der Eltern.

❶ Ansprechende Einführung schreiben

Bekanntermaßen entscheidet der 1. Eindruck bzw. die ersten Sätze, ob die Eltern Ihre Konzeption aus der Hand legen oder nicht. Deshalb sollten Sie mit einer direkten Anrede und einem ansprechenden Vorwort die Eltern zum Weiterlesen motivieren. Lassen Sie dem Vorwort ein kurzes Inhaltsverzeichnis mit Seitenangabe folgen. Das verschafft den Eltern einen guten Überblick und weckt ihre Neugierde.

❷ Gesetzlichen Auftrag ausführen

Berufen Sie sich auf die gesetzlichen Grundlagen, auf denen die Arbeit Ihrer Kindertageseinrichtung beruht. Sie sollten auf jeden Fall Ihren gesetzlichen Bildungs-, Betreuungs- und Erziehungsauftrag benennen.

Informieren Sie die Eltern über das Kinder- und Jugendhilfegesetz (§ 22 KJHG), die Ländergesetze für Kindertagesbetreuung und über den speziellen Bildungsplan Ihres Bundeslandes und seine individuellen Inhalte, auf denen Sie Ihr Bildungsangebot für die Kinder aufbauen.

❸ Rahmenbedingungen aufzeigen

Die Rahmenbedingungen sind die Eckwerte Ihrer Einrichtung. Sie haben maßgeblichen Einfluss auf die Gestaltung Ihrer pädagogischen Arbeit und bieten den Eltern einen tiefen Einblick in die formalen Gegebenheiten.

Es reicht vollkommen aus, wenn Sie die Rahmenbedingungen mit jeweils 1 oder 2 Sätzen kurz erläutern.

Mehr Aufmerksamkeit sollten Sie der Geschichte Ihrer Einrichtung schenken. Listen Sie alle einschneidenden Veränderungen mit der dazugehörigen Jahreszahl auf, beispielsweise Gründung Ihrer Einrichtung oder Erweiterung um 1 Hortgruppe.

Vermitteln Sie den Eltern diese „trockenen" Daten anschaulich, damit sie nicht die Lust am Lesen verlieren. Beispielsweise indem Sie anhand von Fotos den Personalstand erläutern oder die Räumlichkeiten in Form einer Grundrissskizze darstellen.

❹ Pädagogischen Ansatz erläutern

Allen pädagogischen Ansätzen liegen ein Menschenbild und ein besonderes Bild vom Kind zugrunde. Das Bild vom Kind bestimmt wiederum Ihr Selbstverständnis. Ein Beispiel: In der Reggio-Pädagogik gelten Kinder als kompetent. Folglich nimmt der Pädagoge nicht die Rolle des Führers, sondern die Rolle des Begleiters ein. Ihre pädagogische Arbeit findet nicht in einem luftleeren Raum statt.

Deshalb müssen Sie Ihr Menschenbild auch in Bezug auf die Eltern und die Gesellschaft bestimmen.

Durch die Erläuterung Ihres pädagogischen Ansatzes machen Sie den Eltern deutlich, dass Sie nicht aus dem hohlen Bauch heraus handeln. Ihr reflektiertes Tun ist Ausdruck Ihrer Professionalität. Befassen Sie sich zuvor intensiv mit den bekannten pädagogischen Ansätzen, beispielsweise Montessori-Pädagogik oder

(Fortsetzung auf S. 122)

Muster: Das Inhaltsverzeichnis Ihrer Kurzkonzeption (1/2)

❶ →	**Vorwort**
	Inhaltsverzeichnis
❷ →	**Gesetzlicher Auftrag von Tageseinrichtungen für Kinder**
❸ →	**Rahmenbedingungen des Kindergartens**
	Geschichtlicher Hintergrund
	Betreuungsangebot
	Trägerschaft und Organisation
	Raumangebot
	Umfeld und Einzugsgebiet
	Alter der betreuten Kinder
	Kinderzahl
	Gruppenzahl und Gruppengröße
	Öffnungszeiten
	Schließungstage
	Personalschlüssel
	Qualifikation des Personals
	Anmeldeverfahren
	Beiträge
	Zahlungsbedingungen
❹ →	**Der pädagogische Ansatz**
	Allgemeines Menschenbild
	Bild vom Kind
	Verständnis von den Erzieherinnen
	Vorstellung von Erziehung
	Verständnis von Bildung
	Bedeutung des Spiels

Kopiervorlage

Muster: Das Inhaltsverzeichnis Ihrer Kurzkonzeption (1/2)

Vorwort
Inhaltsverzeichnis
Gesetzlicher Auftrag von Tageseinrichtungen für Kinder
Rahmenbedingungen des Kindergartens
Geschichtlicher Hintergrund
Betreuungsangebot
Trägerschaft und Organisation
Raumangebot
Umfeld und Einzugsgebiet
Alter der betreuten Kinder
Kinderzahl
Gruppenzahl und Gruppengröße
Öffnungszeiten
Schließungstage
Personalschlüssel
Qualifikation des Personals
Anmeldeverfahren
Beiträge
Zahlungsbedingungen
Der pädagogische Ansatz
Allgemeines Menschenbild
Bild vom Kind
Verständnis von den Erzieherinnen
Vorstellung von Erziehung
Verständnis von Bildung
Bedeutung des Spiels

Reggio-Pädagogik. Keinesfalls sollten Sie diese blind übernehmen. Die Eltern werden schnell merken, ob dieser Ansatz in Ihrer Einrichtung gelebt wird oder nicht.

Die Kinder sind Ausgangspunkt Ihrer Arbeit. Diesen Anspruch sollten Sie eindeutig formulieren. Heben Sie diesen Aspekt hervor, indem Sie die Rechte des Kindes in Ihrer Einrichtung betonen. Vergessen Sie nicht, alle nachfolgenden Inhalte an diesen Rechten zu messen.

3 Aspekte zeichnen die Kindergartenarbeit aus: Erziehung, Bildung, Spiel. Erklären Sie den Eltern, was diese Begriffe beinhalten, und machen Sie deutlich, welchen Stellenwert sie im Alltag der Kinder einnehmen.

Benennen und erklären Sie den Eltern Ihren pädagogischen Schwerpunkt, zum Beispiel Umwelterziehung. Falls Sie einen konfessionellen Träger haben, müssen Sie den Eltern Ihr Verständnis von der religiösen Erziehung darstellen.

Zuletzt sollten Sie die Prinzipien und die Ziele Ihres pädagogischen Ansatzes erläutern. Beispielsweise: *„Unser oberstes Prinzip ist, die Selbstständigkeit des Kindes zu fördern!"*

❺ Pädagogische Arbeit erörtern

Sicherlich greifen Sie und Ihre Kolleginnen die Inhalte, die die Kinder erleben und bewegen, auf und machen sie zum Thema Ihrer pädagogischen Planung. Diese Art der Planung ist ein Ausdruck von kindlicher Partizipation, und Sie sollten sie den Eltern unbedingt erklären.

Stellen Sie anschließend dar, wie Sie Ihren pädagogischen Ansatz in Ihrer Einrichtung umsetzen, indem Sie den normalen Tagesablauf, die Spiel- und Förderangebote und die Höhepunkte des Kindergartenjahres beschreiben, beispielsweise: *„An unserem wöchentlichen Waldtag macht das Kind viele Erfahrungen mit allen Sinnen und wird dadurch in seiner Ganzheitlichkeit angesprochen."* Mit Ausnahme des Tagesablaufs werden Sie die genannten Aspekte nicht in aller Ausführlichkeit erklären können. Geben Sie den Eltern anhand eines durchgeführten Projekts lebhafte Einblicke in die pädagogische Arbeit.

❻ Zusammenarbeit im Team darlegen

Ein Kindergarten ist nur so gut wie die Mitarbeiterinnen und deren Zusammenarbeit. Klären Sie die Eltern über die Gestaltung Ihrer Teamarbeit auf, zum Beispiel: Wie oft findet eine Teambesprechung statt? Wie oft nehmen die einzelnen Kräfte an Fortbildungen teil? Informieren Sie die Eltern über die verschiedenen Aufgaben und Rollen der Kolleginnen. Nur wenn die Eltern die Arbeitsfelder und Zuständigkeiten jeder einzelnen Mitarbeiterin kennen, wissen sie, an wen sie sich bei Fragen, Problemen und Kritik wenden können.

❼ Kooperation mit Eltern aufzeigen

Die Kurzkonzeption bietet Ihnen eine gute Möglichkeit, die Eltern zur Elternarbeit zu motivieren. Erklären Sie ihnen die verschiedenen Formen der praktizierten Elternarbeit in Ihrer Einrichtung, vom Hausbesuch bis hin zum Kindergarten-Abc. Weisen Sie sie auf ihre Rechte, Pflichten und Einflussmöglichkeiten hin, beispielsweise die Wahl des Elternbeirates.

Muster: Das Inhaltsverzeichnis Ihrer Kurzkonzeption (2/2)

	Schwerpunkte der pädagogischen Arbeit
	Ziele und Prinzipien der pädagogischen Arbeit
❺ →	**Die pädagogische Arbeit**
	Planung der pädagogischen Arbeit
	Tagesablauf
	Förder- und Spielangebote
	Besondere Ereignisse
❻ →	**Zusammenarbeit innerhalb des Teams**
	Gestaltung der Teamarbeit
	Aus- und Fortbildung der Mitarbeiterinnen
	Aufgaben der Leitung
	Aufgaben der Gruppenleitung
	Einsatz von Teilzeitkräften
	Zusammenarbeit mit Praktikantinnen
	Zusammenarbeit mit Hauswirtschaftskräften
❼ →	**Zusammenarbeit mit Eltern**
	Formen und Ziele der Elternarbeit
	Mitbestimmungsmöglichkeiten der Eltern
❽ →	**Weitere Formen der Zusammenarbeit**
	Zusammenarbeit mit dem Träger
	Kooperation mit Schulen
	Kooperation mit anderen Institutionen
	Öffentlichkeitsarbeit
❾ →	**Nachwort**
	Quellenverzeichnis

Kopiervorlage

❽ Weitere Formen der Zusammenarbeit verdeutlichen

Die Entwicklungsmöglichkeiten jeder Einrichtung werden maßgeblich vom Träger beeinflusst. Das ist vielen Eltern nicht bewusst. Klären Sie sie über die Kompetenzen, Einflussmöglichkeiten, Rechte und Pflichten des Trägers auf. Legen Sie dar, wie sich die Zusammenarbeit zwischen den Mitarbeiterinnen, den Eltern und dem Träger gestaltet. Beispielsweise: *„Unser Pfarrer besucht wöchentlich den Kindergarten und nimmt jeden Monat an der Teamsitzung teil."*

Arbeiten Sie mit verschiedenen Einrichtungen wie Schulen oder Therapeuten eng zusammen, sollten Sie diesen Aspekt auf jeden Fall in Ihrer Kurzkonzeption benennen. Die Zusammenarbeit zwischen Ihrer Einrichtung und derartigen Institutionen dient dem Kind und seiner Familie und ist daher ein Qualitätsmerkmal Ihrer Arbeit. Dennoch gibt es einige Leser und Leserinnen, die eine enge Zusammenarbeit zwischen Ihnen und anderen Institutionen mit einer Verletzung ihrer Privatsphäre assoziieren. Gehen Sie aus diesen Gründen auf den Aspekt der Schweigepflicht ein.

Benennen und erklären Sie den Eltern in kurzen Worten alle Formen der Öffentlichkeitsarbeit, die Sie und Ihre Kolleginnen praktizieren, beispielsweise die Teilnahme am Stadtfest. Je mehr Öffentlichkeitsarbeit Sie betreiben, desto eher wird Ihre Arbeit wertgeschätzt.

❾ Nachwort verfassen

Vergessen Sie nicht das Nachwort. Wenige Sätze genügen, um Ihre Kurzkonzeption abzurunden. Zum Beispiel können Sie die Eltern zur aktiven Elternarbeit aufrufen. Geben Sie den Eltern zum Schluss gute Wünsche mit auf den Weg. Darunter setzen Sie die Unterschrift Ihres Elternbeirates, aller Mitarbeiterinnen und das Siegel und die Unterschrift des Trägers.

Muster: Das Inhaltsverzeichnis Ihrer Kurzkonzeption (2/2)

Schwerpunkte der pädagogischen Arbeit
Ziele und Prinzipien der pädagogischen Arbeit
Die pädagogische Arbeit
Planung der pädagogischen Arbeit
Tagesablauf
Förder- und Spielangebote
Besondere Ereignisse
Zusammenarbeit innerhalb des Teams
Gestaltung der Teamarbeit
Aus- und Fortbildung der Mitarbeiterinnen
Aufgaben der Leitung
Aufgaben der Gruppenleitung
Einsatz von Teilzeitkräften
Zusammenarbeit mit Praktikantinnen
Zusammenarbeit mit Hauswirtschaftskräften
Zusammenarbeit mit Eltern
Formen und Ziele der Elternarbeit
Mitbestimmungsmöglichkeiten der Eltern
Weitere Formen der Zusammenarbeit
Zusammenarbeit mit dem Träger
Kooperation mit Schulen
Kooperation mit anderen Institutionen
Öffentlichkeitsarbeit
Nachwort
Quellenverzeichnis

Kindergarten-Abc

Die zukünftigen Kindergarteneltern haben viele Fragen rund um den Alltag in Ihrer Einrichtung. Überreichen Sie diesen Eltern ein Kindergarten-Abc. Das Kindergarten-Abc ist eine Broschüre, die Sie und Ihre Kolleginnen selbst erstellen. Diese Broschüre liefert den Eltern Informationen zum Kindergartenalltag und beantwortet die typischen Fragen der Eltern. Kennzeichen des Kindergarten-Abc ist, dass alle Informationen jeweils einem Buchstaben im Alphabet zugeordnet werden.

Hier die wichtigsten Aspekte, die Sie in Ihrem Kindergarten-Abc erläutern sollten.

❶ Aufsichtspflicht

Klären Sie die Eltern über das heikle Thema „Aufsichtspflicht" auf. Empfehlenswert ist, dass Sie auf folgende Fragen kurz eingehen:

- Wann beginnt die Aufsichtspflicht im Kindergarten?
- Wann endet die Aufsichtspflicht des Kindergartens?
- Wie intensiv muss das pädagogische Personal die Kinder beaufsichtigen?
- Wie steht es mit der Aufsichtspflicht bei Ausflügen und bei gemeinsamen Aktionen mit den Eltern?

❷ Bring- und Abholphase

Die Abholphase gestaltet sich in den Einrichtungen unterschiedlich. Erläutern Sie:

- Von wann bis wann die Kinder gebracht und abgeholt werden dürfen.
- Wie die Eltern ihre Kinder dem pädagogischen Personal übergeben sollen. Durch Aufklärung können Sie vermeiden, dass zum Beispiel die Kinder an der Eingangspforte „abgesetzt" werden.
- Aus welcher Kindergartengruppe die Kinder abgeholt werden können.
- Von wem die Kinder abgeholt werden dürfen. Verweisen Sie die Eltern auf die sogenannte „Abholbescheinigung."

❸ Christliche Erziehung

Ob Sie die christliche Erziehung in Ihr Kindergarten-Abc aufnehmen, hängt vor allem von Ihrer Trägerschaft ab. Arbeiten Sie in einer christlichen Einrichtung, sollten Sie neben der religiösen Erziehung in Ihrem Kindergarten auch auf die enge Zusammenarbeit mit der jeweiligen Kirchengemeinde hinweisen, beispielsweise Mitgestaltung der Kindergottesdienste.

❹ Draußen spielen

Das Spiel draußen bietet immer wieder Anlass zu Diskussionen. Klären Sie die Eltern über den Sinn und Zweck des Spiels im Freien auf. Informieren Sie sie, wann und wie lange die Kinder draußen spielen. Sinnvoll ist, dass Sie Stellung zu den typischen strittigen Themen wie verschmutzte Kleidung nehmen.

❺ Elternarbeit

Führen Sie alle Formen der Elternarbeit, die in Ihrem Kindergarten praktiziert werden, auf und erklären Sie diese in kurzen Worten. Betreiben Sie aber nicht nur Aufklärung, sondern motivieren Sie die Eltern zur Elternarbeit. Beispielsweise, indem Sie betonen, dass Sie und Ihr Team für engagierte Eltern, Wünsche, Ideen und Kritik offen und dankbar sind.

Muster: Inhaltsverzeichnis Ihres Kindergarten-Abc (1/2)

	A	Angebote
❶→		Aufsichtspflicht
❷→	B	Bring- und Abholphase
❸→	C	Christliche Erziehung
❹→	D	Draußen spielen
❺→	E	Elternarbeit
		Eingewöhnungsphase
	F	Freispiel
❻→		Frühstück
❼→	G	Geburtstag
	H	Hygiene
	I	Informationen
❽→	J	Jahresverlauf
	K	Krankheiten

Kopiervorlage

❻ Frühstück

In den Einrichtungen wird das Frühstück sehr unterschiedlich praktiziert. Um Missverständnisse zu vermeiden, sollten Sie auf folgende Fragen eingehen:

- In welcher Form frühstücken die Kinder?
- Wann nehmen die Kinder ihr Frühstück ein?
- Was sollen die Kinder zum Frühstück mitbringen? So können Sie den Kindern gleichzeitig zu einer gesunden Ernährung verhelfen.

❼ Geburtstag

Wie jede Einrichtung, so hat auch Ihr Kindergarten eigene Rituale, mit denen Sie den Geburtstag eines Kindes feiern. Da der Geburtstag für das Kind und die Eltern ein ganz besonderer Tag ist, sollten Sie in Ihrem Kindergarten-Abc erklären,

- wie der Geburtstag eines Kindes in Ihrer Einrichtung gefeiert wird,
- was Sie von den Eltern zum Geburtstag eines Kindes erwarten,
- worum die Eltern sich nicht zu kümmern brauchen,
- ob die Eltern mit der Gruppenerzieherin einige Tage vor dem Geburtstag die Feier kurz absprechen sollen.

❽ Jahresverlauf

Es gibt einrichtungsspezifische Feste und Aktionen, die gewissermaßen die Eckpunkte des Kindergartenjahres darstellen. Erklären Sie die typischen Feiern und Höhepunkte mit wenigen Worten.

(Fortsetzung auf S. 126)

Muster: Inhaltsverzeichnis Ihres Kindergarten-Abc (1/2)

A	Angebote
	Aufsichtspflicht
B	Bring- und Abholphase
C	Christliche Erziehung
D	Draußen spielen
E	Elternarbeit
	Eingewöhnungsphase
F	Freispiel
	Frühstück
G	Geburtstag
H	Hygiene
I	Informationen
J	Jahresverlauf
K	Krankheiten

❾ Lieblingsspielzeug

In den meisten Einrichtungen dürfen die Kinder nur in der Eingewöhnungsphase ihr Lieblingsspielzeug mitbringen. Die einzige Ausnahme ist der Spielzeugtag. Den Zeitpunkt, die Gestaltung und den pädagogischen Sinn dieses Tages sollten Sie kurz darstellen.

❿ Mittagsruhe

Falls die Kinder Ihrer Einrichtung Mittagsruhe halten, erklären Sie den Eltern,

- was sie ihren Kindern für die Mittagsruhe mitgeben sollen, zum Beispiel Nachtwäsche,
- ob die Kinder vor, während oder nach der Mittagsruhe abgeholt werden sollen,
- wie Sie die Mittagsruhe gestalten.

⓫ Öffnungszeiten

Nur wenn die Eltern über Ihre Betreuungszeiten ausreichend informiert sind, werden sie sie auch nutzen können und Ihre Arbeit zu schätzen wissen. Führen Sie Ihre genauen Öffnungszeiten auf. Falls Sie in Ihrer Einrichtung gruppenspezifische Betreuungszeiten haben, beispielsweise Blocköffnungszeiten, sollten Sie diese ebenfalls auflisten.

⓬ Qualifikation

Neben Ihnen gibt es sicherlich auch andere Kolleginnen, die sich durch langjährige Berufserfahrung oder eine Zusatzausbildung besonders qualifiziert haben. Beschreiben Sie kurz und knapp die jeweilige Qualifikation und die Fähigkeiten aller Teammitglieder. Eltern werden schneller Vertrauen zu Ihnen und Ihren Kolleginnen aufbauen, wenn sie wissen, wem sie ihr Kind anvertrauen.

⓭ Reinlichkeitserziehung

Im Bereich der Reinlichkeitserziehung stellen sich viele Väter und Mütter die Frage, ob ihr Kind für den Kindergartenbesuch bereits trocken sein muss und was Ihre Einrichtung unternimmt, wenn Kinder versehentlich „in die Hose machen". Gehen Sie im Kindergarten-Abc auf derartige Fragen ein.

⓮ Schulvorbereitung

Informieren Sie die Eltern,

- wie Sie die Kinder auf die Schule vorbereiten,
- wie Sie mit der Schule zusammenarbeiten,
- wie Sie das letzte Kindergartenjahr gestalten, zum Beispiel Vorschulgruppe oder Abschiedsfest.

⓯ Tagesablauf

Erklären Sie in wenigen Worten die einzelnen Phasen eines normalen Kindergartentages: Bring-Phase, Morgenkreis, Freispiel, Kleingruppenangebot etc.

⓰ Unternehmungen – Ausflüge

Berichten Sie, dass Sie auch Ausflüge mit den Kindern unternehmen, und weisen Sie die Eltern auf die Notwendigkeit der Ausflugseinverständniserklärung hin.

⓱ Versicherung

Informieren Sie die Eltern über den Unfallversicherungsschutz ihres Kindes beim Besuch Ihrer Einrichtung.

Muster: Inhaltsverzeichnis Ihres Kindergarten-Abc (2/2)

❾→	L	Lieblingsspielzeug
	M	Mittagsbetreuung
❿→		Mittagsruhe
	N	Nachmittagsbetreuung
⓫→	O	Öffnungszeiten
	P	Personal
⓬→	Q	Qualifikation
⓭→	R	Reinlichkeitserziehung
⓮→	S	Schulvorbereitung
		Stuhlkreis
⓯→	T	Tagesablauf
⓰→	U	Unternehmungen – Ausflüge
⓱→	V	Versicherung
⓲→	W	Wäsche und Kleidung
	X, Y, Z	Zahlung
		Zum Schluss

Kopiervorlage

⓲ Wäsche und Kleidung

Beantworten Sie unter diesem Punkt die folgenden typischen elterlichen Fragen:

- Ist Turnkleidung erforderlich und, wenn ja, welche?
- Muss mein Kind Pantoffeln mitbringen?
- Welche Kleidung ist für das Spiel im Freien sinnvoll und empfehlenswert?
- Soll ich meinem Kind Wechselwäsche mitgeben?
- Muss die Wäsche gekennzeichnet sein?
- Folgendes sollten Sie bei der Erstellung Ihres Kindergarten-Abc beachten:
- Ihr Kindergarten-Abc können Sie nach eigenen Vorstellungen modifizieren, beispielsweise um das Thema „Hort" erweitern.
- Fügen Sie in Ihr Kindergarten-Abc keine Daten und Fakten ein, die sich innerhalb eines Jahres ändern. Dann können Sie es über einen längeren Zeitraum verwenden.
- Versuchen Sie, die einzelnen Aspekte in wenigen Sätzen zu erläutern. Ihr Kindergarten-Abc sollte maximal 12 großzügig bedruckte Seiten umfassen. Mehr schreckt den Leser ab!
- Achten Sie bei der Gestaltung Ihres Kindergarten-Abc auf ein ansprechendes Layout.

Muster: Inhaltsverzeichnis Ihres Kindergarten-Abc (2/2)

L	Lieblingsspielzeug
M	Mittagsbetreuung
	Mittagsruhe
N	Nachmittagsbetreuung
O	Öffnungszeiten
P	Personal
Q	Qualifikation
R	Reinlichkeitserziehung
S	Schulvorbereitung
	Stuhlkreis
T	Tagesablauf
U	Unternehmungen – Ausflüge
V	Versicherung
W	Wäsche und Kleidung
X, Y, Z	Zahlung
	Zum Schluss

Informationswand

Die Informationswand wird in vielen Einrichtungen – vielleicht auch in Ihrer – stark vernachlässigt. Dabei besitzt sie zahlreiche Funktionen. Sie informiert, motiviert, unterstützt den Austausch, vermittelt Denkanstöße und bietet Einblicke in den Kindergartenalltag. Wenn Sie Ihre Informationswand als ein wichtiges Mittel der Elternarbeit ansehen, sollten Sie sie entsprechend gestalten.

❶ Aufmerksamkeit erregen

Ihre Informationswand sollte die Aufmerksamkeit vieler Eltern auf sich ziehen. Hängen Sie sie zu diesem Zweck an einem zentralen Ort in Ihrer Einrichtung auf – am besten gegenüber Ihrer Eingangstür. So „springen" die Informationen den Eltern direkt ins Auge. Bedenken Sie, dass die Informationswand häufig das Erste ist, was die Eltern von Ihrer Einrichtung sehen.

Arbeiten Sie mit Blickfängen, beispielsweise in Form verschiedenfarbiger Mitteilungszettel, Fotos, origineller Zeichnungen oder bunter Überschriften. Vielleicht können Sie Ihre Informationswand auch entsprechend der Jahreszeit gestalten, beispielsweise, indem Sie um das schwarze Brett im Herbst eine Blättergirlande, im Winter eine Lichterkette dekorieren.

Die Aufmerksamkeit der Eltern erhöhen Sie, wenn Sie die Mitteilungen leserfreundlicher gestalten. Achten Sie auf kurze, leicht verständliche und dennoch informative Hinweise. Erstellen Sie die Informationen, wenn möglich, in Druckschrift. So können die Eltern wichtige Mitteilungen auch „auf die Schnelle" durchlesen.

Ihre Informationswand wird für die Mütter und Väter nur übersichtlich und ansprechend sein, wenn sie auch eine für Ihre Einrichtung entsprechende Größe hat.

❷ Übersichtlichkeit gewährleisten

Statt Ihre Informationswand mit Mitteilungen zu überladen, arbeiten Sie nach dem Motto: „So wenig wie möglich, so viel wie nötig!" Reduzieren Sie die Informationen auf das notwendige Maß. Achten Sie darauf, dass zwischen den einzelnen Hinweisen ausreichend Platz besteht. Die Mitteilungen sollten auf keinen Fall übereinanderhängen.

Um eine bessere Übersichtlichkeit zu erzielen, sollten Sie alle Mitteilungen nach Themenschwerpunkten gliedern. Teilen Sie Ihre Informationswand zu diesem Zweck in 3 Spalten auf:

- Externe Nachrichten (zum Beispiel Gottesdienste, Stadtfeste)
- Mitteilungen Ihrer Einrichtung (zum Beispiel Terminübersicht, Einladungen zu Kindergartenfesten)
- Informationen von Eltern für Eltern (zum Beispiel Tausch von Kinderkleidung, Minijob-Suche)

Ordnen Sie jede Mitteilung einem dieser 3 Schwerpunkte zu.

❸ Informationswert absichern

Ihre Informationswand ist für Ihre Eltern nur attraktiv und informativ, wenn die Informationen aktuell sind. Um die Mütter und Väter nicht über verstrichene Aktionen zu informieren, sollten Sie regelmäßig die Aktualität der Informationen überprüfen und sie gegebenenfalls abnehmen. Ein weiteres Kriterium für die Qualität von Nachrichten ist die Wichtigkeit der Informationen. Hängen Sie nur Mitteilungen aus, die für die Eltern, die Kinder oder Ihr Team von Bedeutung sind.

Alle Mitteilungen sollten nur mit Zustimmung der Leitung an der Informationswand veröffentlicht werden. Kontrollieren Sie regelmäßig, ob externe Veranstalter ohne diese Zustimmung Hinweise an Ihrer Informationswand aufgehängt haben. Erfahrungen aus Kindergärten zeigen, dass diese Mitteilungen oft unseriös sind. Daher dürfen keine Aushänge ungenehmigt getätigt werden.

Wichtig ist, dass eine Person aus Ihrem Team für die Informationswand verantwortlich ist. Optimalerweise übernehmen Sie als Leitung diese Aufgabe.

Checkliste: So gestalten Sie Ihre Informationswand

	Fragen	Erledigt
❶→	Hängen Sie Ihre Informationswand an einem zentralen Ort auf.	❑
	Wählen Sie eine Informationswand aus, die ausreichend groß ist.	❑
	Setzen Sie Blickfänge bei der Gestaltung Ihrer Informationswand ein.	❑
	Gestalten Sie Ihre Informationswand ansprechend.	❑
	Achten Sie auf kurze, leicht verständliche Mitteilungen.	❑
	Erstellen Sie alle Hinweise, wenn möglich, in Druckschrift.	❑
❷→	Achten Sie auf ausreichend Platz zwischen den einzelnen Mitteilungen.	❑
	Reduzieren Sie die Fülle an Informationen auf das Minimum.	❑
	Gliedern Sie Ihre Informationswand in 3 Spalten und ordnen Sie alle Mitteilungen einer dieser Spalten zu.	❑
	Ermöglichen Sie den Eltern, sich über die Informationswand untereinander auszutauschen.	❑
	Hängen Sie auch externe Nachrichten aus.	❑
❸→	Kontrollieren Sie in regelmäßigen Abständen die Aktualität der Informationen.	❑
	Hängen Sie nur wichtige Mitteilungen aus.	❑
	Stellen Sie sicher, dass die ausgehängten Informationen absolut seriös sind.	❑
	Prüfen Sie als Leitung, ob alle Hinweise an der Informationswand mit Ihrem Einverständnis ausgehängt wurden.	❑
	Wählen Sie eine Person aus Ihrem Team aus, die die Verantwortung für die Informationswand übernimmt.	❑

Kopiervorlage

Checkliste: So gestalten Sie Ihre Informationswand

Fragen	Erledigt
Hängen Sie Ihre Informationswand an einem zentralen Ort auf.	❑
Wählen Sie eine Informationswand aus, die ausreichend groß ist.	❑
Setzen Sie Blickfänge bei der Gestaltung Ihrer Informationswand ein.	❑
Gestalten Sie Ihre Informationswand ansprechend.	❑
Achten Sie auf kurze, leicht verständliche Mitteilungen.	❑
Erstellen Sie alle Hinweise, wenn möglich, in Druckschrift.	❑
Achten Sie auf ausreichend Platz zwischen den einzelnen Mitteilungen.	❑
Reduzieren Sie die Fülle an Informationen auf das Minimum.	❑
Gliedern Sie Ihre Informationswand in 3 Spalten und ordnen Sie alle Mitteilungen einer dieser Spalten zu.	❑
Ermöglichen Sie den Eltern, sich über die Informationswand untereinander auszutauschen.	❑
Hängen Sie auch externe Nachrichten aus.	❑
Kontrollieren Sie in regelmäßigen Abständen die Aktualität der Informationen.	❑
Hängen Sie nur wichtige Mitteilungen aus.	❑
Stellen Sie sicher, dass die ausgehängten Informationen absolut seriös sind.	❑
Prüfen Sie als Leitung, ob alle Hinweise an der Informationswand mit Ihrem Einverständnis ausgehängt wurden.	❑
Wählen Sie eine Person aus Ihrem Team aus, die die Verantwortung für die Informationswand übernimmt.	❑

Informationsflyer

Sie stecken hinter dem Scheibenwischer, liegen im Supermarkt aus oder werden Interessierten in die Hand „gedrückt“ – die Flyer. Erstellen auch Sie Flyer und bereichern Sie mit ihnen die Eltern- und Öffentlichkeitsarbeit in Ihrer Einrichtung.

Der große Vorteil der Handzettel ist, dass sie

- preiswert sind,
- eine breite Öffentlichkeit erreichen, denn sie richten sich an Kindergarteneltern und an externe Personen,
- schnell und ohne viel Aufwand hergestellt werden können.

Damit die Botschaften Ihrer Flugblätter auch bei dem Leser und nicht im nächsten Abfalleimer landen, sollten Sie Folgendes beachten:

Zielgruppe ansprechen

Anders als bei den meisten schriftlichen Mitteilungen möchten Sie mit den Handzetteln den Leser nicht nur informieren, sondern auch überzeugen und zu einer bestimmten Tätigkeit motivieren. *„Melden Sie Ihr Kind bei uns an!“* oder: *„Kommen Sie zu unserem Sommerfest!“*

Sie werden nur überzeugen können, wenn Sie Ihre Zielgruppe kennen. Legen Sie sich auf keine Zielgruppe fest, sind Ihre Mitteilungen uneindeutig. Die Folge: Es fühlt sich niemand angesprochen, und die Botschaften werden nicht wahrgenommen. Sprechen Sie Ihre Zielgruppe direkt an und benennen Sie sie durch eine unmittelbare Anrede und Ansprache im Text: *„Liebe Mitglieder der Kirchengemeinde St. Mauritius …“, „Wir laden alle Mitglieder der Kirchengemeinde St. Mauritius zum …“*

Statt Ihre Handzettel hinter jeden Scheibenwischer zu klemmen, sollten Sie versuchen, Ihre Zielgruppe direkt zu erreichen. Wenn Sie potenzielle Kindergarteneltern für sich gewinnen wollen, verteilen Sie zum Beispiel Ihre Flyer in einer Krabbelgruppe. Bitten Sie auch Kindergarteneltern, Ihre Informationszettel zu verteilen.

Ihre Kindergartenmütter haben häufig sehr viel Kontakt zu jenen Personen, die Sie erreichen möchten.

Verständliche Botschaften senden

Flyer werden nur flüchtig gelesen. Da sich Ihr Handzettel stark an Außenstehende wendet, können die Leser nicht direkt mit Ihnen in Kontakt treten und nachfragen. Deshalb sollten Sie nur klare, eindeutige Botschaften vermitteln. Teilen Sie dem Leser die Informationen in wenigen Worten mit. Kurze Sätze ohne Fachbegriffe und ein übersichtliches Layout sorgen für eine bessere Verständlichkeit und leichte Lesbarkeit.

Dennoch muss der Inhalt dem Leser alle notwendigen Botschaften mitteilen. Neben einer direkten und klaren Aufforderung zu einer bestimmten Aktivität muss Ihr Handzettel Antworten auf die 5 Ws geben:

- Wer informiert? Zum Beispiel nur eine einzelne Gruppenleiterin oder die gesamte Einrichtung?
- Wozu wird aufgerufen? Zum Beispiel zu einem Sommerfest?
- Wann findet die Aktion statt? Geben Sie unbedingt das aktuelle Datum, z. B. 22.06.2019, und die genaue Uhrzeit an.

Muster: Informationsflyer Einladung zum Sommerfest

Kath. Kindergarten St. Joseph

(Logo)

Sommerfest
„Beachparty“

Am 22.06.2019 von 14 bis 18 Uhr

Kath. Kindergarten St. Joseph
Am Musterweg 7
12345 Musterstadt
Tel.: (0 12 34) 5 67 89

Genießen Sie unser Programm!

- Kindermusical
- Beachvolleyball: Väter gegen Mütter
- Flohmarkt
- Spiele für Kinder (Wasserrutschbahn, Sandskulpturen, Wettangeln ...)
- Kaffee, Kuchen, Bratwurst, Döner

Die Einnahmen kommen zu 100% unserem Kindergarten zugute. Wir wollen vom Gewinn ein Baumhaus für Kinder anschaffen.

Kopiervorlage

- Wo soll die Aktivität stattfinden? Zum Beispiel im Wald oder im Kindergarten?
- Wen fordern Sie auf? Beispielsweise Großeltern oder Kindergarteneltern?

Drucken Sie sowohl Ihre Adresse mit der Telefonnummer als auch das Logo Ihrer Einrichtung, wenn vorhanden, auf das Flugblatt.

(Fortsetzung auf S. 132)

Kath. Kindergarten St. Joseph

(Logo)

Sommerfest „Beachparty"

Am 22.06.2019 von 14 bis 18 Uhr

Kath. Kindergarten St. Joseph
Am Musterweg 7
12345 Musterstadt
Tel.: (0 12 34) 5 67 89

Genießen Sie unser Programm!

- Kindermusical
- Beachvolleyball: Väter gegen Mütter
- Flohmarkt
- Spiele für Kinder (Wasserrutschbahn, Sandskulpturen, Wettangeln ...)
- Kaffee, Kuchen, Bratwurst, Döner

Die Einnahmen kommen zu 100% unserem Kindergarten zugute. Wir wollen vom Gewinn ein Baumhaus für Kinder anschaffen.

Image vermitteln

Welches Bild sich der Leser von Ihrem Kindergarten macht, ist abhängig von dem Inhalt und von der „Aufmachung" Ihres Faltblattes. Bei einer sehr fantasievollen Gestaltung Ihres Flyers wird der Leser vermuten, dass Ihre Einrichtung sehr viel Wert auf Kreativität legt. Findet Ihr Leser Rechtschreibfehler im Text, wird er automatisch eine negativ gefärbte Vorstellung von Ihrem Kindergarten aufbauen.

Vor der Gestaltung Ihres Handzettels sollten Sie deshalb genau prüfen, welches Image Sie vermitteln möchten und wie Sie es gestalterisch ausdrücken können. Achten Sie darauf, dass Ihr Image nicht im Widerspruch zur Gestaltung des Flyers steht, sonst wirkt Ihr Handzettel unglaubwürdig. Beispielsweise sollten Waldkindergärten ihre Flugblätter nicht auf Hochglanzpapier drucken.

Blickfänge einsetzen
Sie haben nur wenige Sekunden, um den Leser zu überzeugen. Deshalb müssen Sie auf Blickfänge achten, die den Leser an Ihr Faltblatt fesseln. Aufmerksamkeit erzielen Sie durch:

- Leuchtende Farben: Wählen Sie statt weißem Papier Farben, die „ins Auge springen". Haben Sie einen Farbdrucker, können Sie durch farbige Schrift zusätzliche Aufmerksamkeit erregen, beispielsweise durch blaue Schrift auf gelbem Grund. Empfehlenswert ist Regenbogenpapier. Es ist etwas teurer, aber ein richtiger „Hingucker". Die Übersichtlichkeit sollte jedoch erhalten bleiben. Wählen Sie nicht mehr als 3 Farben aus.
- Einprägsame Symbole und Zeichen. Falls weder Sie noch Ihre Kolleginnen über Zeichentalent verfügen, können Sie Bilder aus Ihrer Computerdatei herunterladen. Beachten Sie dabei immer die Urheberrechte.
- Griffige Schlagwörter: Überraschen Sie den Leser durch originelle Schlagwörter, Überschriften oder ausdrucksstarke Zitate bekannter Pädagogen, zum Beispiel *„Ein Kind ist aus 100 gemacht!"* von Loris Malaguzzi.

Entscheiden Sie sich für ein griffiges Format. Empfehlenswert sind DIN-A5-Blätter. DIN-A4-Blätter sollten Sie durch eine Ziehharmonikafaltung auf eine kleinere, handlichere Größe bringen. Neben der Papiergröße sollten Sie eine ausreichende Papierstärke auswählen. Wenn Sie das Papier beidseitig bedrucken, besteht bei dünnem Papier die Gefahr, dass die Schrift durchscheint.

Muster: Informationsflyer freie Kindergartenplätze

Kath. Kindergarten St. Joseph

(Logo)

Sind Ihre Kinder schon gut versorgt?

Im April ist Anmeldemonat!

Kath. Kindergarten St. Joseph
Am Musterweg 7
12345 Musterstadt
Tel.: (0 12 34) 5 67 89

Rufen Sie bei Interesse einfach zwischen 7 und 18 Uhr an:
(0 12 34) 5 67 89
und vereinbaren Sie einen individuellen Termin mit Einrichtungsbesichtigung, Zeit für Fragen, Anmeldegespräch.

Kopiervorlage

Kath. Kindergarten St. Joseph

(Logo)

Sind Ihre Kinder schon gut versorgt?

Im April ist Anmeldemonat!

Kath. Kindergarten St. Joseph
Am Musterweg 7
12345 Musterstadt
Tel.: (0 12 34) 5 67 89

Rufen Sie bei Interesse einfach zwischen 7 und 18 Uhr an:
(0 12 34) 5 67 89
und vereinbaren Sie einen individuellen Termin mit Einrichtungsbesichtigung, Zeit für Fragen, Anmeldegespräch.

Plakat

Mit einem gut gestalteten Plakat können Sie vielen Eltern aktuelle Informationen vermitteln. Plakate können das Interesse Ihrer Kindergartenmütter und -väter wecken und sie neugierig machen. Damit die Eltern das Plakat auch betrachten und seine Botschaft wahrnehmen, sollten Sie Folgendes berücksichtigen:

❶ Größe beachten

Plakate sollten eine Mindestgröße von 30 x 40 cm haben, das entspricht einem DIN-A3-Format. Denn Text und Bild werden von einer großen Distanz aus betrachtet. Je nach Einrichtung beträgt sie 2 bis 10 m. Passen Sie Schriftgröße und Bild dieser Entfernung an. Hilfreich ist, wenn Sie während des Gestaltungsprozesses das Plakat von Weitem betrachten.

❷ Text und Bild anpassen

Textinhalt und Bild dürfen den Eltern keine widersprüchlichen Aussagen vermitteln. Text- und Bildanteil sollten ausgewogen sein. Planen Sie zu diesem Zweck 2/3 des Blattes für das Bild und 1/3 des Blattes für den Text ein. Noch bevor Sie mit der Gestaltung des Plakats beginnen, sollten Sie mit einem dünnen Bleistift die Blattaufteilung festlegen. Anschließend fixieren Sie, welche Gestaltungselemente wo untergebracht werden. Achten Sie darauf, dass die Schrift nicht vom Bildanteil verdrängt wird.

Gestalten Sie Bild, Text und Schrift so, dass zumindest ein deutlicher Blickfang vorhanden ist, zum Beispiel eine grelle Schrift oder ein ungewohntes Bild. Folgen Sie bei der Gestaltung stets dem Motto: „Weniger ist mehr." Bei mehreren Blickfängen wirkt das Plakat schnell überladen.

❸ Interessante Informationen vermitteln

Plakate werden im Vorübergehen gelesen. Verfassen Sie aus diesen Gründen einen einfachen, kurzen, prägnanten und leicht verständlichen Text. Setzen Sie Metaphern, eine bildhafte Sprache und fantasievolle Sprachspielereien und Reime ein, um die Aufmerksamkeit der Eltern zu wecken, wie *„In jedem Manne steckt ein Kind".*

Der wenige Text auf Ihrem Plakat soll die Eltern gleichzeitig informieren. Achten Sie darauf, dass er trotz aller Kürze den Eltern Antworten auf die folgenden 5 Fragen liefert:

- Wer? Zum Beispiel: *„Die Marienkäfergruppe lädt ..."*
- Wen? Zum Beispiel: *„Alle Vorschulkinder sind eingeladen."*
- Was? Zum Beispiel: *„Wir arbeiten mit Knete."*
- Wann? Zum Beispiel: *„Heute, am 10.12.2019, von 14.00 bis 16.00 Uhr ..."*
- Wo? Zum Beispiel: *„Wir treffen uns im Werkraum."*

Berücksichtigen Sie bei der Gestaltung des Plakats, dass die Blicke der Eltern von links oben nach rechts unten wandern. Setzen Sie beispielsweise nicht den Satzanfang nach unten rechts.

❹ Deutliche Schrift verwenden

Verwenden Sie eine große Schrift für das Plakat, und achten Sie darauf, dass die Buchstaben nicht zu eng beieinanderstehen. Die Lesbarkeit des Textes wird erhöht, wenn Sie ihn in Druckschrift schreiben und

Groß- und Kleinbuchstaben verwenden. Die Ober- und Unterlängen der Buchstaben, beispielsweise vom P, sollten jeweils 1/4 der Gesamtlänge der Schrift betragen.

Merkblatt: So entwerfen Sie ansprechende Plakate

❶ Größe	• Mindestens DIN-A3-Format verwenden • Sichtbarkeit von mindestens 2 m bis maximal 10 m Entfernung ermöglichen
❷ Text und Bild	• Harmonie von Text- und Bildbotschaft • Blattaufteilung: 1/3 Text und 2/3 Bild • Text nicht vom Bild verdrängen • 1 Blickfang setzen • Plakat nicht überladen
❸ Text	• Metaphern, Sprachspielereien, bildhafte Sprache einbauen • Kurzen Text einfügen • 5 Ws beantworten • Textlauf: von links oben nach rechts unten
❹ Schrift	• Buchstaben nicht zu eng aneinanderschreiben • Druckschrift verwenden • In Groß- und Kleinbuchstaben schreiben • Buchstabenoberlänge und -unterlänge der Buchstabenmitte anpassen • Dicken Filzstift verwenden • Größe der Buchstaben der Stärke der Filzstiftmine angleichen • Filzstift mit abgeschrägter Kante einsetzen • Hervorhebung durch Unterstreichung, Umrahmung, Wechsel von Schrifttyp, Schriftgröße, Schriftfarbe
❺ Bilder und Farben	• Zeichnungen einfügen • Originelle Fotos integrieren • Keine Kinderzeichnungen verwenden • Triste Farben meiden • Leuchtende Farben einsetzen • Mit Farbkontrasten arbeiten

Kopiervorlage

Damit Ihre Buchstaben ausdrucksvoller aussehen, sollten Sie beim Plakatschreiben einen dicken Filzstift benutzen. Die Schrifthöhe Ihrer Buchstaben ist abhängig von der Stärke der Filzstiftmine. Ein optimales Ergebnis erzielen Sie, wenn die Höhe Ihrer Buchstaben 10-mal so hoch ist wie die Stärke der Filzstiftmine.

Wenn Sie einen Filzstift mit einer abgeschrägten Kante verwenden, erlangen Sie eine ausdrucksstärkere Schrift. Achten Sie bei dem Einsatz einer abgeschrägten Filzstiftmine darauf, dass die waagerechten Striche schmal und die senkrechten Striche breit sind.

Sie können Plakate auch an Ihrem Computer erstellen und ausdrucken. Diese Plakate sind in der Regel übersichtlicher und leichter zu lesen.

❺ Bilder und Farben

Wenn Sie nicht gut zeichnen können, sollten Sie das Bild nur mit wenigen kraftvollen Strichen darstellen. Verfügen Sie über ein großes Zeichentalent, können Sie die Bilder feiner gestalten.

Manche Einrichtungen lassen die Plakate von Kindern bemalen. Diese Vorgehensweise sollten Sie nur selten nachahmen, da Kinderzeichnungen in der Regel wenig strukturiert und ungünstig gegliedert sind. Greifen Sie lieber auf originelle Fotos zurück.

Durch unterschiedliche Farben können Sie die Aufmerksamkeit der Eltern erhöhen. Verwenden Sie farbige Plakatblätter. Düstere und triste Farben wie Grau oder Violett sollten Sie meiden. Arbeiten Sie mit Kontrasten und leuchtenden Farben. Verwenden Sie Farben aus der Farbgestaltung Ihrer Kita, so erhöht dies den Wiedererkennungswert.

Merkblatt: So entwerfen Sie ansprechende Plakate

Größe	• Mindestens DIN-A3-Format verwenden • Sichtbarkeit von mindestens 2 m bis maximal 10 m Entfernung ermöglichen
Text und Bild	• Harmonie von Text- und Bildbotschaft • Blattaufteilung: 1/3 Text und 2/3 Bild • Text nicht vom Bild verdrängen • 1 Blickfang setzen • Plakat nicht überladen
Text	• Metaphern, Sprachspielereien, bildhafte Sprache einbauen • Kurzen Text einfügen • 5 Ws beantworten • Textlauf: von links oben nach rechts unten
Schrift	• Buchstaben nicht zu eng aneinanderschreiben • Druckschrift verwenden • In Groß- und Kleinbuchstaben schreiben • Buchstabenoberlänge und -unterlänge der Buchstabenmitte anpassen • Dicken Filzstift verwenden • Größe der Buchstaben der Stärke der Filzstiftmine angleichen • Filzstift mit abgeschrägter Kante einsetzen • Hervorhebung durch Unterstreichung, Umrahmung, Wechsel von Schrifttyp, Schriftgröße, Schriftfarbe
Bilder und Farben	• Zeichnungen einfügen • Originelle Fotos integrieren • Keine Kinderzeichnungen verwenden • Triste Farben meiden • Leuchtende Farben einsetzen • Mit Farbkontrasten arbeiten

Grundlagen zur Elternbefragung

„Jetzt dürfen die Eltern auch noch über unsere Arbeit bestimmen. Wenn das so weitergeht, wird unsere Einrichtung bald keine Ferien mehr haben, und wir lernen mit den Kindern den ganzen Tag!" So klingen häufig die Reaktionen von Erzieherinnen, wenn sie zum ersten Mal eine Elternbefragung durchführen.

Manche Erzieherinnen sehen Elternbefragungen skeptisch und stehen ihnen mit Vorbehalten gegenüber. Solange diese nicht vollständig ausgeräumt sind, kann das Urteil der Eltern in einer Befragung nicht anerkannt und gewürdigt werden. Grundlage für verwertbare Elternbefragungen ist also, dass Sie mit Ihrem ganzen Team die Meinung der Eltern wissen wollen und eine Bereitschaft vorhanden ist, tatsächlich auf die Wünsche und Vorschläge der Eltern einzugehen.

Ziele aus der Sicht von Erzieherinnen

Eltern sollten durch die Befragung die Chance erhalten,

- ihre Wünsche und Bedürfnisse zu äußern,
- mitzuteilen, wie sie die Arbeit der Einrichtung wahrnehmen,
- die Arbeit der Kindertagesstätte aus ihrer eigenen subjektiven Perspektive zu bewerten.

Träger, Kindertagesstättenleiterin und das pädagogische Personal sollen durch die Befragung erfahren,

- welche Wünsche und Bedürfnisse Eltern haben,
- wie Eltern die Arbeit der Einrichtung wahrnehmen,
- wie Eltern die pädagogische Arbeit bewerten,
- wie Eltern die Wirkung der Kindertagesstätte auf ihre Kinder erleben,
- welches Bild die Eltern von der Einrichtung haben.

Vorbehalte von Elternbefragungen

❶ Eltern können die Arbeit in unserer Kindertageseinrichtung nicht beurteilen. Wir haben die Ausbildung.

❷ Eltern nehmen nur subjektiv aus der Sicht ihres Kindes wahr.

❸ Elternbefragungen bestätigen Querulanten unter den Eltern.

(Fortsetzung auf S. 138)

Argumentationshilfe: Vorbehalte des Teams Elternbefragungen gegenüber und wie Sie diese entkräften können (1/2)

Vorbehalte und Vorurteile	Mögliche Reaktion, um die Argumente zu entkräften
❶→ Eltern können die Arbeit in unserer Kindertageseinrichtung nicht beurteilen. Wir sind als Erzieherin ausgebildet.	Stimmt. Fachfrau für Pädagogik bleiben immer Sie. Fragen Sie deshalb Inhalte ab, für die die Eltern Spezialisten sind: - Atmosphäre in der Einrichtung - Freundlichkeit des Personals - Informationen für die Eltern - Öffnungszeiten - Beratungsqualitäten in der Einrichtung - Eindruck von der Anmeldesituation - Zufriedenheit mit der Kindertagesstätte
❷→ Eltern nehmen nur subjektiv aus der Sicht ihres Kindes wahr.	Auch dies ist eine Tatsache, die Sie bei Ihrer Fragestellung berücksichtigen müssen. Jede Befragung ist ein Stimmungsbild und zeigt momentane Befindlichkeiten. Und genau das sollte Sie interessieren: Welches Bild haben die Eltern von Ihnen, und wie ernst genommen und wertgeschätzt fühlen sie sich?
❸→ Elternbefragungen bestätigen Querulanten unter den Eltern.	Genau das Gegenteil ist der Fall. Durch Ihre Elternbefragung erhalten Sie ein Stimmungsbild aller Eltern. Das überkritische Urteil einiger Eltern geht in der Regel in der Masse der wohlwollenden Beurteilungen unter.

Kopiervorlage

Argumentationshilfe: Vorbehalte des Teams Elternbefragungen gegenüber und wie Sie diese entkräften können (1/2)

Vorbehalte und Vorurteile	**Mögliche Reaktion, um die Argumente zu entkräften**
Eltern können die Arbeit in unserer Kindertageseinrichtung nicht beurteilen. Wir sind als Erzieherin ausgebildet.	Stimmt. Fachfrau für Pädagogik bleiben immer Sie. Fragen Sie deshalb Inhalte ab, für die die Eltern Spezialisten sind: – Atmosphäre in der Einrichtung – Freundlichkeit des Personals – Informationen für die Eltern – Öffnungszeiten – Beratungsqualitäten in der Einrichtung – Eindruck von der Anmeldesituation – Zufriedenheit mit der Kindertagesstätte
Eltern nehmen nur subjektiv aus der Sicht ihres Kindes wahr.	Auch dies ist eine Tatsache, die Sie bei Ihrer Fragestellung berücksichtigen müssen. Jede Befragung ist ein Stimmungsbild und zeigt momentane Befindlichkeiten. Und genau das sollte Sie interessieren: Welches Bild haben die Eltern von Ihnen, und wie ernst genommen und wertgeschätzt fühlen sie sich?
Elternbefragungen bestätigen Querulanten unter den Eltern.	Genau das Gegenteil ist der Fall. Durch Ihre Elternbefragung erhalten Sie ein Stimmungsbild aller Eltern. Das überkritische Urteil einiger Eltern geht in der Regel in der Masse der wohlwollenden Beurteilungen unter.

❹ Wir können nicht alle Wünsche erfüllen.

❺ Eltern urteilen nur aus der eigenen Perspektive heraus.

Wenn Sie solche Vorbehalte in Ihrem Team bemerken, sollten Sie sofort reagieren. Greifen Sie die Befürchtungen in einer gemeinsamen Teambesprechung auf. Die Argumentationshilfe unterstützt Sie dabei. Erst wenn keine Erzieherin Ihres Teams mehr Bedenken gegen die Elternbefragung hat, können die Ergebnisse einer solchen Befragung im Team effektiv reflektiert werden.

Elternbefragungen selbst erstellen: Schwerpunkte

In Ihrer Elternbefragung können Sie 3 zentrale Schwerpunkte abfragen:

- Zufriedenheit
- Erwartungen, Verbesserungen
- Neuer Bedarf

Die Abfrage von Zufriedenheit, Erwartungen und Verbesserungsvorschlägen der Eltern lässt sich sehr gut in einer etwas umfangreicheren Elternbefragung zusammenfassen und gemeinsam erheben. Dieses Vorgehen bietet Ihnen den Vorteil, dass Sie nur 1-mal auswerten und die Ergebnisse an die Eltern rückmelden müssen.

Getrennt von den Schwerpunkten Zufriedenheit und Erwartungen sowie Verbesserungen müssen Sie immer den jeweiligen neuen Bedarf eruieren. Verzichten Sie bei dieser Abfrage auch auf Anonymität, so können Sie direkt auf die Eltern, die sich für das neue Angebot interessieren, zugehen.

Fragestellungen und Themenbereiche für Ihre Elternbefragung

Folgende Themen bieten sich für eine Elternbefragung in Ihrer Kindertagesstätte an:

- Kind in der Kindertagesstätte
- Zusammenarbeit zwischen pädagogischem Personal und Eltern
- Zufriedenheit mit den Öffnungszeiten und Schließtagen
- Ausstattung der Kindertageseinrichtung
- Leibliches Wohl der Kinder
- Verbesserungsvorschläge zu diesen Bereichen
- Gesamtbewertung der Einrichtung

Wählen Sie den günstigsten Zeitpunkt

Der Zeitraum von Januar bis Ostern hat sich für die Durchführung einer Elternbefragung bewährt. Suchen Sie den Zeitpunkt, zu dem Sie Ihre Elternbefragung starten, mit Bedacht und Vorausblick aus.

Berücksichtigen Sie dabei, dass es ungefähr 2 bis 3 Wochen vom Austeilen des Fragenbogens an die Eltern bis zum Rücklauf in Ihre Einrichtung dauert. Auszählung, Auswertung, Interpretation und Rückmeldung der Verbesserungen an die Eltern nehmen bis zu 4 Wochen in Anspruch.

Es ist günstig, wenn die Eltern bereits einen tief blickenden Eindruck von der Kindertagesstätte haben. Deshalb sollte die Befragung nicht vor Weihnachten stattfinden, sonst können neue Eltern einige Fragen noch nicht beantworten. Führen Sie die Befragung aber auch nicht zu knapp vor den Sommerferien durch, denn Sie brauchen Zeit zur Auswertung und Rückmeldung der Ergebnisse an die Eltern.

Überprüfen Sie bei der Elternbefragung die Zufriedenheit, die Erwartungen und den Bedarf der Eltern. Achten Sie darauf, dass Sie 8 Wochen Zeit zur Verfügung haben und Sie als komplettes Team hinter der Elternbefragung stehen. Ideal ist es, wenn Sie eine kurze und eine lange Elternbefragung entwickeln und diese jährlich wechseln.

Argumentationshilfe: Vorbehalte des Teams Elternbefragungen gegenüber und wie Sie diese entkräften können (2/2)

Vorbehalte und Vorurteile	Mögliche Reaktion, um die Argumente zu entkräften
❹ Wir können nicht alle Wünsche erfüllen.	Deshalb gilt der Grundsatz, nur solche Inhalte abzufragen, die Sie auch zu ändern in der Lage wären, falls sich ein Bedarf zeigt. Zu feststehenden Schwerpunkten wie beispielsweise Ihrer pädagogischen Arbeit und den konzeptionellen Grundprinzipien erfragen Sie nur die Zufriedenheit der Eltern und keinesfalls Veränderungswünsche.
❺ Eltern urteilen nur aus der eigenen Perspektive heraus.	Aus diesem Grund ist es wichtig, dass Sie alle Eltern befragen und eine möglichst hohe Beteiligung an der Befragung erwirken. Wenn Ihnen die Meinung der „breiten Masse" fehlt, erhalten Sie eventuell nur Rückläufe der zufriedenen Eltern, und wertvolle Verbesserungsvorschläge oder kritische Meinungen fehlen Ihnen. Vielleicht erkennen Sie auch aus solchen Elternbefragungen, die stark perspektivisch geprägt sind, dass Eltern zu wenig über die Schwerpunkte Ihrer Konzeption wissen und es deshalb immer wieder zu Missverständnissen zwischen den Eltern und Ihnen kommt. Dieser Erkenntnis können Sie Taten folgen lassen, das heißt Info-Elternabende, klärende Gespräche oder gezieltere Informationen bereits im Anmeldegespräch.

Kopiervorlage

Argumentationshilfe: Vorbehalte des Teams Elternbefragungen gegenüber und wie Sie diese entkräften können (2/2)

Vorbehalte und Vorurteile	**Mögliche Reaktion, um die Argumente zu entkräften**
Wir können nicht alle Wünsche erfüllen.	Deshalb gilt der Grundsatz, nur solche Inhalte abzufragen, die Sie auch zu ändern in der Lage wären, falls sich ein Bedarf zeigt. Zu feststehenden Schwerpunkten wie beispielsweise Ihrer pädagogischen Arbeit und den konzeptionellen Grundprinzipien erfragen Sie nur die Zufriedenheit der Eltern und keinesfalls Veränderungswünsche.
Eltern urteilen nur aus der eigenen Perspektive heraus.	Aus diesem Grund ist es wichtig, dass Sie alle Eltern befragen und eine möglichst hohe Beteiligung an der Befragung erwirken. Wenn Ihnen die Meinung der „breiten Masse" fehlt, erhalten Sie eventuell nur Rückläufe der zufriedenen Eltern, und wertvolle Verbesserungsvorschläge oder kritische Meinungen fehlen Ihnen. Vielleicht erkennen Sie auch aus solchen Elternbefragungen, die stark perspektivisch geprägt sind, dass Eltern zu wenig über die Schwerpunkte Ihrer Konzeption wissen und es deshalb immer wieder zu Missverständnissen zwischen den Eltern und Ihnen kommt. Dieser Erkenntnis können Sie Taten folgen lassen, das heißt Info-Elternabende, klärende Gespräche oder gezieltere Informationen bereits im Anmeldegespräch.

So entwickeln Sie eine Befragung

Jede Kindertageseinrichtung kann Elternbefragungen in eigener Verantwortung erstellen und die Fragen nach eigenem Bedarf formulieren.

4 Grundsätze für Befragungen

❶ Formulieren Sie Ihr Ziel

Vor der Erstellung des Fragebogens legen Sie im Team das Ziel fest, das Sie mit Ihrer Elternbefragung verknüpfen. *„Wir wollen die Erwartungen erfragen"* oder *„Wir möchten erkennen, wie zufrieden die Eltern mit unseren Leistungen sind"* wären beispielsweise Ziele für Elternbefragungen.

❷ Richten Sie Fragen nach dem Ziel aus

Von Ihrem Ziel, das Sie definieren, hängen alle Fragen der Elternbefragung ab. Erklären Sie beispielsweise eine Erwartungsabfrage als Ziel Ihrer Befragung, richten Sie alle Fragen auf die Wünsche und Erwartungen der Eltern aus.

Beispiel:

- *„Welche Wünsche haben Sie an das Personal?"*

❸ Filtern Sie die nötigen Fragen heraus

Es gibt viele interessante Fragen, die Sie den Eltern stellen könnten. Die Kunst, eine Elternbefragung zu entwickeln, besteht darin, die Fragen, die für Sie Bedeutung haben, herauszufiltern. Stellen Sie nur solche Fragen, die Ihnen neue und verwertbare Erkenntnisse für Ihre Arbeit in der Kindertagesstätte bringen. Handeln Sie beim Entwerfen von Fragen nach dem Grundsatz: Hat die Antwort auf die Frage eine Bedeutung für unser Ziel? *„Würden Sie Ihr Kind nochmals in unserem Kindergarten anmelden?"* So erhalten Sie Aussagen zur Zufriedenheit der Eltern. Denn nur zufriedene Eltern würden ihr Kind wieder bei Ihnen anmelden.

❹ Fragen Sie nur ab, was Sie verwirklichen können

Fragen Sie nur dann konkret nach Änderungswünschen, Verbesserungen und Erwartungen der Eltern, wenn Sie tatsächlich auch bereit und in der Lage sind, diesbezüglich etwas zu ändern, sofern sich ein Bedarf zeigt. Wenn sich aufgrund der folgenden Frage ein Bedarf bei den Eltern zeigt, müssen Sie reagieren: *„Wünschen Sie sich, dass unsere Einrichtung auch samstags öffnet?"* Eine solche Frage können Sie nicht nur aus reinem Interesse stellen. Die Eltern fühlen sich von Ihnen nicht mehr ernst genommen, wenn Sie so vorgehen.

Wie Sie fragen sollten

Nicht nur der Inhalt, sondern auch die Art der Fragen spielt bei der Elternbefragung eine Rolle. Unterscheiden Sie zwischen standardisierten und offenen Fragen.

Standardisierte Fragen

Bei dieser Art von Fragen gibt es mehrere Antwortvorgaben zum Ankreuzen.

Vorteile:

- Diese Fragen ermöglichen rasches Ausfüllen und schnelle Auswertung.
- Ein Stimmungsbild zeichnet sich bald ab.
- Ergebnisse sind vergleichbar, zum Beispiel mit denen des Vorjahres.

Nachteile:

- Die Antworten lassen den Eltern nur wenige Möglichkeiten offen.
- Sowohl Fragen als auch Antwortmöglichkeiten lenken in eine Richtung.

Beispiel:

„Sind Sie mit unserer Konzeption zufrieden?"
❑ ja ❑ teilweise ❑ nein

Offene Fragen

Keine Vorgaben enthalten die offenen Fragen. Sie werden von den Eltern durch frei formulierte Antworten bearbeitet.

Vorteile:

- Die Antworten können in die Tiefe gehen.
- Neue Ideen können einfließen.

Nachteile:

- Die Auswertung nimmt viel Zeit in Anspruch.
- Die Gewichtung ist bei vielfältigen Antworten schwierig.
- Probleme beim Ausfüllen könnten bei ausländischen Eltern entstehen.

Beispiel:

„Welche Formen der Elternarbeit wünschen Sie sich?"

Organisations- und Zeitfahrplan für Ihre Befragung

	Weg	Zeit	Beteiligte
❶ →	Definieren Sie das konkrete Ziel oder die Ziele der Elternbefragung.	15 bis 30 Minuten einer Teamsitzung	Alle pädagogischen Mitarbeiterinnen
❷ →	Formulieren Sie die einzelnen Fragen.	1 bis 2 Sitzungen der Teambesprechung	Alle pädagogischen Mitarbeiterinnen oder einzelne Arbeitsgruppen zu den Punkten Zufriedenheit, Erwartungen, Bedarf, die das Ergebnis im Plenum präsentieren Eventuell der Träger
❸ →	Prüfen Sie, ob alle entwickelten Fragen mit Ihrem Ziel zusammenhängen.	15 Minuten	Leiterin und stellvertretende Leiterin
❹ →	Kontrollieren Sie, ob Sie auf alle Ihre Fragen bei Bedarf auch reagieren können.	15 Minuten	Leiterin und stellvertretende Leiterin
	Zeigen Sie Ihren Entwurf dem Träger und dem Elternbeirat.	1 bis 2 Wochen	Träger, alle Mitglieder des Elternbeirats
	Arbeiten Sie die Wünsche des Trägers und Elternbeirats ein.	15 Minuten bis 45 Minuten einer Teamsitzung	Alle pädagogischen Mitarbeiterinnen oder einzelne Arbeitsgruppen, die das Ergebnis im Plenum präsentieren
	Kopieren und verteilen Sie den Fragebogen.	1 Tag	Beliebig
	Warten Sie den Fragebogenrücklauf von den Eltern ab. Setzen Sie den Eltern eine Frist von 2 bis 3 Wochen.	2 bis 3 Wochen	Eltern
	Werten Sie die Fragebogen aus.	1 Tag bis 2 Tage	Leitung und Stellvertretung brauchen 1 bis 2 Tage
	Interpretieren Sie die Fragebogen, und besprechen Sie die Konsequenzen, die sich daraus für Ihre Kindertagesstätte ergeben.	2 Teamsitzungen	Alle Teammitglieder, Träger, eventuell Elternbeirat
	Geben Sie den Eltern die Auswertung schriftlich oder stellen Sie diese online.	2 Tage	1 Teammitglied

Kopiervorlage

Organisations- und Zeitfahrplan für Ihre Befragung

Weg	Zeit	Beteiligte
Definieren Sie das konkrete Ziel oder die Ziele der Elternbefragung.	15 bis 30 Minuten einer Teamsitzung	Alle pädagogischen Mitarbeiterinnen
Formulieren Sie die einzelnen Fragen.	1 bis 2 Sitzungen der Teambesprechung	Alle pädagogischen Mitarbeiterinnen oder einzelne Arbeitsgruppen zu den Punkten Zufriedenheit, Erwartungen, Bedarf, die das Ergebnis im Plenum präsentieren Eventuell der Träger
Prüfen Sie, ob alle entwickelten Fragen mit Ihrem Ziel zusammenhängen.	15 Minuten	Leiterin und stellvertretende Leiterin
Kontrollieren Sie, ob Sie auf alle Ihre Fragen bei Bedarf auch reagieren können.	15 Minuten	Leiterin und stellvertretende Leiterin
Zeigen Sie Ihren Entwurf dem Träger und dem Elternbeirat.	1 bis 2 Wochen	Träger, alle Mitglieder des Elternbeirats
Arbeiten Sie die Wünsche des Trägers und Elternbeirats ein.	15 Minuten bis 45 Minuten einer Teamsitzung	Alle pädagogischen Mitarbeiterinnen oder einzelne Arbeitsgruppen, die das Ergebnis im Plenum präsentieren
Kopieren und verteilen Sie den Fragebogen.	1 Tag	Beliebig
Warten Sie den Fragebogenrücklauf von den Eltern ab. Setzen Sie den Eltern eine Frist von 2 bis 3 Wochen.	2 bis 3 Wochen	Eltern
Werten Sie die Fragebogen aus.	1 Tag bis 2 Tage	Leitung und Stellvertretung brauchen 1 bis 2 Tage
Interpretieren Sie die Fragebogen, und besprechen Sie die Konsequenzen, die sich daraus für Ihre Kindertagesstätte ergeben.	2 Teamsitzungen	Alle Teammitglieder, Träger, eventuell Elternbeirat
Geben Sie den Eltern die Auswertung schriftlich oder stellen Sie diese online.	2 Tage	1 Teammitglied

Überprüfen Sie Ihr Anmeldeverfahren

Erstellen Sie einen Fragebogen über die Zufriedenheit der Eltern mit Ihrem Anmeldeverfahren. Die Anmeldung ist der 1. Eindruck, den die Eltern von Ihrer Kindertagesstätte haben. Wie die Eltern die Anmeldung in Ihrem Hause erlebten und welche Verbesserungen sie Ihnen vorschlagen möchten, können Sie nur in der 1. Zeit erfahren.

❶ Nutzen Sie die 1. Zeit

Sie erhalten durch eine Überprüfung Ihres Anmeldeverfahrens wertvolle Ergebnisse über den 1. Eindruck, den Ihre Einrichtung ausstrahlt. Dieser Eindruck gerät im Laufe des Kindertagesstättenjahres schnell in Vergessenheit. Wenn Sie es verpassen, die Einschätzung in den ersten 2 Monaten abzufragen, ist es zu spät für eine solche Erhebung. In dem Moment, in dem andere Wahrnehmungen sich mit Empfindungen über Ihre Einrichtung vermischen, die die Eltern untereinander austauschen, ist der 1. Eindruck bereits verfälscht.

Sichern Sie sich die Rückmeldung und das Urteil der Eltern. Über ihre Eindrücke während der Anmeldung ihres Kindes erfahren Sie sowohl die Pluspunkte Ihres Anmeldeverfahrens als auch die Schwachstellen. Sie betreiben Qualitätssicherung, wenn Sie den Prozess der Anmeldung immer wieder überprüfen und versuchen, ihn fortlaufend zu verbessern. Er ist deshalb so wichtig, da bei den Eltern der 1. Eindruck von großer Bedeutung ist, und er gewinnt damit einen hohen Stellenwert.

Zum 1. Eindruck im Anmeldegespräch gehört die Wahrnehmung der Eltern über:

- Räume und Raumgestaltung
- Ausstattung und Mobiliar
- Empfang durch die Erzieherin
- Freundlichkeit des Personals
- Führung durch die Einrichtung
- Umgang der Erzieherinnen mit den Kindern

(Fortsetzung auf S. 144)

Musterfragebogen für Eltern zur Anmeldesituation (1/2)

Kindertagesstätte Villa Kunterbunt

Liebe neue Eltern!

Wir wollen unsere Arbeit ständig überprüfen und verbessern. Deshalb ist uns Ihr Urteil sehr wichtig. Bitte nehmen Sie sich einige Minuten Zeit, und beantworten Sie die folgenden Fragen zum Anmeldeverfahren in unserem Hause.

Zeichenerklärung:
☺ sehr gut ☺ gut ☹ schlecht

❶→ **1. Welchen 1. Eindruck haben Sie von unserer Kindertagesstätte gewonnen?**
(Räume, Raumgestaltung, Mobiliar etc.)

❑ ☺ ❑ ☺ ❑ ☹

Was störte Sie?

____

____

____

2. Wie war Ihr 1. Eindruck vom unserem Personal?
(Empfang, Freundlichkeit des Personals, Führung durch die Einrichtung etc.)

❑ ☺ ❑ ☺ ❑ ☹

Was störte Sie?

____

____

____

3. Wie hat Ihnen das Anmeldegespräch gefallen?

❑ ☺ ❑ ☺ ❑ ☹

Wurden Ihre Fragen beantwortet?

____

____

Was würden Sie verbessern?

____

____

Kopiervorlage

Musterfragebogen für Eltern zur Anmeldesituation (1/2)

Kindertagesstätte Villa Kunterbunt

Liebe neue Eltern!

Wir wollen unsere Arbeit ständig überprüfen und verbessern. Deshalb ist uns Ihr Urteil sehr wichtig. Bitte nehmen Sie sich einige Minuten Zeit, und beantworten Sie die folgenden Fragen zum Anmeldeverfahren in unserem Hause.

Zeichenerklärung:
☺ sehr gut ㋡ gut ☹ schlecht

1. Welchen 1. Eindruck haben Sie von unserer Kindertagesstätte gewonnen?
(Räume, Raumgestaltung, Mobiliar etc.)

❑ ☺ ❑ ㋡ ❑ ☹

Was störte Sie?

____

____

____

2. Wie war Ihr 1. Eindruck vom unserem Personal?
(Empfang, Freundlichkeit des Personals, Führung durch die Einrichtung etc.)

❑ ☺ ❑ ㋡ ❑ ☹

Was störte Sie?

____

____

____

3. Wie hat Ihnen das Anmeldegespräch gefallen?

❑ ☺ ❑ ㋡ ❑ ☹

Wurden Ihre Fragen beantwortet?

____

____

Was würden Sie verbessern?

____

____

❷ Womit die Eltern in der Anmeldesituation unzufrieden sein könnten

- Schlechte telefonische Erreichbarkeit, um den Anmeldetermin zu erfahren
- Wartezeit, bis die Anmeldung beginnt
- Ungastliche Wartesituation
- Zu wenig Zeit für persönliche Fragen im Anmeldegespräch
- Keine Führung durch die Einrichtung
- Keine Möglichkeit zur Besichtigung der Gruppe
- Pädagogisches Konzept der Einrichtung wird zu wenig anschaulich und verständlich dargestellt
- Keine oder zu wenige Spielmöglichkeiten für das Kind während des Anmeldegesprächs
- Keine Einladung zur Hospitation
- Kein Schnuppertag für neue Kindergartenkinder
- Kein Wunsch- und Wahlrecht der Eltern bezüglich der Gruppe, in die das Kind kommt
- Kein zusätzliches Infomaterial, wie zum Beispiel Visitenkarte, Broschüre, Kurzkonzeption der Einrichtung
- Zu viele Störungen im Anmeldegespräch, beispielsweise durch Telefonklingeln oder Stimmengewirr im Flur
- Unfreundlichkeit der Erzieherinnen beim 1. Besuch der Eltern in der Einrichtung
- Keine verbindliche Absprache über die Aufnahme des Kindes

Vorteile der Überprüfung des Anmeldeverfahrens

- Sie erfahren, welchen 1. Eindruck Ihre Einrichtung vermittelt.
- Sie erhalten mit einer kurzen, unaufwendigen Befragung wertvolle Ergebnisse.
- Sie hinterlassen bei den Eltern den Eindruck, dass Sie sich um sie bemühen.
- Die Eltern fühlen sich wertgeschätzt, weil Ihnen ihr Urteil so wichtig ist.-
- Sie gewinnen gemeinsam mit Ihrem Team wertvolle Erkenntnisse, die Sie nutzen können, um Ihre Arbeit immer weiter zu verbessern.

Die Auswertung der kurzen Elternbefragung zu Ihrem Anmeldeverfahren bringt Ihnen sicherlich viel Lob und Zustimmung der neuen Eltern ein. Einige Punkte der Befragung könnten Ihnen allerdings auch Verbesserungsvorschläge zeigen oder einen Bedarf aufweisen, Ihr Anmeldeverfahren zu überdenken und zu verändern.

Musterfragebogen für Eltern zur Anmeldesituation (2/2)

❷→ **4. Erhielten Sie alle Informationen, die Ihnen wichtig waren?**
(Betreuungszeiten, Konzeption, Elternarbeit etc.)

❑ ☺ ❑ 😐 ❑ ☹

Welche Informationen fehlten Ihnen?

____

____

5. Wurden alle Ihre Fragen ausreichend beantwortet?

❑ ☺ ❑ 😐 ❑ ☹

Bemerkungen:

____

____

6. Hatten Sie die Möglichkeit, bei der Anmeldung alle Informationen über Ihr Kind zu geben, die Ihnen wichtig waren?

❑ ☺ ❑ 😐 ❑ ☹

Bemerkungen:

____

____

7. Was hat Ihnen bei der Anmeldung besonders gut gefallen?

____

____

8. Was hat Ihnen bei der Anmeldung nicht gefallen?

____

____

9. Haben Sie noch zusätzliche Anregungen, Verbesserungsvorschläge oder Wünsche, durch die kommende Anmeldegespräche verbessert werden könnten?

____

____

Bitte benoten Sie unser Anmeldeverfahren insgesamt mit einer Schulnote. ❑ 1 ❑ 2 ❑ 3 ❑ 4 ❑ 5 ❑ 6

Vielen Dank für Ihre Meinung. Bitte werfen Sie diesen Fragebogen in unseren Briefkasten in der Elternecke. Die Fragebogenaktion ist anonym, deshalb ist keine Angabe Ihres Namens erforderlich. Alle neuen Eltern haben von uns diesen Fragebogen erhalten. In einigen Wochen erhalten Sie von uns eine Auswertung der Fragebogenaktion.

Kopiervorlage

Musterfragebogen für Eltern zur Anmeldesituation (2/2)

4. Erhielten Sie alle Informationen, die Ihnen wichtig waren?
(Betreuungszeiten, Konzeption, Elternarbeit etc.)

❏ ☺ ❏ 😐 ❏ ☹

Welche Informationen fehlten Ihnen?

____

____

5. Wurden alle Ihre Fragen ausreichend beantwortet?

❏ ☺ ❏ 😐 ❏ ☹

Bemerkungen:

____

____

6. Hatten Sie die Möglichkeit, bei der Anmeldung alle Informationen über Ihr Kind zu geben, die Ihnen wichtig waren?

❏ ☺ ❏ 😐 ❏ ☹

Bemerkungen:

____

____

7. Was hat Ihnen bei der Anmeldung besonders gut gefallen?

____

____

8. Was hat Ihnen bei der Anmeldung nicht gefallen?

____

____

9. Haben Sie noch zusätzliche Anregungen, Verbesserungsvorschläge oder Wünsche, durch die kommende Anmeldegespräche verbessert werden könnten?

____

____

Bitte benoten Sie unser Anmeldeverfahren insgesamt mit einer Schulnote. ❏ 1 ❏ 2 ❏ 3 ❏ 4 ❏ 5 ❏ 6

Vielen Dank für Ihre Meinung. Bitte werfen Sie diesen Fragebogen in unseren Briefkasten in der Elternecke. Die Fragebogenaktion ist anonym, deshalb ist keine Angabe Ihres Namens erforderlich. Alle neuen Eltern haben von uns diesen Fragebogen erhalten. In einigen Wochen erhalten Sie von uns eine Auswertung der Fragebogenaktion.

Abfrage des Bedarfs

Getrennt von den Schwerpunkten Zufriedenheit, Erwartungen und Vorschläge zur Verbesserung sollten Sie immer den Teil „neuer Bedarf" erheben.

Bedarfsanalyse mit Angabe des Namens

Diese neuen Bedürfnisse sollten immer getrennt von der Abfrage der Zufriedenheit und der Verbesserungsvorschläge eruiert werden. Verlangen Sie dabei, dass die Eltern ihren Namen angeben. Bei einer anonymen Bedarfsabfrage signalisieren auch diejenigen Eltern ihren Bedarf, die in der Vorweihnachtszeit einmal von dem Angebot Gebrauch machen möchten. Sie würden daraufhin eine Spätöffnung anbieten, die vielleicht nur von 2 oder 3 Kindern durchschnittlich genutzt würde.

So gehen Sie bei Ihrer Bedarfsanalyse vor

❶ Legen Sie Ihre Ziele fest

Einigen Sie sich dabei teamintern auf wenige und überschaubare Ziele. Damit erleichtern Sie sich die Zielerreichung. Auch das Überprüfen der Ziele und das Umsetzen werden Ihnen leichter fallen, wenn Sie sich auf wenige Ziele festlegen.

Beispiele:
Anhand des folgenden Ziels können Sie den Wunsch nach Mittagessen in der Kindertageseinrichtung ermitteln:

„Wir wollen prüfen, ob die Eltern warmes Mittagessen für ihre Kinder möchten."

❷ Wählen Sie einen Mix aus offenen und standardisierten Fragen

Wechseln Sie Ihre Fragestellungen ab, indem Sie die offene und die standardisierte Form verwenden. Dabei bietet es sich an, dass Sie Erwartungen der Eltern in offenen Fragen eruieren und neue Bedürfnisse mit geschlossenen und festgelegten Fragen ermitteln. Bei einer Bedarfsanalyse bewährt es sich, wenn Sie einen Drittelmix anwenden: 2/3 geschlossene Fragen, bei denen die Eltern ihren Bedarf ankreuzen, und 1/3 offene Fragen, die es den Eltern ermöglichen, individuelle Wünsche anzugeben.

❸ Stellen Sie einfache, leicht verständliche Fragen

Dies beugt Missverständnissen vor und ermöglicht allen Eltern, unabhängig von ihrer Bildung oder Nationalität, die Fragen zu verstehen und die eigenen Erwartungen und Anliegen angeben zu können. Wenn beispielsweise ausländische Eltern Fragen in Ihrer Bedarfsanalyse nicht verstehen können, überlegen Sie, ob Sie für diese Eltern eine Hilfe organisieren können. Fragen Sie beim Ausländerbeirat Ihrer Stadt an, oder bitten Sie andere ausländische Eltern um Hilfe bei der Übersetzung der Fragen.

(Fortsetzung auf S. 148)

Musterfragebogen: Bedarfsanalyse (1/2)

Liebe Eltern!

❶→ Ihre Meinung ist uns sehr wichtig. Um zu erfahren, ob wir uns noch an Ihren Wünschen und Bedürfnissen orientieren, führen wir diese Befragung durch. Sie erfragt Inhalte, wie beispielsweise die Erweiterung der Öffnungszeiten, und Ihr Interesse an Zusatzleistungen der Einrichtung.

Zeigt sich in diesem Bereich ein Bedarf, hat dies auch personelle Konsequenzen für unsere Einrichtung. Dadurch entstehen Kosten für uns. Deshalb hoffen wir auf Ihr Verständnis, denn wir brauchen in dieser Befragung verlässliche Angaben von Ihnen.

Weil die Ergebnisse der Befragung verbindlich sind, verläuft sie nicht anonym, sondern mit der Angabe Ihres Namens.

Name der Eltern ____________________, Name des Kindes ____________________

Erklärung: Ich erkläre, dass meine Angaben verbindlich sind. Sollten das erweiterte Angebot oder die Zusatzleistungen zustande kommen, werde ich sie buchen, falls ich mich in dieser Befragung dafür ausgesprochen habe.

____
Unterschrift

Öffnungszeiten

1. Sind Sie mit unseren täglichen Öffnungszeiten zufrieden?

❑ ja ❑ nein

Welche Öffnungszeiten benötigen Sie?

Mo. von ____________ bis ____________
Di. von ____________ bis ____________
Mi. von ____________ bis ____________
Do. von ____________ bis ____________
Fr. von ____________ bis ____________

❷→ **2. Entspricht unsere Öffnung während der Schulferien Ihrem Bedarf?**

❑ ja ❑ nein

❸→ **3. Welche Öffnung während der Schulferien brauchen Sie?**

____
____

Kopiervorlage

Musterfragebogen: Bedarfsanalyse (1/2)

Liebe Eltern!

Ihre Meinung ist uns sehr wichtig. Um zu erfahren, ob wir uns noch an Ihren Wünschen und Bedürfnissen orientieren, führen wir diese Befragung durch. Sie erfragt Inhalte, wie beispielsweise die Erweiterung der Öffnungszeiten, und Ihr Interesse an Zusatzleistungen der Einrichtung.

Zeigt sich in diesem Bereich ein Bedarf, hat dies auch personelle Konsequenzen für unsere Einrichtung. Dadurch entstehen Kosten für uns. Deshalb hoffen wir auf Ihr Verständnis, denn wir brauchen in dieser Befragung verlässliche Angaben von Ihnen.

Weil die Ergebnisse der Befragung verbindlich sind, verläuft sie nicht anonym, sondern mit der Angabe Ihres Namens.

Name der Eltern ______________________________, Name des Kindes ________________________

Erklärung: Ich erkläre, dass meine Angaben verbindlich sind. Sollten das erweiterte Angebot oder die Zusatzleistungen zustande kommen, werde ich sie buchen, falls ich mich in dieser Befragung dafür ausgesprochen habe.

____

Unterschrift

Öffnungszeiten

1. Sind Sie mit unseren täglichen Öffnungszeiten zufrieden?

❑ ja ❑ nein

Welche Öffnungszeiten benötigen Sie?

Mo. von ________________ bis ________________

Di. von ________________ bis ________________

Mi. von ________________ bis ________________

Do. von ________________ bis ________________

Fr. von ________________ bis ________________

2. Entspricht unsere Öffnung während der Schulferien Ihrem Bedarf?

❑ ja ❑ nein

3. Welche Öffnung während der Schulferien brauchen Sie?

____

____

Wählen Sie einen günstigen Zeitpunkt aus

Berücksichtigen Sie dabei, dass Sie für eventuelle Umstellungen der Öffnungszeiten oder Erweiterungen des Angebotes Zeit für eine solide Vorausplanung brauchen. Unterschätzen Sie dabei nicht, dass Sie den Eltern eine Bedenkzeit einräumen müssen und der Rücklauf der Bedarfsanalyse einige Zeit in Anspruch nimmt. Planen Sie für das Umstellen Ihres Angebots mindestens 3 bis 6 Monate ein.

❹ Stellen Sie nur realisierbare Fragen

Wecken Sie mit Ihrer Bedarfsanalyse keine Illusionen bei den Eltern. Sie machen sich dadurch unglaubwürdig, und dies würde sich ungünstig auf die Elternbeteiligung an künftigen Befragungen auswirken. Sicherlich wäre es interessant, von den Eltern zu erfahren, ob sie Interesse an einer Ausweitung der täglichen Öffnungszeit zeigen. Wenn Sie diese Frage jedoch in Ihrer verbindlichen Bedarfsanalyse stellen und sich bei der Auswertung ein Bedarf bei den Eltern zeigt, müssen Sie reagieren und Ihre tägliche Öffnungszeit erweitern. Arbeiten Sie in einer kleinen Einrichtung und sehen Sie aufgrund Ihres begrenzten Personalschlüssels von vornherein keine Möglichkeit für eine längere Öffnung der Einrichtung, erscheint eine solche Frage sinnlos. Stellen Sie deshalb nur Fragen, deren Forderungen Sie auch verwirklichen könnten, falls sich ein konkreter Bedarf in der Analyse zeigt.

Legen Sie ein Begleitschreiben bei

In diesem Schreiben sollten Sie die Eltern informieren, welches Ziel Sie mit der Befragung verfolgen und warum diese Befragung so wichtig ist. Sie erhöhen mit einem gut formulierten Begleitschreiben an die Eltern die Quote der Beteiligung. Ob das Begleitschreiben als Extrablatt vorgesehen ist oder als Vorwort direkt auf der Befragung steht, spielt dabei keine Rolle.

Erklären Sie den Eltern, warum sie den Namen angeben müssen

Die Eltern sind es von anderen Befragungen gewöhnt, dass diese anonym verlaufen. Sie werden sich deshalb zunächst wundern, dass sie ihren Namen angeben müssen. Erklären Sie den Eltern im Begleitschreiben beispielsweise: *„Wir sind in dieser Befragung auf verbindliche Ergebnisse angewiesen. Über die Antworten wollen wir mit Ihnen sprechen, deshalb möchten wir Sie bitten, Ihren Namen anzugeben."*

Musterfragebogen: Bedarfsanalyse (2/2)

Zusatzleistungen der Kindertagesstätte

❹→ **4. Sind Sie an einem Englischkurs für Ihr Kind interessiert, der in der Einrichtung angeboten wird?**

❑ ja ❑ nein

5. Würden Sie dafür Geld bezahlen?

____

____

6. Möchten Sie, dass wir täglich ein warmes Mittagessen in der Kindertagesstätte anbieten?

❑ ja ❑ nein

7. Würden Sie dafür Geld bezahlen?

____

____

Elternmitarbeit

8. Wären Sie bereit, sich in unserer Kindertagesstätte mit einzubringen?

❑ ja ❑ nein

Falls ja: Was möchten Sie gerne tun?

____

____

____

____

____

____

____

____

____

Herzlichen Dank für Ihre Mithilfe!

Kopiervorlage

Musterfragebogen: Bedarfsanalyse (2/2)

Zusatzleistungen der Kindertagesstätte

4. Sind Sie an einem Englischkurs für Ihr Kind interessiert, der in der Einrichtung angeboten wird?

❑ ja ❑ nein

5. Würden Sie dafür Geld bezahlen?

____

____

6. Möchten Sie, dass wir täglich ein warmes Mittagessen in der Kindertagesstätte anbieten?

❑ ja ❑ nein

7. Würden Sie dafür Geld bezahlen?

____

____

Elternmitarbeit

8. Wären Sie bereit, sich in unserer Kindertagesstätte mit einzubringen?

❑ ja ❑ nein

Falls ja: Was möchten Sie gerne tun?

____

____

____

____

____

____

____

____

____

Herzlichen Dank für Ihre Mithilfe!

Abschlussbefragung

Kurz vor den Sommerferien steht Ihnen eine Zeit des Abschiednehmens bevor. Kinder Ihrer Krippe wechseln in den Kindergarten, manche Kinder verlassen den Kindergarten, um die Grundschule zu besuchen, und Hortkinder werden vom Hort abgemeldet, weil sie eine Altersgrenze erreicht haben oder die Schule beenden. Diese Situation können Sie nutzen, um von den Eltern ein unverfängliches und ehrliches Urteil über die Zeit in Ihrer Einrichtung zu erbitten.

Vorteile der Abschlussbefragung

- In keiner anderen Phase können Sie die Zufriedenheit der Eltern besser evaluieren als zum Ende der Zeit in Ihrer Kindertagesstätte.
- Eltern müssen keine Bedenken mehr haben, dass ein kritisches Urteil ihrem Kind schaden könnte.
- Abläufe und Strukturen sind den Eltern bestens bekannt.
- Sie können die Freundlichkeit des Personals und alle Mitarbeiterinnen beurteilen.
- Auch ein qualifiziertes Urteil über Ihre Pädagogik ist aufgrund der langen Zeit möglich, in der die Eltern Ihre Kindertagesstätte kennenlernen konnten.

Mögliche Inhalte für die abschließende Befragung der Eltern

- Atmosphäre der Einrichtung
- Ruf der Kindertagesstätte
- Freundlichkeit des Personals
- Ausstattung und Mobiliar der Gruppenräume
- Ausstattung und Gestaltung des Außengeländes
- Pädagogische Schwerpunkte
- Aktionen und Projekte
- Ausflüge
- Ferienprogramme
- Öffnungs- und Schließzeiten
- Öffentlichkeitsarbeit
- Schriftliche Elterninformationen
- Elternarbeit (Gespräche, Elternabende, Elternaktionen etc.)

Inhalte, die Sie unbedingt aufnehmen sollten

❶ Stimmung, mit der die Eltern die Einrichtung verlassen

Die Eltern werden Ihnen an dieser Stelle ganz genau rückmelden, wie zufrieden sie sind. Auch wenn die Eltern wegen gewisser Umstände verärgert sind, werden sie dies angeben.

(Fortsetzung auf S. 152)

Muster: Abschlussbefragung für Eltern (1/2)

Bitte sagen Sie uns Ihre Meinung!

Ihr Kind verlässt zum neuen Kindergarten-/Hortjahr unsere Einrichtung. Wir versuchen, unsere Arbeit ständig zu verbessern. Deshalb bitten wir Sie rückblickend um ein abschließendes Urteil. Denn: Nur wenn Sie etwas stört und wir dies auch erfahren, können wir versuchen, es zu ändern. Und wenn Sie uns sagen, womit Sie zufrieden sind, freuen wir uns mit Ihnen darüber.

1. Besuchte Ihr Kind unsere Einrichtung durchgehend gerne?

❑ ja ❑ manchmal ❑ nein

Bemerkungen:

____

____

2. Fühlten Sie sich in unserer Einrichtung beim Bringen und Abholen Ihres Kindes wohl?

❑ ja ❑ manchmal ❑ nein

Bemerkungen:

____

____

3. Wie empfanden Sie die Atmosphäre in unserem Haus?

❑ sehr gut ❑ gut ❑ schlecht

Bemerkungen:

____

____

4. Fühlten Sie sich von unseren Mitarbeiterinnen freundlich behandelt?

❑ ja ❑ manchmal ❑ nein

Bemerkungen:

____

____

❶→ **5. Sind Sie verärgert? Und wenn ja, was hat Sie ver- oder geärgert?**

❑ ja ❑ nein

Worüber?

____

____

Kopiervorlage

Muster: Abschlussbefragung für Eltern (1/2)

Bitte sagen Sie uns Ihre Meinung!

Ihr Kind verlässt zum neuen Kindergarten-/Hortjahr unsere Einrichtung. Wir versuchen, unsere Arbeit ständig zu verbessern. Deshalb bitten wir Sie rückblickend um ein abschließendes Urteil. Denn: Nur wenn Sie etwas stört und wir dies auch erfahren, können wir versuchen, es zu ändern. Und wenn Sie uns sagen, womit Sie zufrieden sind, freuen wir uns mit Ihnen darüber.

1. Besuchte Ihr Kind unsere Einrichtung durchgehend gerne?

❏ ja ❏ manchmal ❏ nein

Bemerkungen:

____

____

2. Fühlten Sie sich in unserer Einrichtung beim Bringen und Abholen Ihres Kindes wohl?

❏ ja ❏ manchmal ❏ nein

Bemerkungen:

____

____

3. Wie empfanden Sie die Atmosphäre in unserem Haus?

❏ sehr gut ❏ gut ❏ schlecht

Bemerkungen:

____

____

4. Fühlten Sie sich von unseren Mitarbeiterinnen freundlich behandelt?

❏ ja ❏ manchmal ❏ nein

Bemerkungen:

____

____

5. Sind Sie verärgert? Und wenn ja, was hat Sie ver- oder geärgert?

❏ ja ❏ nein

Worüber?

____

____

❷ Verbesserungsvorschläge

Wenn sich ein Bedarf zur Verbesserung von Leistungen zeigt, erhalten Sie konkrete Vorschläge, Anregungen und Ideen.

❸ Gesamturteil

Einen Gesamteindruck sollten Sie bei den Eltern immer abfragen, denn es ist durchaus möglich, dass sie einige Verbesserungsvorschläge einbringen und dennoch insgesamt mit Ihrer Einrichtung sehr zufrieden sind.

Die Befragung derjenigen Eltern, deren Kind Ihre Einrichtung verlässt, ermöglicht Ihnen, den Kreislauf der Verbesserung einzuleiten, der im Qualitätsmanagement so nötig ist.

Die Ergebnisse der Abschlussbefragung zeigen Ihnen neben Lob und Zufriedenheit auch Kritik und Verbesserungsvorschläge der Eltern. Diese nehmen Sie teamintern auf, überprüfen die Kritikpunkte und verbessern daraufhin Ihr Angebot. Dadurch entsteht eine noch höhere Zufriedenheit der Eltern. Wenn Sie die Abschlussbefragung jährlich wiederholen, kommen Sie zu einer kontinuierlichen Verbesserung Ihrer Leistungen.

Letztlich profitieren alle zukünftigen Eltern Ihrer Kindertagesstätte davon: Denn es geht darum, die bestmögliche Zusammenarbeit mit den Eltern im Interesse des Kindes zu garantieren und immer weiter auszubauen.

Abschlussbefragung für Eltern

Das 1. Muster der Abschlussbefragung ist kurz und übersichtlich gehalten. Es bietet Ihnen ein abschließendes Resümee der Eltern, das Sie schnell auswerten können. Verwenden Sie dieses Muster, wenn Ihnen ein kurzes Urteil genügt und Sie beispielsweise einige Zeit vorher bereits alle Eltern zur Zufriedenheit und ihren Erwartungen befragt haben.

Weiteres Muster

Wenn Ihnen eine detaillierte Rückmeldung der Eltern über die Zeit wichtig ist, die ihre Kinder in der Kindertagesstätte verbracht haben, greifen Sie zum 2. Muster. Dieses Muster bewährt sich, wenn sich beispielsweise während des Jahres viele Elternbeschwerden zeigten und Sie deshalb ein umfassendes und unbefangenes Urteil der Eltern erheben wollen.

Sie finden dieses Muster auf Seite 176 im Anhang.

Muster: Abschlussbefragung für Eltern (2/2)

6. Fühlten Sie sich durch unsere Elternbriefe und Elternabende über die pädagogische Arbeit ausreichend informiert?

❑ ja ❑ manchmal ❑ nein

Bemerkungen:

____

____

7. Wie beurteilen Sie unsere pädagogische Arbeit und unser pädagogisches Konzept?

❑ sehr gut ❑ gut ❑ schlecht

Bemerkungen:

____

____

8. Empfanden Sie die Elterngespräche als hilfreich?

❑ ja ❑ manchmal ❑ nein

Bemerkungen:

____

____

❷→ **9. Was schlagen Sie uns zur Verbesserung vor?**

____

____

____

____

____

____

____

____

____

❸→ **10. Bitte vergeben Sie für die Zeit in unserer Einrichtung Ihr Gesamturteil (Schulnoten).**

❑ 1 ❑ 2 ❑ 3 ❑ 4 ❑ 5 ❑ 6

Bitte werfen Sie den ausgefüllten Bogen in unseren Briefkasten für Elternbefragungen in der Elternecke. Auf der Befragung ist keine Angabe des Namens erforderlich, denn sie wird anonym durchgeführt.

Vielen Dank für Ihre Mithilfe!

Kopiervorlage

Muster: Abschlussbefragung für Eltern (2/2)

6. Fühlten Sie sich durch unsere Elternbriefe und Elternabende über die pädagogische Arbeit ausreichend informiert?

❑ ja ❑ manchmal ❑ nein

Bemerkungen:

____

____

7. Wie beurteilen Sie unsere pädagogische Arbeit und unser pädagogisches Konzept?

❑ sehr gut ❑ gut ❑ schlecht

Bemerkungen:

____

____

8. Empfanden Sie die Elterngespräche als hilfreich?

❑ ja ❑ manchmal ❑ nein

Bemerkungen:

____

____

9. Was schlagen Sie uns zur Verbesserung vor?

____

____

____

____

____

____

____

____

____

____

10. Bitte vergeben Sie für die Zeit in unserer Einrichtung Ihr Gesamturteil (Schulnoten).

❑ 1 ❑ 2 ❑ 3 ❑ 4 ❑ 5 ❑ 6

Bitte werfen Sie den ausgefüllten Bogen in unseren Briefkasten für Elternbefragungen in der Elternecke. Auf der Befragung ist keine Angabe des Namens erforderlich, denn sie wird anonym durchgeführt.

Vielen Dank für Ihre Mithilfe!

Die Auswertung

Der 2. Teil einer Elternbefragung folgt dann, wenn Sie den Rücklauf der Befragungen erhalten. Die Auswertung der Befragung steht Ihnen bevor. Die Phase der Auswertung besteht aus 4 Schritten, die aufeinander aufbauen.

So gehen Sie dabei vor:

1. Tragen Sie Ihre Striche in die Spalte „Strichzählung" ein.
2. Rechnen Sie die prozentualen Werte aus. Tragen Sie alle Angaben in die Spalte „Prozentwert" ein.
3. Besprechen Sie diese Ergebnisse mit Ihrem Träger und Ihrem Team. Leiten Sie die nötigen Verbesserungen ein.

❶ 1. Schritt: Auszählen der Befragungen und Errechnen der Prozentwerte

Sammeln Sie 2 bis 3 Wochen lang alle Rückläufe der Elternbefragungen. Legen Sie teamintern einen Stichtag fest, wann Sie mit der Auswertung beginnen. Elternbefragungen, die noch nach diesem Stichtag bei Ihnen eingehen, werden von Ihnen nicht mehr berücksichtigt.

Richten Sie sich für die Auswertung ein Blankoexemplar ein, auf dem Sie die Rückmeldungen gesammelt übertragen. Wenn alle Ergebnisse gezählt und übertragen sind, errechnen Sie die Prozentangaben.

Beispiel für das Übertragen der Ergebnisse

Wie zufrieden sind Sie damit, wie wir Sie informieren?

	sehr	mittel	nicht
Informationen bei der Anmeldung des Kindes	~~IIII~~ III	IIII	II
Persönliches Gespräch über das eigene Kind			
Beratungsgespräche			
Elternbriefe/Elternzeitung			

Der Rücklauf Ihrer Elternbefragung zählt dabei als 100 %. Legen Sie fest, wie Sie mit Eltern umgehen, die 2 Kinder in der Einrichtung haben. Entweder füllen diese Eltern 2 Befragungen aus oder Sie kennzeich-nen diese Befragungen mit einem Zeichen und werten sie bei der Auszählung doppelt. Rechnen Sie die Prozente nach dieser Formel aus:

Beispiel

Von 100 ausgeteilten Befragungen kommen 76 ausgefüllt zurück. Auf die Frage:

„Besuchte Ihr Kind gerne unsere Einrichtung?" antworteten 70 Eltern mit „Ja" und 6 mit „Nein". Sie rechnen 100 geteilt durch 76 mal 70. 91,1 % der Kinder besuchten also die Einrichtung gerne, 7,9 % der Kinder kamen nicht gerne zu Ihnen.

Praxistipp

Sinnvoll ist es, wenn Sie diese Übertragungen zusammen mit einer Kollegin vornehmen. Ihre Kollegin kann die Ergebnisse der einzelnen Fragen der Reihe nach vorlesen, während Sie sich auf das Notieren beschränken. Beachten Sie auch, dass Sie bereits ausgewertete Befragungen besonders kennzeichnen, indem Sie etwa mit dem Locher 2 Löcher hineinstanzen oder eine farbige Markierung anbringen. So vermeiden Sie, dass sich bereits übertragene und noch nicht ausgewertete Befragungen vermischen und sich das Ergebnis dadurch unbemerkt verfälscht.

(Fortsetzung auf S. 156)

Muster: Zählliste zur Elternbefragung von Seite 176 (1/2)

❶→ **Wie gerne kommt Ihr Kind in unsere Einrichtung?**

sehr gerne		**mittelmäßig**		**nicht gerne**	
Strichzählung	%	Strichzählung	%	Strichzählung	%

Wie häufig kommt es vor, dass Ihr Kind ...	**oft**		**manchmal**		**nie**	
	Strich-zählung	%	Strich-zählung	%	Strich-zählung	%
... gut gelaunt aus der Kindertageseinrichtung / dem Hort heimkommt?						
... bedrückt und traurig nach Hause kommt?						
... zornig und wütend heimkommt?						

Wie gut fühlen Sie sich von uns informiert?	**sehr gut**		**gut**		**nicht gut**	
	Strich-zählung	%	Strich-zählung	%	Strich-zählung	%
Informationen bei der Anmeldung des Kindes						
Persönliches Gespräch über das eigene Kind						
Beratungsgespräche						
Elternbriefe / Elternzeitung						
Elternabende						
Homepage						
Aushänge im Schaukasten oder an Gruppentüren						
Kurzmitteilungen						

Wie beurteilen Sie die pädagogische Arbeit?	**sehr gut**		**gut**		**nicht gut**	
	Strich-zählung	%	Strich-zählung	%	Strich-zählung	%
Tagesablauf						
Umgang der Erzieherinnen mit den Kindern						
Verhalten der Erzieherinnen bei Problemen und Konflikten						
Lern- und Entwicklungsangebote für das Kind						
Ferienangebote						
Förderung des Kindes						
Projektarbeit						
Berücksichtigung der kindlichen Interessen (Angebote für jedes Alter, Förderung der Entwicklung des Kindes, Kinderkonferenzen etc.)						

Kopiervorlage

Muster: Zählliste zur Elternbefragung von Seite 176 (1/2)

Wie gerne kommt Ihr Kind in unsere Einrichtung?					
sehr gerne		**mittelmäßig**		**nicht gerne**	
Strichzählung	%	Strichzählung	%	Strichzählung	%

Wie häufig kommt es vor, dass Ihr Kind ...	**oft**		**manchmal**		**nie**	
	Strichzählung	%	Strichzählung	%	Strichzählung	%
... gut gelaunt aus der Kindertageseinrichtung / dem Hort heimkommt?						
... bedrückt und traurig nach Hause kommt?						
... zornig und wütend heimkommt?						

Wie gut fühlen Sie sich von uns informiert?	**sehr gut**		**gut**		**nicht gut**	
	Strichzählung	%	Strichzählung	%	Strichzählung	%
Informationen bei der Anmeldung des Kindes						
Persönliches Gespräch über das eigene Kind						
Beratungsgespräche						
Elternbriefe / Elternzeitung						
Elternabende						
Homepage						
Aushänge im Schaukasten oder an Gruppentüren						
Kurzmitteilungen						

Wie beurteilen Sie die pädagogische Arbeit?	**sehr gut**		**gut**		**nicht gut**	
	Strichzählung	%	Strichzählung	%	Strichzählung	%
Tagesablauf						
Umgang der Erzieherinnen mit den Kindern						
Verhalten der Erzieherinnen bei Problemen und Konflikten						
Lern- und Entwicklungsangebote für das Kind						
Ferienangebote						
Förderung des Kindes						
Projektarbeit						
Berücksichtigung der kindlichen Interessen (Angebote für jedes Alter, Förderung der Entwicklung des Kindes, Kinderkonferenzen etc.)						

2. Schritt: Prüfen des Ergebnisses und Festlegen der Konsequenzen

Noch bevor Sie die ausgezählten Ergebnisse kennen, legen Sie fest, bei welchen Prozentwerten Sie reagieren wollen und Konsequenzen einleiten werden. Beschließen Sie beispielsweise teamintern: Wir leiten Verbesserungsmaßnahmen in die Wege, wenn 10 % der Eltern nicht zufrieden sind. Diese Festlegung gilt dann für jede einzelne Fragestellung.

Danach betrachten Sie gemeinsam mit Ihrem Träger und mit dem Team die ausgewerteten Fragen und die dazugehörigen Prozentwerte. Diskutieren Sie bei Ergebnissen, die über Ihren festgelegten Werten liegen, mit Träger und Team, was Sie umstellen könnten und wie Sie zu Verbesserungen gelangen können.

3. Schritt: Rückmeldung an die Eltern

Es reicht nicht aus, wenn Sie die Verbesserungen stillschweigend einleiten. Lassen Sie die Eltern an Ihren Überlegungen teilhaben, so erkennen die Eltern, dass sie mit ihrem Urteil etwas bewirken konnten, und werden sich an der nächsten Elternbefragung wieder gerne beteiligen. Schreiben Sie eine Auswertung mit allen Prozentwertangaben und Ihren Reaktionen darauf. Hängen Sie die Auswertung an mehreren Stellen Ihrer Kita auf, damit sich Eltern in aller Ruhe die Resultate anschauen können.

Wenn durch die Elternbefragung bedingt einschneidende Veränderungen anstehen, beispielsweise die Aufnahme von Schulkindern oder eine Mittagsbetreuung, könnten Sie zusätzlich den Elternabend „Die Ergebnisse der Elternbefragung – Was sich für Sie als Eltern verbessert" durchführen.

4. Schritt: Umsetzung der Verbesserungsmaßnahme

Gehen Sie die festgelegten Konsequenzen an, so wie Sie sie den Eltern versprochen haben. Wenn Sie in der Auswertung an die Eltern schreiben, dass Sie ab Januar freitags eine Stunde länger öffnen, müssen Sie dieses Versprechen unbedingt einhalten.

Das nebenstehende Muster stellt eine Hilfe für die Auszählung Ihrer Elternbefragung dar. Die Elternbefragung von Seite 176 ist hier als Zählliste für Sie abgedruckt. Sie können sie als Kopiervorlage benutzen.

Muster: Zählliste zur Elternbefragung von Seite 176 (2/2)

Wie beurteilen Sie folgende Inhalte?	**sehr gut**		**gut**		**nicht gut**	
	Strichzählung	%	Strichzählung	%	Strichzählung	%
Räumliche Ausstattung (Mobiliar, Spiele, Material, Dekoration etc.)						
Mittagessen						
Getränkeangebot						
Freundlichkeit des Personals						
Umgang des Personals mit Beschwerden						
Erreichbarkeit am Telefon						
Atmosphäre in unserer Einrichtung						

Wie beurteilen Sie unsere Kindertagesstätte insgesamt? Bitte vergeben Sie Schulnoten.

	1		2		3		4		5		6	
	Strichzählung	%	Strichzählung	%	Strichzählung	%	Strichzählung	%	Strichzählung	%	Strichzählung	%
Pädagogische Arbeit												
Zusammenarbeit mit Eltern												
Elterninformationen												
Öffnungszeiten												
Öffnung während der Schulferien												
Gebäude und Ausstattung												
Außenanlagen und Spielplatz												
Höhe des Elternbeitrags												
Zusätzlich anfallende Kosten												

Wie hat sich unsere Kindertageseinrichtung im Laufe des letzten Jahres entwickelt?

	besser		**gleich**		**schlechter**	
	Strichzählung	%	Strichzählung	%	Strichzählung	%
Pädagogische Arbeit						
Zusammenarbeit mit Eltern						
Elterninformationen						
Tägliche Öffnungszeiten						
Öffnung während der Schulferien						
Gebäude und Ausstattung						
Außenanlagen und Spielplatz						
Höhe des Elternbeitrags						
Zusätzlich anfallende Kosten						

Kopiervorlage

Die Kopiervorlage direkt herunterladen unter www.prokita-elterngespraeche.com

Muster: Zählliste zur Elternbefragung von Seite 176 (2/2)

Wie beurteilen Sie folgende Inhalte?	sehr gut		gut		nicht gut	
	Strich-zählung	%	Strich-zählung	%	Strich-zählung	%
Räumliche Ausstattung (Mobiliar, Spiele, Material, Dekoration etc.)						
Mittagessen						
Getränkeangebot						
Freundlichkeit des Personals						
Umgang des Personals mit Beschwerden						
Erreichbarkeit am Telefon						
Atmosphäre in unserer Einrichtung						

Wie beurteilen Sie unsere Kindertagesstätte insgesamt? Bitte vergeben Sie Schulnoten.

	1		2		3		4		5		6	
	Strich-zählung	%	Strich-zählung	%	Strich-zählung	%	Strich-zählung	%	Strich-zählung	%	Strich-zählung	%
Pädagogische Arbeit												
Zusammenarbeit mit Eltern												
Elterninformationen												
Öffnungszeiten												
Öffnung während der Schulferien												
Gebäude und Ausstattung												
Außenanlagen und Spielplatz												
Höhe des Elternbeitrags												
Zusätzlich anfallende Kosten												

Wie hat sich unsere Kindertageseinrichtung im Laufe des letzten Jahres entwickelt?

	besser		gleich		schlechter	
	Strich-zählung	%	Strich-zählung	%	Strich-zählung	%
Pädagogische Arbeit						
Zusammenarbeit mit Eltern						
Elterninformationen						
Tägliche Öffnungszeiten						
Öffnung während der Schulferien						
Gebäude und Ausstattung						
Außenanlagen und Spielplatz						
Höhe des Elternbeitrags						
Zusätzlich anfallende Kosten						

Elternbriefe als schriftliche Kommunikation

Die Formen schriftlicher Kommunikation mit Eltern sind in Ihrer Kindertageseinrichtung vielfältig. Bei den Betreuungsformen Kinderkrippe und Kindergarten, bei denen Sie die Eltern täglich nur beim Bringen und Abholen des Kindes sehen, beschränkt sich die schriftliche Kommunikation meist auf Elternbriefe, die die Eltern über inhaltliche Schwerpunkte oder Themen und Projekte informieren. Wenn Hortkinder allein in die Einrichtung kommen und auch eigenständig wieder nach Hause gehen, beschränkt sich ein Großteil der Zusammenarbeit mit Eltern auf die schriftliche Kommunikation.

Gestaltungsregeln für Elternbriefe

Durch das Beherzigen einiger Regeln bewirken Sie mit Ihren Elternbriefen Erstaunliches: Die folgenden Punkte helfen, dass die Eltern Ihre Briefe mit größerer Aufmerksamkeit lesen und die Inhalte leichter verstehen und auch behalten.

❶ Einfachheit und Verständlichkeit

Halten Sie sich beim Entwickeln und der Gestaltung von Elternbriefen an die Regel, den Text so einfach und verständlich wie möglich zu gestalten. Beschränken Sie sich in der schriftlichen Kommunikation im Elternbrief also auf möglichst einfache Formulierungen und verständliche inhaltliche Teile ohne Fachjargon oder Fachsprache.

❷ Übersicht und Transparenz

Wahren Sie in Ihren Elternbriefen die Übersicht. Seitenlange Briefe schrecken die Eltern eher ab. Wichtige Inhalte werden von den Eltern nicht wahrgenommen oder nicht behalten. Gliedern Sie Ihre Texte nach Sinnzusammenhängen, die sich bei den Eltern einprägen und die Inhalte anschaulich gliedern.

❸ Kürze und Prägnanz

In der Kürze liegt die Würze. Das gilt auch für Ihre Elternbriefe. Bringen Sie Ihre Kernaussagen auf den Punkt, und muten Sie den Eltern keine zu umfangreichen Schriftstücke zu. Versuchen Sie, sich zu begrenzen, und geben Sie lieber öfter einen kurzen und übersichtlichen Brief an die Eltern heraus.

❹ Struktur und Ordnung

Das menschliche Auge braucht Ordnung und Struktur, um schriftliche Inhalte schnell zu erfassen und in Kürze Wichtiges und Unwichtiges zu selektieren. Auch Eltern wollen diese rasche Orientierung. 3 Fragen sollten in Ihren Briefen für die Eltern immer beantwortet werden:

- Was betrifft mich?
- Was ist nicht interessant für mich?
- Welches sind die 3 wichtigsten Inhalte des Briefes?

❺ Witz und Auflockerung

Gönnen Sie den Eltern im Elternbrief Auflockerungen. Eltern freuen sich über einen Cartoon, der Ihr Thema unterstreicht, oder ein Kinderzitat, das in Ihr Thema einführt. Durch solche einfachen Techniken helfen Sie den Eltern, Ihren Elternbrief länger im Gedächtnis zu behalten und sich an einzelne Inhalte besser zu erinnern. Farben, Symbole, Bilder, Zeichnungen eignen sich zur optischen Hervorhebung wichtiger Aussagen und Inhalte Ihres Elternbriefes.

Selbsttest: Wie gut sind Ihre Elternbriefe?

Fragen	Ja	Nein
❶→ Nutzen Sie in Elternbriefen die pädagogische Fachsprache?	❑	❑
Enthalten Ihre Elternbriefe lange Sätze mit vielen Substantiven und aneinandergereihten Nebensätzen?	❑	❑
❷→ Verwenden Sie in Ihren Elternbriefen Fließtext ohne Absätze und Überschriften?	❑	❑
❸→ Fassen Sie viele Themenbereiche und Inhalte in einem Brief zusammen, damit die Eltern im Laufe eines Kindergartenjahres nur wenige Briefe lesen müssen?	❑	❑
❹→ Verfügt eine Seite Ihres Elternbriefes normalerweise über 5 und mehr unterschiedliche Schriftarten und -größen?	❑	❑
Sind Ihre Elternbriefe stets durchgängig formuliert, ohne Stichpunkte und Aufzählungen?	❑	❑
❺→ Geben Sie die Elternbriefe ohne Bilder oder Cartoons heraus?	❑	❑
Sollen Eltern sich anstrengen und das Wichtigste aus den Elternbriefen selbst herausfinden?	❑	❑
❻→ Nehmen Sie sich wenig Zeit für das Entwickeln, Formulieren, Verfassen und Ausgestalten Ihrer Elternbriefe?	❑	❑

Auswertung:

Wenn Sie öfter als 1-mal mit Ja geantwortet haben, sollten Sie Ihre Elternbriefe überprüfen; dann besteht ein Bedarf, sie zu verbessern und lesefreundlicher zu gestalten. Nutzen Sie dazu die Grundsätze der linken Seite. Schreiben Sie Ihre Briefe nach den Regeln:

1. Einfach und verständlich
2. Übersichtlich und transparent
3. Kurz und prägnant
4. Strukturiert und ordentlich
5. Witzig und auflockernd
6. Elternfreundlich und zeitsparend

Kopiervorlage

❻ Elternfreundlichkeit und Zeitersparnis

Die Zeit der Eltern ist kostbar. Langweilen Sie sie deshalb nicht mit langen Dokumentationen. Sprechen Sie die Eltern im Brief mit „Sie" an. Versuchen Sie immer, die Eltern so anzusprechen, dass Sie eine direkte Beteiligung und Betroffenheit der Eltern erwirken. Dies gelingt Ihnen am besten, wenn Sie sich in die Eltern hineinversetzen und ihre Situation ansprechen. Sie können die Eltern zu einem Elternabend so einladen: *„Einladung zum Gespräch über die schulischen Leistungen des Kindes".* Wenn Sie hingegen schreiben: *„Wie macht sich Ihr Kind in der Schule?",* erreichen Sie die Eltern, indem Sie Betroffenheit erzeugen und sie direkt ansprechen.

Arbeiten Sie Ihre Elternbriefe so aus, dass sie Lesehilfen und Eselsbrücken für die Eltern anbieten. Nutzen Sie diese Unterstützungen:

- Zusammenfassungen am Ende des Briefes
- Abschnitt zum Aufbewahren: das Wichtigste für Sie in Kürze
- Monats-, Quartals- oder Jahreskalender mit allen Terminen der Kindertagesstätte
- Beigelegter Jahresferienplan
- Checklisten für die Eltern: Was Ihr Kind für den Ausflug braucht
- Tabellen zur Darstellung einzelner Projektschritte oder Lernziele
- Diagramme, die einfache Inhalte bildhaft wiedergeben
- Symbole am Rand des Elternbriefes, die auf wichtige Themen hinweisen
- Zentrale Sätze, die in Rahmen oder farbig hinterlegt sind
- Anhänge, die die Eltern ausfüllen und wieder zurückgeben müssen, kopieren Sie auf farbiges Papier.

Selbsttest: Wie gut sind Ihre Elternbriefe?

Fragen	Ja	Nein
Nutzen Sie in Elternbriefen die pädagogische Fachsprache?	❑	❑
Enthalten Ihre Elternbriefe lange Sätze mit vielen Substantiven und aneinandergereihten Nebensätzen?	❑	❑
Verwenden Sie in Ihren Elternbriefen Fließtext ohne Absätze und Überschriften?	❑	❑
Fassen Sie viele Themenbereiche und Inhalte in einem Brief zusammen, damit die Eltern im Laufe eines Kindergartenjahres nur wenige Briefe lesen müssen?	❑	❑
Verfügt eine Seite Ihres Elternbriefes normalerweise über 5 und mehr unterschiedliche Schriftarten und -größen?	❑	❑
Sind Ihre Elternbriefe stets durchgängig formuliert, ohne Stichpunkte und Aufzählungen?	❑	❑
Geben Sie die Elternbriefe ohne Bilder oder Cartoons heraus?	❑	❑
Sollen Eltern sich anstrengen und das Wichtigste aus den Elternbriefen selbst herausfinden?	❑	❑
Nehmen Sie sich wenig Zeit für das Entwickeln, Formulieren, Verfassen und Ausgestalten Ihrer Elternbriefe?	❑	❑

Auswertung:

Wenn Sie öfter als 1-mal mit Ja geantwortet haben, sollten Sie Ihre Elternbriefe überprüfen; dann besteht ein Bedarf, sie zu verbessern und lesefreundlicher zu gestalten. Nutzen Sie dazu die Grundsätze der linken Seite. Schreiben Sie Ihre Briefe nach den Regeln:

1. Einfach und verständlich
2. Übersichtlich und transparent
3. Kurz und prägnant
4. Strukturiert und ordentlich
5. Witzig und auflockernd
6. Elternfreundlich und zeitsparend

Elternzeitung

Die Elternzeitung ist ein wichtiges Element der Öffentlichkeitsarbeit. Damit Ihre Zeitung bei den Eltern auf positive Resonanz stößt, sollten Sie Folgendes beachten:

❶ Kosten kalkulieren

Schätzen Sie vor der Erstellung der Elternzeitung die Kosten ab, die auf Sie zukommen. Sprechen Sie mit Träger und Team darüber, wie Sie die Kosten im Rahmen halten können und wie es Ihnen gelingen kann, die finanziellen Mittel für die Zeitung aufzubringen. Denken Sie bei den Kosten z. B. an Geld für das Kopieren und Binden der Zeitung. Erkundigen Sie sich beim Copyshop vorab, was ein Farbdruck kostet, und rechnen Sie die Kosten hoch. Farbige Fotos sind in der Zeitung zwar ein echter Hingucker, allerdings schnellt Ihre Kostenkalkulation durch Farbdrucke vermutlich schnell in die Höhe. Bedenken Sie: Der Farbdruck auf dem Deckblatt reicht als Eyecatcher häufig aus. Alle anderen Fotos in der Zeitung genügen in Schwarz-Weiß.

❷ Mitwirkende gewinnen

Gerade für kleine Teams ist der Aufwand für eine Elternzeitung oft zu groß. Überlegen Sie in diesem Fall, wen Sie zur Mitarbeit motivieren können, beispielsweise Ehrenamtliche oder Eltern. Falls Sie Hortkinder haben, können Sie diese ebenfalls einbinden. Auch Vorschulkinder eignen sich schon. Klären Sie mit Ihren Helfern ab, dass sie für mindestens 1 Jahr verbindlich an der Zeitschrift mitarbeiten. Das schafft Ihnen die nötige Planungssicherheit.

Mit der Hilfe von außen können Sie viel Zeit und Kraft sparen. Die Möglichkeit, sich bei Ihrer Elternzeitung zu engagieren, ist groß, beispielsweise vom Schreiben der Artikel bis hin zum Kopieren. Sie oder eine Ihrer Kolleginnen sollten als Hauptverantwortliche die Gestaltung der Zeitung betreuen.

❸ Erscheinungshäufigkeit, Umfang und Auflage definieren

Wie oft und in welchem Umfang die Zeitung erscheint, hängt von dem Arbeitsaufwand und der Resonanz der Eltern ab. In der Regel wird jedes 1/4 bis 1/2 Jahr eine neue Elternzeitung erstellt. Wählen Sie einen kürzeren Zyklus, ist der Arbeitsaufwand sehr hoch. Entscheiden Sie sich für einen längeren Rhythmus, verliert die Zeitung an Aktualität. Wichtig ist, dass die Zeitung regelmäßig erscheint und dadurch eine Zuverlässigkeit entsteht.

Der Umfang Ihrer Zeitung sollte mindestens 8 Seiten betragen. Empfehlenswert sind 12 Seiten. Entscheiden Sie sich lieber für einen geringeren Umfang, aber ein häufigeres Erscheinen.

Die Auflage Ihrer Elternzeitung hängt von der jeweiligen Nachfrage ab. Die Auflagenhöhe sollte der Anzahl der Familien in Ihrer Einrichtung entsprechen.

❹ Inhalte festlegen

Folgende Inhalte bieten sich für Ihre Elternzeitung an:

- Teilen Sie den Eltern anstehende Termine mit (zum Beispiel Ferienzeiten, Informationsabende).
- Stellen Sie empfehlenswerte Bücher, Spiele, CDs oder Filme vor.
- Bieten Sie Anregungen für Spiele, Bastelarbeiten, Lieder usw.

Fragenkatalog: Was müssen Sie bei der Herausgabe einer Elternzeitung beachten?

❶→	Wie hoch sind die Ausgaben Ihrer Einrichtung für die Herstellung der Zeitung?
	Kann Ihre Einrichtung die Kosten allein tragen? ja ❑ nein ❑
	Inwieweit können Sie die Kosten durch Materialspenden, Geldspenden der Eltern, Verkauf der Zeitung oder Werbeeinnahmen decken?
❷→	Welche Eltern und ehrenamtlichen Helfer können Sie für die Gestaltung der Zeitung gewinnen?
	Sollen Kinder bei der Gestaltung der Zeitung mitwirken? ja ❑ nein ❑
	Welche Kollegin könnte als Hauptverantwortliche die Zeitung betreuen?
	Ist gewährleistet, dass alle Mitarbeiter 1 Jahr an der Zeitung mitwirken? ja ❑ nein ❑
❸→	Wie oft soll die Zeitung erscheinen? monatlich ❑ __ -jährlich ❑ __ -jährlich ❑
	Wie hoch ist die vermutete Nachfrage? gering ❑ mäßig ❑ hoch ❑ nicht abschätzbar ❑
	Wie hoch soll die Auflage der Zeitung sein?
❹→	Welche Themenfelder soll die Zeitung aufgreifen?
	Welche Themen stoßen bei den Eltern auf hohe Resonanz?
	Welche Informationen sind für die Eltern von Bedeutung?
	Welche Nachrichten sind derzeit aktuell?
	Welche Themen stehen in enger Verbindung zu Ihrer Einrichtung?
❺→	Sollen die Eltern und Kinder an der Namenswahl beteiligt werden? ja ❑ nein ❑
	Welcher Name ist positiv besetzt und einprägsam?

- Vermitteln Sie pädagogische Inhalte (zum Beispiel Vorstellung des Jahresthemas oder Berichte über durchgeführte Projekte).
- Informieren Sie über fachbezogene Themen (zum Beispiel Hilfe für hyperaktive Kinder).
- Berichten Sie über den Kindergartenalltag, besondere Begebenheiten oder Veränderungen in Ihrer Einrichtung.
- Erzählen Sie von amüsanten Situationen mit den Kindern.
- Bieten Sie, wie in den Tageszeitungen, die Seite „Vermischtes" an. Sie umfasst beispielsweise Glückwünsche, Tauschbörse für Eltern oder Adressen von Büchereien.

Wählen Sie nur einige der genannten Themenschwerpunkte aus, und greifen Sie diese in jeder Ausgabe auf, beispielsweise eine Terminübersicht. Oberstes Gebot bei der Auswahl der Themen sind die Aktualität der Informationen, die Wichtigkeit der Nachricht und das elterliche Interesse an der Mitteilung. Alle Nachrichten sollten stets in Verbindung zu Ihrer Einrichtung stehen, beispielsweise sollten Sie keine Rezepte für alkoholhaltige Getränke abdrucken.

❺ Namen auswählen

Geben Sie Ihrer Zeitung einen Namen, der griffig ist und einen hohen Erinnerungswert hat, beispielsweise „St.-Joseph-Post", „Kindergartenpost" oder die „Spatzen von St. Joseph". Dieser Name wird über Jahre hinweg Ihre Zeitschrift bezeichnen und sollte deshalb positive Assoziationen hervorrufen. Beteiligen Sie die Eltern und Kinder an der Namensfindung, beispielsweise durch ein Preisausschreiben. Der beste Zeitungsname wird prämiert. Das erhöht die Identifikation der Eltern mit der Zeitung.

Fragenkatalog: Was müssen Sie bei der Herausgabe einer Elternzeitung beachten?

Wie hoch sind die Ausgaben Ihrer Einrichtung für die Herstellung der Zeitung?
Kann Ihre Einrichtung die Kosten allein tragen? ja ❑ nein ❑
Inwieweit können Sie die Kosten durch Materialspenden, Geldspenden der Eltern, Verkauf der Zeitung oder Werbeeinnahmen decken?
Welche Eltern und ehrenamtlichen Helfer können Sie für die Gestaltung der Zeitung gewinnen?
Sollen Kinder bei der Gestaltung der Zeitung mitwirken? ja ❑ nein ❑
Welche Kollegin könnte als Hauptverantwortliche die Zeitung betreuen?
Ist gewährleistet, dass alle Mitarbeiter 1 Jahr an der Zeitung mitwirken? ja ❑ nein ❑
Wie oft soll die Zeitung erscheinen? monatlich ❑ __ -jährlich ❑ __ -jährlich ❑
Wie hoch ist die vermutete Nachfrage? gering ❑ mäßig ❑ hoch ❑ nicht abschätzbar ❑
Wie hoch soll die Auflage der Zeitung sein?
Welche Themenfelder soll die Zeitung aufgreifen?
Welche Themen stoßen bei den Eltern auf hohe Resonanz?
Welche Informationen sind für die Eltern von Bedeutung?
Welche Nachrichten sind derzeit aktuell?
Welche Themen stehen in enger Verbindung zu Ihrer Einrichtung?
Sollen die Eltern und Kinder an der Namenswahl beteiligt werden? ja ❑ nein ❑
Welcher Name ist positiv besetzt und einprägsam?

Der 1. Elternbrief

Mit Beginn jedes neuen Kindertagesstättenjahres steht ein 1. Brief für alle Eltern Ihrer Einrichtung an. Dieser Elternbrief hat eine besondere Bedeutung, denn er ist für die neuen Eltern zumeist der 1. Eindruck Ihrer schriftlichen Kommunikation. Häufig sind die Eltern an dieser Stelle auch sehr hungrig nach neuen und wichtigen Informationen. Bei den Eltern entscheidet sich mit dieser 1. Wahrnehmung, ob sie Ihre künftigen Briefe mit Spannung lesen oder ob sie sie gelangweilt beiseitelegen.

Geeigneten Zeitpunkt wählen

Im Laufe der ersten 6 Wochen nach den Sommerferien sollten Sie Ihren 1. Brief an die Eltern herausgeben. Diese Vorlaufzeit lässt Ihnen genügend Spielraum, gemeinsam im Team Inhalte zu sammeln, die Sie in diesem Schreiben aufnehmen wollen. Verteilen Sie den Brief gegen Ende einer Woche an die Eltern, so können sie ihn am Wochenende in aller Ruhe lesen. Günstig zum Herausgeben der Elternbriefe ist der Donnerstag, vor allem dann, wenn Sie einen ausgefüllten Rückmeldeabschnitt von Ihren Eltern erwarten. So können die Eltern entscheiden, ob sie den Abschnitt bereits am Freitag wieder mitbringen oder das Wochenende nutzen, um ihn auszufüllen.

Inhalte des 1. Elternbriefes

Zentrale Fragen der Eltern in der 1. Zeit in der Kindertagesstätte sind ähnlich und überschaubar.

❶ Die Personalfrage

Stellen Sie Ihrem 1. Elternbrief die Personalfrage voran. Alle Eltern wollen Näheres über die Personen wissen, die täglich für ihre Kinder da sind. Auch wie die Zuständigkeiten in der Einrichtung verteilt sind, interessiert die Eltern. Wenn Sie in einer Einrichtung arbeiten, in der Sie nicht täglich mit den Eltern beim Bringen und Abholen in Kontakt kommen, können Sie die Vorstellung des Personals durch Fotos ergänzen.

Bedeutende Fragen zum Personal, die Sie den Eltern im 1. Brief beantworten sollten:

- Welche Personen betreuen mein Kind?
- Was können sie besonders gut?
- Welche Funktionen, Stellungen und Zuständigkeiten haben die jeweiligen Personen?
- Mit welchen Personen kommt mein Kind noch in Kontakt?
- Welche Personen arbeiten sonst noch in der Kindertagesstätte?
- Wie genau sind die Zuständigkeiten in der Einrichtung?

❷ Die Wohlfühlfrage

Eltern suchen die Kindertagesstätte für ihr Kind mit Bedacht aus. Ihr Ziel ist es, dass das eigene Kind sich in der Einrichtung wohlfühlt und diese täglich mit Freude besucht.

Gehen Sie auf diese häufig gestellten Fragen im 1. Elternbrief ein:

- Wie ist der Tagesablauf für mein Kind in der Einrichtung?
- Welche Möglichkeiten der Beschäftigung hat mein Kind?
- Was kann mein Kind in der Kindertagesstätte lernen?

(Fortsetzung auf S. 164)

Muster: 1. Elternbrief im neuen Kindertagesstättenjahr (1/2)

Kindertagesstätte Villa Kunterbunt

Damit Sie wissen, was bei uns gespielt wird!

Das neue Kindertagesstättenjahr hat begonnen. Wir möchten, dass Sie sich ein Bild von unserem Personal machen können, das täglich mit Ihrem Kind umgeht. Deshalb stellen sich die Erzieherinnen, Kinderpflegerinnen und Praktikantinnen und alle, mit denen Ihr Kind zu tun hat, Ihnen vor.

❶→ Foto einfügen

Name der Erzieherin: *Gabriele Müller*, Name der Gruppe: *Blaue Gruppe*

Kurze Vorstellung: *Liebe Eltern, ich bin Erzieherin und seit 3 Jahren Gruppenleiterin in der Blauen Gruppe. Mir gefällt es in der Villa Kunterbunt so gut, dass ich hier bereits mein Vorpraktikum und Berufspraktikum absolviert habe. Seit 1 Jahr bin ich stellvertretende Leiterin der Villa Kunterbunt. Ich interessiere mich für naturwissenschaftliche Experimente, deshalb übernehme ich auch im Kindergarten die Projektgruppe „Kleine Forscher".*

Foto einfügen

Name der Erzieherin: *Elena Zummel*, Name der Gruppe: *Orange Gruppe*

Kurze Vorstellung: *Liebe Eltern, seit nunmehr 12 Jahren leite ich die Villa Kunterbunt und freue mich auf eine gute Zusammenarbeit mit Ihnen. Mein großes Hobby ist die moderne Kunst. Ich bin froh, dass ich dieses Hobby auch in meinen Beruf einfließen lassen kann: Ich leite die „Kreativwerkstatt" der Villa Kunterbunt, hier kann Ihr Kind fantasievoll mit Pinsel, Farbe, Leinwand, Holz und Gips umgehen.*

❷→ **So sieht der Tag Ihres Kindes in unserer Einrichtung aus**

Orientierungsphase: Ihr Kind kommt in die Villa Kunterbunt und kann sich in aller Ruhe orientieren, welche Kinder bereits da sind und mit wem es Kontakte knüpfen oder spielen möchte.

Freispielphase: Im Freispiel kann Ihr Kind alle Spielbereiche nutzen, beispielsweise die Puppenecke, die Werkbank oder das Lesezimmer. Wir beobachten alle Kinder in dieser Phase ganz genau und unterstützen
Ihr Kind, wenn es nötig erscheint. Während des freien Spiels findet das gleitende Frühstück statt. Hier kann Ihr Kind entscheiden, wann es sein mitgebrachtes Frühstück isst.

Gesprächskreis: Gegen 11 Uhr findet unser Gesprächskreis statt, an dem alle Kinder der Gruppe teilnehmen.

Mittagessen: Ihr Kind nimmt ab 12:30 Uhr das Mittagessen ein, das unsere hauseigene Küche kindgerecht zubereitet.

Kopiervorlage

Muster: 1. Elternbrief im neuen Kindertagesstättenjahr (1/2)

Kindertagesstätte Villa Kunterbunt

Damit Sie wissen, was bei uns gespielt wird!

Das neue Kindertagesstättenjahr hat begonnen. Wir möchten, dass Sie sich ein Bild von unserem Personal machen können, das täglich mit Ihrem Kind umgeht. Deshalb stellen sich die Erzieherinnen, Kinderpflegerinnen und Praktikantinnen und alle, mit denen Ihr Kind zu tun hat, Ihnen vor.

Foto einfügen

Name der Erzieherin: ______________, Name der Gruppe: ______________
Kurze Vorstellung: ____

Foto einfügen

Name der Erzieherin: ______________, Name der Gruppe: ______________
Kurze Vorstellung: ____

So sieht der Tag Ihres Kindes in unserer Einrichtung aus

❸ Die Orientierungsfrage

Gerade neue Kindergarteneltern brauchen Orientierung und Sicherheit. Teilen Sie deshalb allen Eltern Ihre 1. Planung und alle wichtigen Strukturen und Abläufe mit, damit sorgen Sie von Anfang an für Transparenz. Informieren Sie die Eltern auch, wenn es Tageszeiten gibt, an denen Ihr Telefon nicht besetzt ist. Dies könnte beispielsweise im Hort während der Hausaufgabenzeit der Fall sein, damit die Kinder ungestört arbeiten können.

Diese Aspekte sollten Sie für die Eltern klären:

- Welche Termine gibt es in der nächsten Zeit in der Einrichtung?
- Wann ist ein günstiger Zeitpunkt, um mit der Erzieherin über mein Kind zu sprechen?
- Wann ist die Einrichtung telefonisch am besten zu erreichen?
- Wie gestalten sich der tägliche Ablauf und der wöchentliche Rhythmus?

Die Ausgabe des Briefes

Welchen Weg Sie wählen, um den Brief an die Eltern zu verteilen, hängt von Ihren Vorerfahrungen ab. Wenn Sie wissen, dass Eltern sehr beansprucht sind und die Briefe leicht übersehen oder zu lesen vergessen, sollten Sie die Eltern bereits in einem Tür-und-Angel-Gespräch auf den Brief hinweisen und ihn persönlich an die Eltern verteilen, wenn diese ihr Kind bringen oder abholen.

Haben Sie die Erfahrung gemacht, dass die Eltern die Elternpost gerne und rasch lesen, reicht es aus, wenn jedes Kind den Brief an seine Eltern in die Tasche steckt. Auch ein Fach für Elternbriefe ist eine gelungene Idee, den Eltern schriftliche Kommunikation zu verteilen. Richten Sie dabei jeder Familie ein Postfach ein, das mit Namen beschriftet ist. Platzieren Sie diese Fächer beispielsweise vor der Gruppenraumtür – dort sehen die Eltern ihr Postfach täglich. Lange Pappröhren sind ein ideales Verteilersystem für Ihre Elternpost. Die Elternbriefe lassen sich zusammenrollen und in die Röhre stecken. Häufig erinnern die Kinder ihre Eltern selbstständig an die Elternpost, da sie sehr großen Wert darauf legen, dass die Eltern ihre Briefe erhalten. Hortkinder sollten den Brief in ihre Büchertasche stecken und zu Hause abgeben.

Muster: 1. Elternbrief im neuen Kindertagesstättenjahr (2/2)

Ruhezeit: An das Mittagessen schließt sich für Ihr Kind die Ruhezeit an. Dabei kann Ihr Kind einen Mittagsschlaf halten oder zum Beispiel auch ein Bilderbuch betrachten. Nachmittagszeit: Am Nachmittag finden Spaziergänge, Waldaktionen und das gemeinsame Spiel im Freien statt. Abholzeit: Wenn Sie Ihr Kind abholen, nehmen wir uns Zeit für ein Gespräch.

Was Ihr Kind bei uns lernen kann

Wir fördern bei Ihrem Kind das Ich-Bewusstsein. Ihr Kind wird dabei unterstützt, sich selbst als wertvolle Person mit einer eigenen Meinung zu begreifen. Im Zusammenleben mit der Kindergruppe lernt das Kind für seine soziale Entwicklung. Es bringt seine eigenen Ideen im Gesprächskreis ein und lernt, sich durchzusetzen oder zurückzustecken. Im Spiel mit anderen Kindern äußert Ihr Kind die eigene Meinung, übt, Konflikte verbal auszutragen, mit Enttäuschungen zurechtzukommen, und baut Freundschaften zu anderen Kindern auf.

Unser Terminüberblick für Sie

Damit Sie Ihre Zeit planen können, möchten wir Ihnen bereits heute alle unsere Termine bis Sankt Martin bekannt geben. Der Terminüberblick soll Ihnen nur als Orientierung dienen, Sie erhalten für jede Aktion noch eine kurze gesonderte Einladung.

Datum,	Uhrzeit	
15.10.	19:30 Uhr	Elternbeiratswahl
24.10.	10:00 Uhr	Erntedankfeier
11.11.	17:00 Uhr	Umzug zu Sankt Martin

❷→ **Das Wichtigste in aller Kürze für Sie**

- Wir sammeln pro Kind 2 € Kopiergeld ein. Bitte geben Sie es in den nächsten Tagen bei Ihrer Gruppenerzieherin ab.
- In der Zeit von 12 bis 14 Uhr sind wir telefonisch nur im Notfall zu erreichen. In dieser Zeit ruhen sich unsere Ganztageskinder aus. Bitte helfen Sie mit, Störungen in dieser Zeit zu vermeiden.
- Sie können die Gruppenerzieherin Ihres Kindes am besten am frühen Vormittag zwischen 8 und 9 Uhr telefonisch oder persönlich erreichen.
- Auch unsere Leiterin vereinbart mit Ihnen bei Bedarf gerne einen Termin.
- Unsere Telefonnummer ist: 45 46 78.
- Unsere E-Mail-Adresse lautet: villa.kunterbunt@t-online.de

Wir freuen uns auf eine gute Zusammenarbeit mit Ihnen!
Ihr Team der Kindertagesstätte Villa Kunterbunt

Kopiervorlage

Muster: 1. Elternbrief im neuen Kindertagesstättenjahr (2/2)

____
____
____
____
____

Was Ihr Kind bei uns lernen kann

____
____
____
____
____
____
____
____
____

Unser Terminüberblick für Sie

Damit Sie Ihre Zeit planen können, möchten wir Ihnen bereits heute alle unsere Termine bis Sankt Martin bekannt geben. Der Terminüberblick soll Ihnen nur als Orientierung dienen, Sie erhalten für jede Aktion noch eine kurze gesonderte Einladung.

________ Datum,	________ Uhrzeit	Elternbeiratswahl
________ Datum,	________ Uhrzeit	Erntedankfeier
________ Datum,	________ Uhrzeit	Umzug zu Sankt Martin

Das Wichtigste in aller Kürze für Sie

- Wir sammeln pro Kind 2 € Kopiergeld ein. Bitte geben Sie es in den nächsten Tagen bei Ihrer Gruppenerzieherin ab.
- In der Zeit von 12 bis 14 Uhr sind wir telefonisch nur im Notfall zu erreichen. In dieser Zeit ruhen sich unsere Ganztageskinder aus. Bitte helfen Sie mit, Störungen in dieser Zeit zu vermeiden.
- Sie können die Gruppenerzieherin Ihres Kindes am besten am frühen Vormittag zwischen 8 und 9 Uhr telefonisch oder persönlich erreichen.
- Auch unsere Leiterin vereinbart mit Ihnen bei Bedarf gerne einen Termin.
- Unsere Telefonnummer ist: ____________________
- Unsere E-Mail-Adresse lautet: ______________________________

Wir freuen uns auf eine gute Zusammenarbeit mit Ihnen!
Ihr Team der Kindertagesstätte Villa Kunterbunt

Elternbrief zu einem Projekt

Immer, wenn Sie ein neues Projekt beginnen, sollten Sie die Eltern davon unterrichten. Ein Elternbrief ist ein geeignetes Medium, um die zentralen Informationen in Umlauf zu bringen.

Wählen Sie eine klare Struktur, um den Eltern das Projekt deutlich zu übermitteln.

❶ Wählen Sie einen klangvollen Namen

Geben Sie dem Projekt einen Namen oder einen Slogan, der sich einprägt. Je klangvoller der Name ist, den Sie für das Projekt finden, desto höher ist der Wiedererkennungswert bei Eltern und Kindern. Sie erzeugen mit Ihrem Slogan im Elternbrief Neugierde bei den Eltern, die gespannt weiterlesen werden, um die Inhalte des Projekts zu erfahren.

Einige Beispiele für klangvolle Projektthemen:

- Sportprojekt: Wer sich nicht bewegt, bleibt sitzen!
- Zauberprojekt: Hokuspokus Fidibus
- Zirkusprojekt: Manege frei
- Computerprojekt: PC-Mäuse im Kindergarten
- Kreativprojekt: In der Kunstschule Kunterbunt geht's rund
- Mädchen- und Jungenprojekt: Coole Jungs und starke Mädchen
- Aufklärungsprojekt im Hort: Den Geheimnissen auf der Spur
- Forscherprojekt: Kleine Entdecker und Erfinder

❷ Benennen Sie die Gründe für das Projekt

Teilen Sie den Eltern mit, warum Sie sich gerade für dieses Projekt entschieden haben. Dabei spielen Ihre Vorüberlegungen, Ihre Beobachtungen und pädagogische Hintergründe eine wesentliche Rolle. Wenn Sie sich beispielsweise für ein Sportprojekt entscheiden, sollten Sie belegen, warum gerade dieses Projekt für die Kinder wertvoll ist. Das Sportprojekt könnten Sie beispielsweise damit begründen, dass die Kinder täglich durchschnittlich 5 bis 6 Schulstunden im Sitzen verbringen und der Sportunterricht von 3 Wochenstunden auf 2 Stunden gekürzt wurde. Deshalb wollen Sie im Projekt auf Spaß durch Bewegung und körperliche Fitness bei den Kindern setzen.

Ein Computerprojekt könnten Sie zum Beispiel durch die Ergebnisse einer Elternbefragung belegen, wenn die Eltern es für wichtig halten, dass das Kind den Umgang mit dem PC lernt, sie selbst sich jedoch nicht das Vermitteln der nötigen Kenntnisse zutrauen.

❸ Erläutern Sie die Lernziele des Projekts

Informieren Sie im Elternbrief, was das Kind durch das Projekt lernen kann. Dadurch erhalten die Eltern gleichzeitig einen Einblick in Ihre Pädagogik und die Lernziele, die Sie für das Kind auswählten. Eltern, denen das Lernen des eigenen Kindes so nahegebracht wird, werden hinter dem Projekt stehen und sich dafür viel mehr interessieren und eventuell auch engagieren. Exemplarische Lernziele eines Computerprojekts sind zum Beispiel:

- Wissen und Anwenden von Fachbegriffen, wie Maus, Tastatur, Monitor, Rechner, Booten

Muster-Elternbrief zur Projektarbeit

❶ → Kindertagesstätte Villa Kunterbunt
Her mit den Mäusen!
Projektslogan

❷ → **Warum wir gerade dieses Projekt auswählten**

Wir führen mit Ihrem Kind in diesem Jahr das Computerprojekt „Her mit den Mäusen!" durch. In der Elternbefragung zeigten Sie uns Ihr Interesse an einem solchen Computerprojekt an. 86 % der Eltern sprachen sich dabei für die Durchführung eines PC-Projektes für Kindergartenkinder aus.

❸ → **Was Ihr Kind bei dem Projekt lernt**

Lernziele des PC-Projektes sind:

- Erwerb von Wissen und Anwenden von Fachbegriffen: Ihr Kind lernt, zwischen Hard- und Software zu unterscheiden. Es weiß, aus welchen Teilen sich ein Computer zusammensetzt, und erwirbt das Wissen, einen PC zu starten, zu nützen und sachgerecht herunterzufahren.
- Schulung der Auge-Hand-Koordination und der Feinmotorik: Ihr Kind lernt, die Maus zu führen und sie gezielt in verschiedenen Anwendungen einzusetzen, wie beispielsweise in Malprogrammen.

❹ → **Woraus sich das Projekt zusammensetzt**

Teil 1: Kennenlernen des Computers
Teil 2: Anwenden des PCs und Grundwissen über den PC Teil 3:
Eigenständiges Nützen des Computers
Wir werden Sie über jeden einzelnen Teil noch gesondert informieren.

❺ → **Wann Ihr Kind die Projektinhalte erfährt**

Datum	Projektinhalt	Ort der Durchführung
12.10.	Projektstart: Feierliche Einweihung der PCs (Kinder, Eltern, Sponsoren)	Mehrzweckraum
ab 14.10.	Kennenlernen des Computers	Gruppenraum
ab 27.10.	Anwenden des PCs	Gruppenraum
ab 01.12.	Eigenständiges Nützen des Computers	Gruppenraum

Wir freuen uns auf das PC-Projekt und stehen Ihnen bei Fragen gerne zur Verfügung! Ihr Team der Villa Kunterbunt

- Gezielte Auge-Hand-Koordination für die Führung der Maus
- Hoch- und Herunterfahren des Rechners, um einen sachgerechten Umgang mit dem PC zu erlernen
- Arbeiten mit einem Textverarbeitungsprogramm: Namen schreiben, Bilder einfügen, Tabellen erstellen etc.
- Sicherer Umgang mit einem Malprogramm: Malen mit der Maus, Ausfüllen von Flächen, Wählen der Farben etc.
- Bedenken Sie dabei, dass das Ziel so formuliert sein sollte, dass es verständlich und nach einer gewissen Zeit auch erreichbar sein sollte, sonst gaukeln Sie den Eltern etwas vor, das nicht der Wirklichkeit entspricht.

❹ Beschreiben Sie die Inhalte des Projekts

Teilen Sie den Eltern mit, aus welchen Inhalten sich das Projekt zusammensetzt. Im Elternbrief sollten die Eltern im Voraus einen detaillierten Überblick über die einzelnen Aktionen erhalten. Dabei spielt es keine Rolle, ob Sie Ihr Projekt offen halten wollen, um so auf weitere Wünsche, Fragen und Anregungen der Kinder eingehen zu können. Benachrichtigen Sie die Eltern lediglich, indem Sie sie im Projektbrief darüber unterrichten, dass die geplanten Aktionen noch durch diejenigen ergänzt werden, die die Kinder sich wünschen.

❺ Zeitlicher Ablauf

Geben Sie auch die ungefähre Dauer des Projekts und einen groben zeitlichen Rahmen an, in dem die Kinder die einzelnen Aktionen erfahren werden. Im Projektelternbrief können Sie die inhaltlichen Punkte mit dem zeitlichen Ablauf verknüpfen, indem Sie die Zeit angeben und die inhaltliche Aktion dazu benennen.

Muster-Elternbrief zur Projektarbeit

Projektslogan

Warum wir gerade dieses Projekt ausgewählt haben

Was Ihr Kind bei dem Projekt lernt

Woraus sich das Projekt zusammensetzt

Wann Ihr Kind die Projektinhalte erfährt

Datum Projektinhalt Ort der Durchführung

Datum Projektinhalt Ort der Durchführung

Datum Projektinhalt Ort der Durchführung

Datum Projektinhalt Ort der Durchführung

Elternbrief über Ferienaktionen

Die Zeit, in der Ihre Einrichtung während der Schulferien geöffnet ist, bietet sich für besondere Aktionen an. Speziell im Hortbereich können die Hortkinder dabei die schulfreie Zeit genießen und lernen, ihre Freizeit sinnvoll zu gestalten.

Vorteile des Ferienplans

Ein eigener Ferienplan wird bislang noch in wenigen Einrichtungen eingesetzt. Wenn Sie einen solchen Plan nutzen, bietet er Eltern und Kindern viele Vorteile:

- Sie können in der Einrichtung attraktive Ferienaktionen gemeinsam mit den Kindern auswählen.
- Kinder lernen, die Aktionen vorauszuplanen.
- Die Eltern erhalten einen Überblick über alle Ferienaktionen, die Sie mit den Kindern durchführen wollen.
- Eltern, die während der Schulferienzeiten keinen Urlaub genehmigt bekommen, wissen, dass ihr Kind mit Spaß und Freude die Ferien verbringen kann.

3 wesentliche Faktoren für Ferienpläne

Wenn Sie Ferienpläne für die Eltern erstellen, sollten Sie 3 grundsätzliche Faktoren berücksichtigen und bereits in Ihre Planung mit einbeziehen.

Zeitfaktor

Eltern müssen die Betreuung ihres Kindes während der Schulferien rechtzeitig planen. Gerade berufstätige Eltern brauchen deshalb zu Beginn jedes Kindergarten- oder Hortjahres einen verlässlichen Ferienüberblick von Ihnen, der zeigt, wann Ihre Einrichtung geschlossen ist und wann Sie während der Schulferien geöffnet haben.

Teilen Sie den Ferienplan, aus dem die Eltern die konkreten Aktionen ersehen, ca. 2 bis 4 Wochen vor den jeweiligen Ferien aus. Dies ermöglicht ihnen, gemeinsam mit dem Kind die unterschiedlichen Aktionen auszuwählen, an denen es teilnimmt. Wenn eine Anmeldung des Kindes für bestimmte Tage erforderlich ist, sollten Sie den Eltern ungefähr 1 bis 2 Wochen Vorlauf einräumen. Ein solcher Ferienplan sollte auch immer am schwarzen Brett Ihrer Einrichtung hängen, damit die Eltern jederzeit nachlesen können.

Kostenfaktor

Planen Sie die Ferienaktionen so, dass alle Kinder die Möglichkeit haben, daran teilzunehmen. Wenn für Ferienaktionen Kosten entstehen, halten Sie diese so gering wie möglich, damit alle Eltern die Chance haben, ihr Kind anzumelden. Damit kein Kind und kein Elternteil ausgegrenzt werden, können Sie nach der Teilnahme an der Aktion eine Kostenbestätigung austeilen, die es allen Eltern erlaubt, einen Antrag auf Übernahme der Kosten beim zuständigen Jugendamt zu stellen. Ein geeignetes Muster, das Sie als Kostenbestätigung nutzen können, sehen Sie auf der rechten Seite.

Informationsfaktor

Der Ferienplan mit allen Aktionen, die Sie in Ihrer Einrichtung durchführen, beinhaltet zahlreiche Informationen für die Eltern. Bieten Sie den Eltern eine visuelle Unterstützung beim Aufnehmen dieser Mitteilungen. Arbeiten Sie deshalb immer in tabellarischer Form und wählen Sie verständliche und übersichtliche Überbegriffe und Kategorien. Die Eltern müssen auf einen Blick erfassen können, was während der Ferientage geplant ist und was das Kind dafür täglich benötigt.

Wenn Sie den Eltern den Ferienplan als Fließtext formulieren würden, müssten die Eltern täglich aufs Neue nachlesen, und es bestände die Gefahr, dass dennoch zentrale Informationen nicht erfasst werden.

Musterferienplan

Bei uns kann Ihr Kind etwas erleben!

Unser Osterferienprogramm findet für Ihr Kind vom 15.04. bis zum 19.04. statt. Die folgenden Aktionen bieten wir von Montag bis Freitag für Ihr Kind an. Bitte achten Sie besonders auf die Spalte „Bitte mitbringen“ und geben Sie Ihrem Kind an jedem Tag alles Notwendige mit.

Wochentag	Aktion	Zeit	Bitte mitbringen
Montag	• Gemeinsames Frühstück • Schwimmbadbesuch • Mittagessen im Schwimmbad • Ankunft	09:00 Uhr 10:30 Uhr 16:30 Uhr	• Etwas für das Frühstücksbüffet • 3 Euro Eintrittsgeld • Badetasche mit Schwimmsachen
Dienstag	• Frühstück • Mittagessen • Tierspurensuche mit dem Förster • Ankunft	09:00 Uhr 12:00 Uhr 16:00 Uhr	• Etwas für das Frühstück • Feste Schuhe, wetterfeste Kleidung
Mittwoch	• Gemeinsames Frühstück • Mittagessen erhält Ihr Kind unterwegs • Schatzsuche im Wald • Ankunft	09:00 Uhr 16:30 Uhr	• Etwas für das Frühstück • Rucksack mit Getränken • Feste Schuhe, wetterfeste Kleidung
Donnerstag	• Treffpunkt • Zufahrt zum Naturpark • Picknick • Tierbeobachtungen • Ankunft	07:30 Uhr 08:15 Uhr 17:00 Uhr	• 5 Euro für Zufahrt und Eintritt • Einen Rucksack für den Ausflug • Getränke für unterwegs
Freitag	• Gemeinsames Frühstück • Mittagessen in der Einrichtung • Spielzeugnachmittag	10:00 Uhr 12:30 Uhr	• Etwas für das Frühstück

Kindertagesstätte Musterhausen

Bestätigung über die Teilnahme an einer kostenpflichtigen Ferienaktion

Das Kind namens Martin Muster hat an der Ferienaktion Osterferienprogramm teilgenommen. Für diesen Ausflug mussten die Eltern __ € übernehmen.

Helga Muster
Unterschrift der Leiterin,
Stempel der Einrichtung

Musterstadt, 15.04.2019
Ort, Datum

Musterferienplan

Bei uns kann Ihr Kind etwas erleben!

Unser ____________ findet für Ihr Kind vom ______ bis zum ______ statt. Die folgenden Aktionen bieten wir von ______ bis ______ für Ihr Kind an. Bitte achten Sie besonders auf die Spalte „Bitte mitbringen" und geben Sie Ihrem Kind an jedem Tag alles Notwendige mit.

Wochentag	Aktion	Zeit	Bitte mitbringen
Montag			
Dienstag			
Mittwoch			
Donnerstag			
Freitag			

Kindertagesstätte ______

Bestätigung über die Teilnahme an einer kostenpflichtigen Ferienaktion

Das Kind namens ________ hat an der Ferienaktion ____________ teilgenommen. Für diesen Ausflug mussten die Eltern __ € übernehmen.

____

Unterschrift der Leiterin,
Stempel der Einrichtung

____

Ort, Datum

Einladung zu Elternaktionen

Ein Ziel der Elternarbeit in Kindertageseinrichtungen ist es, die Eltern für die Mitarbeit zu gewinnen, ihr Interesse zu wecken und ihre Beteiligung zu erreichen. Sie bieten den Eltern durch Aktionen einen geschützten Rahmen, in dem sie Ihre Einrichtung und Sie selbst kennenlernen können. Dadurch bauen die Eltern Vertrauen zu Ihnen auf und knüpfen Kontakte zu anderen Eltern und ihren Kindern.

Elternaktionen, die sich anbieten

Zu Elternaktionen können Sie zu jeder Jahreszeit einladen, denn Sie werden sicherlich etwas Geeignetes finden, unabhängig davon, ob Sie am Anfang eines Kindertagesstättenjahres stehen, sich mitten im Jahr befinden oder ein Fest zum Abschluss mit den Eltern feiern wollen. Auf das Jahr bezogen, eignen sich die folgenden Elternaktionen:

Januar:	Schlittschuhlaufen oder Schlittenausflug mit Eltern und Kindern
Februar:	Maskenball für alle
März:	Osterbrunch für Eltern und Kinder
April:	Gemeinsames Picknick; Eltern-Kind-Ausflug in den Tierpark
Mai:	Gemeinsame Aktion: Unser Spielplatz soll schöner werden!
Juni:	Schultütenbasteln; gemeinsames Lagerfeuer
Juli:	Grillabend für Eltern und Kinder; gemeinsames Frühstück nach der Übernachtung der Kinder in der Einrichtung
August:	Lagerfeuer mit Familien bei Ferienspielplatz
September:	Kennenlernabend mit allen Eltern; Spieleabend für Klein und Groß
Oktober:	Erntedankfeier oder Halloween-Feier mit Eltern und Kindern
November:	Kartoffelfeuer; Basteln von Laternen für den Martinsumzug
Dezember:	Gemeinsame Weihnachtsfeier

Eltern stehen häufig unter Zeitdruck, da sie viele Termine wahrnehmen müssen. Wählen Sie deshalb gezielt nur wenige Elternaktionen im Jahr aus, damit Sie den Druck für die Eltern nicht noch zusätzlich verstärken.

Darauf müssen Sie achten

❶ Bescheinigung der Teilnahme

Versehen Sie die Einladung mit einem Rückmeldeabschnitt, den die Eltern abtrennen und mit dem sie sich zur Elternaktion anmelden. Dies erleichtert Ihre Planung, denn Sie wissen im Voraus, wie viele Personen sich an der Elternaktion beteiligen. Erinnern Sie diese Eltern – vielleicht haben sie nur vergessen, ihre Teilnahme zu bestätigen. Auch Doodle-Umfragen sind eine praktikable Möglichkeit dafür.

❷ Verbindliche, allgemeingültige Regelungen

Elternaktionen finden in Kindertageseinrichtungen häufig am frühen Abend oder am Samstag statt. Sprechen Sie rechtzeitig im Team darüber, ob die Kinder am Abend bis zum Eintreffen ihrer Eltern in der Kindertagesstätte weiterbetreut werden können oder ob alle Kinder nochmals nach Hause gehen und gemeinsam mit ihren Eltern wiederkommen. Finden Sie auch eine allgemeingültige Regelung, wie Sie mit Kindern umgehen, deren Eltern an der Aktion nicht teilnehmen können oder wollen. Unabhängig davon, wie Sie sich entscheiden: Sie sollten diese Regelung bereits in die Einladung schreiben und auch in Einzelfällen keine Ausnahmen machen.

Mustereinladung zur Elternaktion: Unser Garten soll schöner werden

Kindertagesstätte Villa Kunterbunt

Unser Garten soll schöner werden!

Ihre Hilfe ist gefragt, liebe Eltern! Denn unser Garten und unser Spielplatz können durch Ihre Unterstützung und die Mithilfe Ihres Kindes wieder „frühlingsfit" gemacht werden.

Deshalb wollen wir gemeinsam mit Ihnen und Ihrem Kind am Samstag, den 05.05. einen Aktionstag im Garten starten. Wir beginnen vormittags um 9:30 Uhr und treffen uns in unserem Hof. Um 13:00 Uhr steht zum Abschluss unserer Gartenaktion eine gemeinsame Brotzeit für alle unsere Helfer auf dem Programm, zu der wir Sie jetzt schon ganz herzlich einladen möchten.

❷→ Bitte haben Sie Verständnis, dass die Aufsichtspflicht am Gartenaktionstag bei Ihnen liegt. Deshalb dürfen Kinder nur in Begleitung ihrer Eltern an der Aktion teilnehmen.

Bitte füllen Sie uns diesen Abschnitt aus. Sie erleichtern unsere Planung.

✂ ....

❶→ ❑ Ich komme zur Gartenaktion mit ___ Erwachsenen und ___ Kindern.
❑ Ich kann leider nicht kommen.

Ich kann Folgendes mitbringen:

❑ Schubkarre	❑ Harke	❑ Rechen
❑ Schaufel	❑ Setzeisen	❑ Sonstiges ___________

Wir möchten gerne bei folgender Aktionsgruppe mitarbeiten:

❑ Spielsand austauschen	❑ Unkraut jäten	❑ Erde lockern
❑ Kompost aufbringen	❑ Verblühtes zurückschneiden	❑ Rindenmulch verteilen
❑ Höfe kehren	❑ Brotzeit vorbereiten	

____
Unterschrift

Kopiervorlage

Zusätzliche Informationen

Unterrichten Sie die Eltern bereits in der Einladung über Details. Damit vermeiden Sie, dass Sie von vielen Eltern dasselbe gefragt werden, und Sie verhindern, dass während Ihrer Elternaktion Unmut aufkommt, weil beispielsweise nicht bekannt war, dass Sie für den Elternausflug Kosten erheben. Wichtige Zusatzinformationen bei Einladungen zu Elternaktionen sind beispielsweise:

- Information, ob die Eltern etwas mitbringen sollen
- Die Nachricht, ob Mithilfe erforderlich ist
- Die Mitteilung, ob Kosten anfallen und wer diese Kosten übernimmt
- Die Nachricht, wo die Kinder bis zum Eintreffen ihrer Eltern bleiben können

Achten Sie darauf, dass in Ihrer Einladung zur Elternaktion folgende Mitteilungen stehen

Was findet statt?
Wann findet es statt?
Wo findet es statt?
Was kostet es?
Wer ist genau eingeladen?
Was ist mitzubringen?

Weitere Muster finden Sie im Anhang auf den Seiten 181 und 182.

Kindertagesstätte Villa Kunterbunt

Unser Garten soll schöner werden!

Ihre Hilfe ist gefragt, liebe Eltern! Denn unser Garten und unser Spielplatz können durch Ihre Unterstützung und die Mithilfe Ihres Kindes wieder „frühlingsfit" gemacht werden.

Deshalb wollen wir gemeinsam mit Ihnen und Ihrem Kind am Samstag, den 05.05. einen Aktionstag im Garten starten. Wir beginnen vormittags um 9:30 Uhr und treffen uns in unserem Hof. Um 13:00 Uhr steht zum Abschluss unserer Gartenaktion eine gemeinsame Brotzeit für alle unsere Helfer auf dem Programm, zu der wir Sie jetzt schon ganz herzlich einladen möchten.

Bitte haben Sie Verständnis, dass die Aufsichtspflicht am Gartenaktionstag bei Ihnen liegt. Deshalb dürfen Kinder nur in Begleitung ihrer Eltern an der Aktion teilnehmen.

Bitte füllen Sie uns diesen Abschnitt aus. Sie erleichtern unsere Planung.

❑ Ich komme zur Gartenaktion mit ___ Erwachsenen und ___ Kindern.
❑ Ich kann leider nicht kommen.

Ich kann Folgendes mitbringen:

❑ Schubkarre
❑ Schaufel
❑ Harke
❑ Setzeisen
❑ Rechen
❑ Sonstiges ____________

Wir möchten gerne bei folgender Aktionsgruppe mitarbeiten:

❑ Spielsand austauschen
❑ Kompost aufbringen
❑ Höfe kehren
❑ Unkraut jäten
❑ Verblühtes zurückschneiden
❑ Brotzeit vorbereiten
❑ Erde lockern
❑ Rindenmulch verteilen

____
Unterschrift

Informative Kurzmitteilungen

Sie kennen sicher dieses Problem: Sie geben eine wichtige Mitteilung an die Eltern heraus. Ihrer Meinung nach stehen alle wichtigen Informationen in diesem Schriftstück. Dennoch weiß ein Teil der Eltern überhaupt nicht Bescheid. Andere Eltern wiederum rufen Sie an oder fragen genau die Inhalte nach, die Sie bereits in Ihrer Mitteilung festgehalten haben.

Grundsätze zum Erstellen einer Kurzmitteilung

Eine Kurzmitteilung enthält eine oder wenige wichtige Informationen, die kurz gefasst in schriftlicher Form an die Eltern herausgegeben werden. In der Regel beschränkt sich eine Kurzmitteilung auf den maximalen Umfang einer DIN-A5-Seite.

❶ Kurz und knapp

Kurzmitteilungen sollten von den Eltern mit wenigen Blicken erfasst werden können. Geben Sie in den Mitteilungen einen Überblick über Sachverhalte und Inhalte, die von den Eltern schnell aufgenommen werden können. Über folgende Aktionen können Sie die Eltern in einer Kurzmitteilung informieren:

- Ausflüge
- Gemeinsames Frühstück
- Schwimmbadbesuch
- Sportnachmittage
- Einladungen für Feste und Feiern
- Sammelaktionen
- Kindergeburtstage
- Schulbesuche
- Spielzeugtage
- Spendenaktionen

❷ Lesefreundlich

Geben Sie den Eltern eine visuelle Hilfe, indem Sie zentrale Inhalte unterstreichen oder im Fettdruck deutlich hervorheben. Zentrale Faktoren in Kurzmitteilungen sind zum Beispiel:

- Kosten
- Abfahrtszeiten
- Benötigtes Material
- Datum und Uhrzeiten
- Teilnehmerkreis

❸ Klar und unmissverständlich

Der Inhalt beschränkt sich auf 1 bis 2 Punkte und sollte so formuliert sein, dass er alle Fakten eindeutig klärt und keine weiteren Fragen aufwirft. Diesen Grundsatz sollten Sie immer bei einer Kurzmitteilung einhalten.

Wenn Sie sich nicht sicher sind, ob Ihnen die Mitteilung wirklich unmissverständlich gelungen ist, testen Sie dies, indem Sie das Schriftstück einer unabhängigen Person zum Lesen geben und prüfen, ob alles in Ihrem Sinne verstanden wurde.

So steigern Sie die Kenntnisnahme der Eltern

Damit Sie sichergehen können, dass die Eltern Ihre Kurzmitteilung auch wirklich wahrnehmen und lesen, können Sie einen Rückmeldeabschnitt zum Abgeben anfügen und die Mitteilung in Ihrer Einrichtung aushängen, damit die Eltern sie noch öfter lesen. Mit einem Rückmeldeabschnitt beugen Sie vor, dass Eltern Ihre Mitteilung nicht lesen. Versehen Sie die Mitteilung mit einem Abschnitt, den die Eltern unterschreiben, von der Information abtrennen und bei Ihnen abgeben. Achten Sie jedoch darauf, dass die Rückmeldung von den Informationen auf der Mitteilung deutlich getrennt ist. Die Eltern brauchen die zentralen Informationen, um sie bei Bedarf nochmals nachzulesen und sich danach richten zu können. Setzen Sie die Kurzmitteilungen dennoch gezielt ein, damit Sie die Eltern nicht mit zu vielen Informationen und Rückmeldungen verwirren. Beim einfachen Rückmeldeabschnitt bestätigen die Eltern mit ihrer Unterschrift, dass sie die Informationen erhalten und zur Kenntnis genommen haben. Ein erweiterter Abschnitt kann die Hilfe und Unterstützung der Eltern abfragen. Beim Mitbringfrühstück könnten die Eltern beispielsweise ankreuzen, welche Lebensmittel sie für die Mahlzeit beisteuern.

Aushang in der Einrichtung

Als Erinnerung und Gedächtnisstütze können Sie die Kurzmitteilung vergrößern und in Ihrer Einrichtung aushängen. Nutzen Sie für den Aushang Orte, an denen die Eltern häufig vorbeikommen, oder Räume, in denen sie sich eine Zeit lang aufhalten.

Günstige Plätze für solche Aushänge sind:

- Eingangstür der Einrichtung
- Gruppenraumtür
- Schwarzes Brett
- Schaukasten
- Elternecke
- Elternbibliothek
- Elterncafé

Mustervorlagen: Spielzeugtag und Sammelaktion

Kindergarten Musterhausen

Womit spielt Ihr Kind am liebsten?

❶→ Am Mittwoch, 08.01. steht das Lieblingsspielzeug Ihres Kindes im Mittelpunkt. Ihr Kind darf an diesem Tag sein Spielzeug mitbringen. Für eventuelle Beschädigungen können wir nicht haften.

❷→ Damit wir alle diesen Tag genießen können, geben Sie bitte folgende Spielsachen nicht mit:

❑ Spielzeugwaffen
❑ Spielzeuge, die schnell kaputtgehen können
❑ Spielmaterial, das aus vielen Kleinteilen besteht

Geben Sie diesen Abschnitt bitte an uns zurück.

✂ -

❑ Ich habe die Kurzmitteilung gelesen.

____
Datum, Unterschrift der Eltern

Kindertagesstätte Musterhausen

Wir sammeln Obst und Gemüse!

Für unseren Erntedankgottesdienst benötigen wir Obst und Gemüse, um den Altar gemeinsam mit Ihrem Kind festlich zu schmücken.

❸→ Bitte geben Sie Ihrem Kind ab Montag Obst oder Gemüse mit in die Einrichtung. Nach dem Gottesdienst bereiten wir für alle Kinder von den Lebensmittelspenden Obstmus und Gemüsesuppe zu.

Vielen Dank für Ihre Unterstützung!

Ihr Kindertagesstättenteam

Kopiervorlage

Mustervorlagen: Spielzeugtag und Sammelaktion

Kindergarten Musterhausen

Womit spielt Ihr Kind am liebsten?

Am ________________ steht das Lieblingsspielzeug Ihres Kindes im Mittelpunkt. Ihr Kind darf an diesem Tag sein Spielzeug mitbringen. Für eventuelle Beschädigungen können wir nicht haften.

Damit wir alle diesen Tag genießen können, geben Sie bitte folgende Spielsachen nicht mit:

❏ Spielzeugwaffen
❏ Spielzeuge, die schnell kaputtgehen können
❏ Spielmaterial, das aus vielen Kleinteilen besteht

Geben Sie diesen Abschnitt bitte an uns zurück.

❏ Ich habe die Kurzmitteilung gelesen.

____

Datum, Unterschrift der Eltern

Kindertagesstätte Musterhausen

Wir sammeln Obst und Gemüse!

Für unseren Erntedankgottesdienst benötigen wir Obst und Gemüse, um den Altar gemeinsam mit Ihrem Kind festlich zu schmücken.

Bitte geben Sie Ihrem Kind ab Montag Obst oder Gemüse mit in die Einrichtung. Nach dem Gottesdienst bereiten wir für alle Kinder von den Lebensmittelspenden Obstmus und Gemüsesuppe zu.

Vielen Dank für Ihre Unterstützung!

Ihr Kindertagesstättenteam

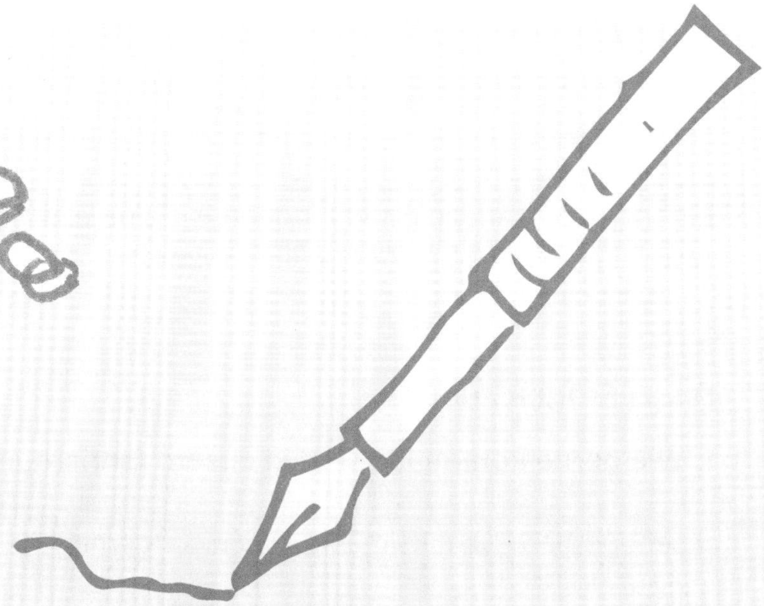

Anhang

Muster: Abschlussbefragung für Eltern (1/4)

Elternbefragung der Kindertagesstätte Villa Kunterbunt

Ihre Meinung ist gefragt: Wir wollen unsere Arbeit überdenken und immer weiter verbessern. Deshalb ist uns Ihr ehrliches Urteil wichtig. Bitte nehmen Sie sich einige Minuten Zeit und füllen Sie diesen Fragebogen aus. In unserer Einrichtung hängt in der Elternecke ein Briefkasten, in den Sie den ausgefüllten Fragebogen bitte einwerfen. Die Elternbefragung ist anonym, bitte verzichten Sie auf die Angabe Ihres Namens.

Teil 1: Fragen zum Kind

1. Wie gerne kommt Ihr Kind in unsere Einrichtung?

❑ sehr gerne ❑ mittelmäßig ❑ nicht gerne

2. Woran liegt es, wenn Ihr Kind nicht gerne kommt?

____

____

____

____

3. Wie häufig kommt es vor, dass Ihr Kind ...

	oft	manchmal	nie
... gut gelaunt aus der Kindertageseinrichtung heimkommt?	❑	❑	❑
... bedrückt und traurig nach Hause kommt?	❑	❑	❑
... zornig und wütend heimkommt?	❑	❑	❑

4. Was gefällt Ihrem Kind bei uns besonders gut?

____

____

____

____

5. Was gefällt Ihrem Kind überhaupt nicht?

____

____

____

____

6. Was könnten wir verbessern?

____

____

____

____

Teil 2: Fragen zur Zusammenarbeit mit Ihnen

7. Wie gut fühlen Sie sich von uns informiert?

	sehr gut	gut	nicht gut
Informationen bei der Anmeldung des Kindes	❑	❑	❑
Persönliches Gespräch über das eigene Kind	❑	❑	❑
Beratungsgespräche	❑	❑	❑
Elternbriefe / Elternzeitung	❑	❑	❑
Elternabende	❑	❑	❑
Homepage	❑	❑	❑
Aushänge im Schaukasten oder an Gruppentüren	❑	❑	❑
Kurzmitteilungen	❑	❑	❑

8. Wie könnten wir Sie noch besser informieren?

____

____

____

____

____

Teil 3: Fragen zur Pädagogik

9. Wie beurteilen Sie die pädagogische Arbeit?

	sehr gut	gut	nicht gut
Tagesablauf	❑	❑	❑
Umgang der Erzieherinnen mit den Kindern	❑	❑	❑
Verhalten der Erzieherinnen bei Problemen und Konflikten	❑	❑	❑
Lern- und Entwicklungsangebote für das Kind	❑	❑	❑
Ferienangebote	❑	❑	❑
Förderung des Kindes	❑	❑	❑
Projektarbeit	❑	❑	❑
Berücksichtigung der kindlichen Interessen (Angebote für jedes Alter, Förderung der Entwicklung des Kindes, Kinderkonferenzen etc.)	❑	❑	❑

10. Welche Verbesserungsvorschläge haben Sie?

____

____

____

____

____

Teil 4: Ausstattung, Personal und Erreichbarkeit

11. Wie beurteilen Sie folgende Inhalte?

	sehr gut	gut	nicht gut
Räumliche Ausstattung (Mobiliar, Spiele, Material, Dekoration etc.)	❑	❑	❑
Spielplatz und Außenanlagen	❑	❑	❑
Mittagessen	❑	❑	❑
Getränkeangebot	❑	❑	❑
Freundlichkeit des Personals	❑	❑	❑
Umgang des Personals mit Beschwerden	❑	❑	❑
Erreichbarkeit am Telefon	❑	❑	❑
Erreichbarkeit über elektronische Medien (E-Mail, Anrufbeantworter, Fax)	❑	❑	❑
Atmosphäre in unserer Einrichtung	❑	❑	❑

12. Haben Sie Vorschläge zur Verbesserung?

____

____

____

Teil 5: Gesamtbewertung

13. Wie beurteilen Sie unsere Kindertagesstätte insgesamt? Bitte vergeben Sie Schulnoten.

	1	2	3	4	5	6
Ruf der Einrichtung	❑	❑	❑	❑	❑	❑
Pädagogische Arbeit	❑	❑	❑	❑	❑	❑
Zusammenarbeit mit Eltern	❑	❑	❑	❑	❑	❑
Elterninformationen	❑	❑	❑	❑	❑	❑
Tägliche Öffnungszeiten	❑	❑	❑	❑	❑	❑
Öffnung während der Schulferien	❑	❑	❑	❑	❑	❑
Tage, an denen die Einrichtung geschlossen ist	❑	❑	❑	❑	❑	❑
Gebäude und Ausstattung	❑	❑	❑	❑	❑	❑
Außenanlagen und Spielplatz	❑	❑	❑	❑	❑	❑
Höhe des Elternbeitrags	❑	❑	❑	❑	❑	❑
Zusätzlich anfallende Kosten	❑	❑	❑	❑	❑	❑

14. Gibt es etwas, das Sie insgesamt verbessern würden?

____

____

____

Zusatzfrage

für Eltern, deren Kind unsere Einrichtung bereits im letzten Jahr besucht hat.

15. Wie hat sich unsere Kindertageseinrichtung im Laufe des letzten Jahres entwickelt?

	besser	gleich	schlechter
Ruf der Einrichtung	❑	❑	❑
Pädagogische Arbeit	❑	❑	❑
Zusammenarbeit mit Eltern	❑	❑	❑
Elterninformationen	❑	❑	❑
Tägliche Öffnungszeiten	❑	❑	❑
Öffnung während der Schulferien	❑	❑	❑
Tage, an denen die Einrichtung geschlossen ist	❑	❑	❑
Gebäude und Ausstattung	❑	❑	❑
Außenanlagen und Spielplatz	❑	❑	❑
Höhe des Elternbeitrags	❑	❑	❑
Zusätzlich anfallende Kosten	❑	❑	❑

Was Sie uns immer schon einmal sagen wollten ...
(An dieser Stelle haben Sie Platz für Lob, Kritik, Ihre Meinung, Kommentare etc.)

Vielen Dank für Ihre Mithilfe!

Muster: Beobachtungsbogen für Krippen oder Kindergärten

Beobachtungsbogen für Kind: ______________________, Alter ______________

Ausgefüllt am: ______________________

Ausgefüllt von: ______________________

Beobachtungsbereiche	sehr gut entwickelt ++	gut entwickelt +	nicht ausreichend entwickelt -	nicht entwickelt --
Selbstständigkeit (Ankleiden, Aufräumen etc.)	❑	❑	❑	❑
Eigeninitiative (eigene Ideen, Umsetzung der Ideen etc.)	❑	❑	❑	❑
Sozialverhalten (Freundschaften, Kontaktaufnahme, Rücksicht, Konfliktverhalten etc.)	❑	❑	❑	❑
Emotionale Entwicklung (Stimmungslage, kann Gefühle ausdrücken, Verhalten beim Verabschieden der Eltern etc.)	❑	❑	❑	❑
Kreativität (Spielideen, künstlerische Vorlieben und deren Umsetzung etc.)	❑	❑	❑	❑
Fantasie (Ideenreichtum, Ausdrücken der Ideen, Erzählen von Geschichten, Rollenspiele in der Puppenecke etc.)	❑	❑	❑	❑
Wahrnehmung (visuelle, auditive, taktile etc.)	❑	❑	❑	❑
Lernverhalten (Auffassungsgabe, Merkfähigkeit, Logik etc.)	❑	❑	❑	❑
Arbeitsverhalten und Konzentration (kann bei einer Aufgabe bleiben, kann Aufgabe oder Spiel zu Ende führen, Ablenkbarkeit etc.)	❑	❑	❑	❑
Grobmotorik (Bewegungen, Koordination der Bewegungsabläufe, Geschicklichkeit etc.)	❑	❑	❑	❑
Körperwahrnehmung (Körperschema, Tastempfinden, Krafteinsatz, Schmerzempfinden etc.)	❑	❑	❑	❑
Sprachentwicklung (lautreine Wiedergabe von Worten, Versen, Grammatik, Erzählen von Erlebnissen und Geschichten etc.)	❑	❑	❑	❑
Beteiligung an Angeboten (eigener Antrieb, Bereitschaft, etwas für die Gruppe zu tun, Wille, Angefangenes zu Ende zu bringen, etc.)	❑	❑	❑	❑
Spielverhalten (findet sein Spiel, bringt sich ein, hat eigene Ideen etc.)	❑	❑	❑	❑
Sonstiges (hier bitte eigene Inhalte etc.)	❑	❑	❑	❑

Bemerkungen zu den Beobachtungsbereichen

____

____

____

Entwicklungsbedarf / Förderbedarf / Ziele

____

____

Die Kopiervorlage direkt herunterladen unter www.prokita-elterngespraeche.com

Kindertagesstätte Villa Kunterbunt

Wie lange ist es her, dass Sie, liebe Eltern, am

Lagerfeuer saßen und Gitarrenklängen lauschten?

Damit Sie sich wieder daran erinnern können, laden wir Sie mit Ihrem Kind am 17.06. zu Lagerfeuerromantik und Abenteuerstimmung ein. Kommen Sie am Freitag um 19:00 Uhr in die Kindertagesstätte. Gemeinsam mit Ihnen und Ihrem Kind werden wir das Feuer entzünden. Wer möchte, kann am Feuer Stockbrot oder kleine Würstchen grillen. Beides ist vorhanden, Sie müssen nichts mitbringen.

Ihr Kind kann bis zu Ihrem Eintreffen bei uns in der Einrichtung bleiben.
Bitte haben Sie Verständnis, dass Kinder nur in Begleitung ihrer Eltern teilnehmen dürfen.

Bitte geben Sie diesen Abschnitt wieder zurück, damit wir planen können.

- ❑ Ich komme zum Lagerfeuer mit ___ Personen.
- ❑ Ich komme nicht.
- ❑ Mein Kind soll bis zu meinem Eintreffen in der Einrichtung bleiben.
- ❑ Ich hole mein Kind vor dem Elternabend um _______ Uhr nochmals ab.

____

Unterschrift

Kindergarten Musterhausen

Es weihnachtet sehr!

Wir laden Sie ganz herzlich zu unserer **Weihnachtsfeier** ein. Am ___________ um _________ Uhr wollen wir mit Ihnen und Ihrem Kind in der Einrichtung Weihnachten feiern.

Dieses Programm erwartet Sie:

❖ Krippenspiel der Kinder
❖ Gemütliches Beisammensein
❖ Gemeinsames Weihnachtssingen

Bitte haben Sie Verständnis, dass Kinder nur in Begleitung ihrer Eltern teilnehmen können.

Bitte geben Sie uns diesen Abschnitt noch in dieser Woche zurück. Sie erleichtern damit unsere Planung.

❑ Ich komme mit __ Erwachsenen und ___ Kindern.
❑ Ich kann leider nicht kommen.

Für das leibliche Wohl bringe ich mit:

❑ Kinderpunsch
❑ Lebkuchen
❑ Plätzchen
❑ Mandarinen
❑ Christstollen
❑ Orangensaft

____
Unterschrift

Mustervorlage für Ihre Einwandskartei (1/2)

Einwand: „Unser Kind lernt zu wenig, wenn es nur spielt."	**Einwand:** „Wenn Sie eigene Kinder hätten, würden Sie es auch anders sehen!"	**Einwand:** „In der Nachbareinrichtung werden die Kinder besser gefördert. Dort gibt es Computer- und Englischkurse!"
Reaktion: „Sie glauben, dass Ihr Kind nicht genügend lernt, wenn es spielt. Was kann es im Spiel denn lernen? Bitte lassen Sie uns das zusammen überlegen."	**Reaktion:** • Schweigen • Überhören	**Reaktion:** „Das ist aus Ihrer Sicht sicherlich richtig, ich möchte mit Ihnen jedoch überlegen, was Ihr Kind bei unserem Projekt lernen kann ..."
Einwand: „Wir haben den Eindruck, dass Sie mit unserem Kind überfordert sind."	**Einwand:** „Wir vertreten eine partnerschaftliche Erziehung. Unser Kind ist nicht an Verbote und Grenzen gewöhnt. Es soll sich auch in Ihrer Einrichtung frei verwirklichen können!"	**Einwand:** „Jetzt besucht unser Kind schon 3 Monate Ihren Hort, und seine Noten haben sich immer noch nicht gebessert!"
Reaktion: „Bitte setzen Sie mich doch darüber in Kenntnis, was Sie zu Ihrer Annahme veranlasst."	**Reaktion:** „Auch wir sind der Ansicht, dass sich die Kinder in unserer Einrichtung möglichst frei entfalten sollen. Allerdings möchte ich mit Ihnen besprechen, was dies für die Gemeinschaft der Kinder bedeutet."	**Reaktion:** „Sie achten im Moment besonders auf die Leistungen Ihres Kindes. Ich möchte mit Ihnen einmal eingehend die Stärken und den Entwicklungsbedarf Ihres Kindes betrachten."

Mustervorlage für Ihre Einwandskartei (2/2)

Einwand: „Sie nehmen unsere Beschwerde nicht ernst." **Reaktion:** „Warum glauben Sie, ich würde sie nicht ernst nehmen?"	**Einwand:** „Sie sollten zusätzliche Kurse für die Kinder anbieten." **Reaktion:** „In unserer Konzeption nimmt die Förderung der Kinder einen breiten Raum ein. Darf ich Sie darüber informieren, wie Förderung in unserer Einrichtung aussieht?"	**Einwand:** „Eltern können ihr Kind immer noch am besten erziehen." **Reaktion:** • Schweigen • Überhören
Einwand: „Das haben wir schon oft probiert und es hat nicht geklappt." **Reaktion:** „Lassen Sie uns dennoch gemeinsam überlegen, wie Sie es umsetzen, damit es klappen kann."	**Einwand:** „Das haben wir aber schon immer so gemacht." **Reaktion:** • Schweigen • Überhören	**Einwand:** „Wenn sich Ihr Verhalten unserem Kind gegenüber nicht ändert, müssen wir uns an die Leiterin wenden." **Reaktion:** „Es tut mir leid, dass Sie unzufrieden sind. Ich schlage vor, dass wir gemeinsam mit der Leiterin darüber sprechen. Was halten Sie davon?"

Kopiervorlage für Ihre Einwandskartei

Einwand: **Reaktion:**	**Einwand:** **Reaktion:**	**Einwand:** **Reaktion:**
Einwand: **Reaktion:**	**Einwand:** **Reaktion:**	**Einwand:** **Reaktion:**

Stichwortverzeichnis

A

Abschlussbefragung, Musterfragebogen 151; 153;
Abschlussbefragung, Auswertung.......................... 178–181
Anmeldegespräche 52
Anmeldegespräche, Checkliste....................................53
Anmeldegespräch, Musterfragebogen 143; 145
Anspruchsbedingte Konflikte 108
Anspruchsbedingte Konflikte, Formblatt 109
Arbeitshilfe zur Gesprächsvorbereitung 111
Argumentationshilfe bei Befragungen 137; 139
Argumentationsmodell Konflikte..................................30
Argumentationsmodell Problemlösung 22
Argumentationsmodell Standpunkt.......................... 24; 26
Argumentationsmodell Überzeugungsgespräch 28
Analyse von Konflikttypen 98
Aufbau des Problemlösungsgesprächs 23
Aufbau des Standpunktgesprächs............................ 25; 27
Aufbau des Überzeugungsgesprächs 29
Auswertung, Befragungen 154; 156

B

Bedarfsanalyse, Musterfragebogen.........................147; 149
Beobachtungsbogen, Muster 182
Befragungen.. 136
Befragungen, Abschlussbefragung.........................150; 152
Befragungen, Anmeldegespräch............................142; 144
Befragungen, Argumentationshilfe.........................137; 139
Befragungen, Auswertung 154; 156
Befragungen, Bedarf 146; 148
Befragungen, Entwicklung von Befragungen................... 140
Befragungen, Grundlagen 136; 138
Befragungen, Organisations- und Zeitfahrplan 141
Beobachtungen 76; 78
Beobachtungsbogen, Muster 77; 79
Beratungsgespräche 56–73
Beratungsgespräche, Grundlagen 56
Beratungsgespräch bei Familienproblemen, Checkliste............71
Beratungsgespräche bei Familienproblemen......................70
Beratungsgespräche bei Verhaltensauffälligkeiten 66; 68
Beratungsgespräche mit Eltern....................................58
Beratungsgespräche mit Fachdiensten 64
Beratungsgespräche mit Lehrern............................. 60; 62
Beratungsgespräche mit Lehrern, Musterformblatt............61; 63
Beratungsgespräch, Selbsttest 57
Beschwerdegespräch 88–95
Beschwerdegespräch, Grundlagen 88; 90
Beschwerdekultur, positive..90
Beschwerdekultur, Selbsttest......................................91
Beschwerden, Selbsttest 93
Beschwerden, Umgang 88
Beschwerden über Kleinigkeiten 92
Beschwerden über Kolleginnen 94
Botschaft, die 4 Ebenen einer......................................9
Brief, Einladung zum Feedbackgespräch 83

D

Dokumentationsformular für Gespräche 43; 45
Durchführung von Konfliktgesprächen.......................... 100

E

Einladung, Elternaktionen...................................... 172
Einladung Elternaktion, Muster................................. 173
Einladung Lagerfeuer, Muster 183
Einladung Sommerfest, Muster.................................. 131
Einladung Weihnachtsfeier, Muster............................. 184
Einwandskartei, Muster.................................... 185–187
Elternberatung, Schaubild 59
Elternbrief, der 1. ....164; 166
Elternbrief, Ferienplan.. 170
Elternbriefe, Grundlagen 160
Elternbrief, Muster für 1. Elternbrief 165; 167
Elternbrief, Projekt 168
Elternbriefe, Selbsttest 161
Elterngespräch, Fragebogen 41
Elterngespräche, Dokumentationsformular 43; 45
Elterngespräche, Selbsttest 13
Elternzeitung 162
Elternzeitung, Fragenkatalog.................................... 163
Entwicklung von Befragungen 140
Entwicklungsgespräch, Schaubild.................................75
Entwicklungsgespräche.. 74–87
Entwicklungsgespräche, Beobachtungen 76; 78
Entwicklungsgespräche, Grundlagen..............................74

F

Fachdienste, Tabelle...65
Feedbackgespräch, Musterbrief 83
Feedbackgespräche..82
Fehler im Beratungsgespräch, Selbsttest..........................57
Ferienplan, Muster 171
Formblatt für eigene Notizen bei Konflikten 109
Formular, Gesprächsdokumentation 43; 45
Fragearten 36
Fragearten und Beispielfragen, Übersicht 37
Fragebogen, Gesprächsauswertung...............................41
Fragen, offene und geschlossene, Tabelle 35
Fragetechniken 34

G

Gesprächsart, Merkblatt.......................................10; 11
Gesprächsauswertung 40
Gesprächsauswertung, Fragebogen...............................41
Gesprächsdokumentation 42; 44
Gesprächsführung 12
Gesprächsführung, Selbsttest 13
Gesprächsgrundlagen 8

Gesprächsleitfaden 14
Gesprächsleitfaden, Merkblatt 15
Gesprächsnachbereitung, Checkliste 71
Gesprächsvorbereitung 16; 18
Gesprächsvorbereitung, Checkliste 17; 19
Gesprächsvorbereitung, inhaltliche 18
Gesprächsvorbereitung, inhaltliche, Checkliste 19
Gesprächsvorbereitung, organisatorische 16
Gesprächsvorbereitung, organisatorische, Checkliste 17
Grundregeln für die Erstellung eines Textes, Selbsttest 115; 117

I

Informationen 114–135
Informationen, Grundlagen 114; 116; 118
Informationsflyer 130; 132
Informationsflyer, Einladung zum Lagerfeuer, Muster 131
Informationsflyer, freie Kindergartenplätze, Muster 133
Informationsgespräche 48–55
Informationsgespräch, Muster 49; 51
Informationsgespräche, Grundlagen 48; 50
Informationswand 128
Informationswand, Checkliste 129
Inhaltliche Gesprächsvorbereitung 18

K

Kindergarten-Abc 124–127
Körpersprache 20
Körpersprache, Checkliste 21
Konflikte 96
Konflikte, Argumentationshilfe 101
Konflikte, Argumentationsmodell 30
Konflikte im Elterngespräch, Selbsttest 103
Konfliktebenen, Schaubild 97
Konfliktgespräche 96–111
Konfliktgespräche führen 102
Konfliktgespräche, Durchführung 100
Konfliktgespräche, Grundlagen 96; 98; 100
Konfliktgespräche mit kulturellem Hintergrund 106
Konfliktgespräche mit kulturellem Hintergrund, Grafik 107
Konfliktgespräche mit Leiterin, Erzieherin und Eltern 104
Konfliktgespräche mit Leiterin, Erzieherin und Eltern, Checkliste 105
Konfliktgespräche mit sozial schwachen Eltern 110
Konfliktgespräche mit sozial schwachen Eltern, Arbeitshilfe 111
Konflikttypen, Analyse 98
Konflikttypen, Test 99
Kooperative Elternberatung, Schaubild 59
Krisenintervention 72
Krisenintervention, Checkliste 73
Kurzkonzeption, Muster 121; 123
Kurzkonzeption, pädagogische 120; 122
Kurzmitteilungen 174
Kurzmitteilung, Muster Sammelaktion 175

L

Lagerfeuer, Mustereinladung 183
Layout 118
Layout, Checkliste 119

M

Misshandlungen, Krisenintervention 72
Mit Störungen umgehen 38

N

Nachricht, 4 Ebenen, Checkliste 9
Negativformulierungen, Muster 31
Notizformular für Beschwerden, Muster 95

O

Offene und geschlossene Fragen, Tabelle 35
Organisatorische Gesprächsvorbereitung 16
Organisations- und Zeitfahrplan für Befragungen 141

P

Pädagogische Kurzkonzeption 120; 122
Plakat 134
Plakat, Merkblatt 135
Problemlösungsgespräch, Aufbau 23
Projektarbeit, Musterbrief 169

S

Sammelaktion, Muster Kurzmitteilung 175
Schriftliche Vorbereitung auf Informationsgespräch, Muster 49; 51
Schulfähigkeitsprofil, Mustervorlage 85; 87
Sozial schwache Eltern 110
Spielzeugtag, Muster Kurzmitteilung 175
Standpunktgespräch, Aufbau 25; 27
Störungen, Selbsttest 39
Störungen, Umgang 38

T

Texterstellung 114; 116
Tür-und-Angel-Gespräche 54
Tür-und-Angel-Gespräche, Checkliste 55

U

Übergabegespräch 84; 86
Übergang in die Schule 84; 86
Überzeugungsgespräch, Aufbau 29

V

Verhaltensauffälligkeiten, Beratung, Überblick 67; 69
Vorbereitung auf Ihr Informationsgespräch, Muster 49; 51

W

Weihnachtsfeier, Mustereinladung 184

Z

Zettelei, Muster 89
Zielvereinbarungsgespräche 80
Zielvereinbarungsgespräche, Musterformblatt 81
Zuhören 32
Zuhören, Selbsttest 33